国家社科基金
后期资助项目
GUOJIA SHEKE JIJIN HOUQI ZIZHU XIANGMU

智能互联时代的管理变革研究

张小红　等　著

中国财经出版传媒集团

经济科学出版社
Economic Science Press
北京

前　言

　　一个国家要想繁荣富强，一个组织要想发展壮大，一定要做好管理工作，管理工作就是一种实践。管理实践与管理理论是相互促进的关系，管理实践推动管理理论的发展，管理理论指导管理实践活动。管理学是研究管理实践的科学，管理实践是管理学主要的知识来源，管理实践变了，管理学必须跟进。只有这样，管理理论才能紧跟时代的发展并指导实践。因此，管理理论工作者应与时俱进，立足实践，洞察社会变化的趋势和本质，理解社会对管理的新需求、新机遇和新挑战，审视原有的管理知识体系，及时总结和充实管理实践的新经验，探索建立与时代相适应的管理理念、法则与体系，反哺和指导日益复杂的管理实践，进而践行中国特色社会主义道路自信、理论自信、制度自信和文化自信。

　　管理是人类生活、人类活动的一部分，管理是由时代环境决定的，什么样的时代就有什么样的管理。反之，时代的变化也受管理的影响，管理会推动时代的发展。在智能互联时代，管理环境变了，管理对象也发生了相应的改变，管理活动要适应管理对象的变化，管理者自然要跟上时代的步伐。本书以智能互联时代的管理变革为研究对象，全书可分为六章。

　　第1章，智能互联时代的到来。本章研究了智能互联时代产生的基础、智能互联时代的主要特征、智能互联时代正在带来的变化。在这样一种时代背景下，面对智能互联时代带来的变化，研究管理的四要素——管理者（管理主体）、管理环境、管理对象（管理客体）和管理活动发生的变革，研究管理实践活动基本规律、基本方法的管理学变与不变。

　　第2章，智能互联时代的管理者。管理者是管理行为过程的主体，对管理活动负有主要的责任。本章研究了管理者的时代责任，管理者角色的历史性转变，智能互联时代对管理者的角色、素质要求及领导力，以及在智能互联时代如何成为卓有成效的协同管理者。

　　第3章，智能互联时代的管理环境。管理环境从不同的方向以不同的力度影响着组织运行和管理活动。本章研究了环境分析的思路、管理环境的特征。工业文明在带来巨大经济和社会贡献的同时也积累了许多难题，智能互联是应对现代社会各种难题的基本途径。智能互联时代为管理提供了新的发展机遇，也将在政治、经济、社会、技术、生态等领域面临着新的挑战。

第4章，智能互联时代的管理对象。管理的成败在很大程度上取决于管理者对管理对象的认知和对管理对象的掌控能力。传统管理理论强调管理的基本对象是人以及由人构成的组织。实际上，绝大多数的管理对象是一个由人作为基本要素构成的系统（包括人、财、物、信息等多种要素），讨论智能互联时代管理对象的变化需要采用系统的视角。

第5章，智能互联时代的管理活动。管理是一项十分复杂的实践活动，智能互联时代的管理变革具有行业、地区、企业的差异性、不平衡性与渐进性。面对新一轮科技革命、产业革命、生活方式革命的巨大机遇和挑战，企业的战略计划、商业模式、组织体制、运营方式、管理职能等各项管理活动正在发生全面而深刻的变革，在此基础上，本章进一步总结了管理变革的主要趋势和典型经验。

第6章，智能互联时代的管理学。管理学是研究管理实践的科学，主要指的是管理理论，理论来源于实践。智能互联的浪潮冲击着传统的管理理论，主流管理学对推动我国企业从经验管理走向科学管理发挥了巨大的作用，但在研究管理对象等方面也存在着一定的缺陷，讨论主流管理学的变革对构建中国特色的管理学理论体系具有非常重要的意义。

本书是我和我的导师黄津孚教授、学长张金昌教授共同完成的。黄津孚教授多年来从事管理学理论，企业管理现代化、信息化、数字化、智能化与管理创新，企业组织与人力资源管理等方面的研究，发表了《企业管理的发展阶段研究——正从系统化时期进入智能化时期》《论智能化的机制与战略任务》《智能互联时代管理者角色与素质要求》等文章。张金昌教授主持了国家社科基金重点项目"智能服务的技术实现"，发表了《智能时代的流行术语与发展趋势》《智能化的技术实现》《什么是智能化管理技术？》《利用智能工具透视经营本质》《智能化：企业管理技术的发展趋势》《管理软件从信息化走向智能化》《智能财务分析的层次》等文章。

本书受国家社科基金后期资助项目"智能互联时代的管理与管理学变革研究"（项目编号：19FGLB025）资助，在撰写过程中借鉴并引用了国内外众多学者的研究成果，吸收了大量国内外企业相关实践经验，特别是中国企业联合会全国企业管理现代化创新成果的材料。本书在撰写过程中得到了北京石油化工学院经济管理学院景永平院长等各位领导、孙卫民主任，华北电力大学经济与管理学院龙成凤教授，北京工商大学商学院何辉教授，首都经济贸易大学工商管理学院肖霞教授，北京物资学院商学院解进强教授的支持。在此一并表示感谢！

由于笔者时间和精力、能力和水平所限，书中肯定存在一些不足、错误之处，恳请各位批评指正。

张小红

2023 年 11 月 于北京郁花园

目　录

第1章 智能互联时代的到来

按照马克思主义观点，人民大众是历史的创造者。[①] 当我们回顾历史的时候，不难发现在每一重要历史阶段或转折点，总会有一批思想家、科学家、政治家出现，他们带领人类社会进入文明时代。这些伟大人物提出理论学说、发明生产工具、传播先进经验、革除社会流弊，有力推动了人类社会的进步和发展。在资本主义大工业时代，企业家和资本市场有机结合，充分利用科学家和能工巧匠的发明创造，推动技术革新，实现了人类"吃、穿、住、行、用"等基本生活用品的规模化、自动化流水生产，让我们从一个物质匮乏、产品短缺的时代迈入到一个商品富足、生产过剩的时代。[②]

随着计算机信息网络技术的发展，在电脑、互联网、手机等的帮助下，过去人与人之间存在的时间上和空间上的限制被实时沟通所打破。在互联网、物联网的帮助下，技术、商品、资金、各种信息能够在生产者、消费者、中间服务商之间实现快速、实时传递。工业化时代形成的知识垄断、技术垄断和市场垄断也正在被处于云端的信息共享和服务平台所打破。凭借网上供求信息、交易场所、服务资源，人类的知识、智慧的传播速度、范围和受众每年以几何倍数增长。在网络平台支持下，人类解决问题、作出判断、采取行动的能力和效率大幅度提升，人类脑力劳动自动化、智能化、科学化水平也获得了极大发展，一个大众思考、万众创新、随时随地创业的新局面、新社会正在形成，人类社会开始真正进入到一个由人民大众创造历史的智能互联时代。

---

① 中共中央党史和文献研究院. 马克思恩格斯全集 [M]. 2 版. 北京：人民出版社，2024.

② 张小红，张金昌. 智能时代的流行术语与发展趋势 [J]. 甘肃社会科学，2014 (6)：203－206.

1.1 智能互联时代产生的基础

智能互联的出发点是计算机和互联网。如果没有开放、共享、合作、共赢的思想，没有信息论和布尔代数的传播，没有全球统一的通信标准、通用的计算机语言、开放的计算机环境和 Linux 编程等，计算机和互联网的应用、推广将极度地缓慢，人类进入智能互联时代可能是个遥远的事件。

1.1.1 计算机的普及

从 1946 年美国宾夕法尼亚大学研制出世界上第一台电子计算机——埃尼阿克（Electronic Numerical Integrator and Computer，ENIAC）到 20 世纪整个 50～70 年代，电子计算机作为神奇的机器价格一直极其昂贵，仅限于少数机构应用于军事、科研等领域。成立于 1976 年的苹果公司（Apple Inc.）率先开发出 Apple 系列个人电脑，但采取了封闭的技术路线，自己包揽了电脑 CPU 架构设计、图形操作系统开发和整机装配，虽然企业赚了很多钱，但是很难大规模推广。1980 年，国际商业机器公司（International Business Machines Corporation，IBM）任命唐·埃斯特利奇担任个人计算机（personal computer，PC）项目负责人，经过认真研究苹果 PC 产品和策略的优缺点，埃斯特利奇决定采用开放式架构，采购英特尔微处理器、外围芯片、软驱等，委托微软开发操作系统，并努力压低供应商价格，让经销商销售 PC。1981 年 8 月 12 日，IBMPC 公开发布，标价 1 565 美元。IBM 对外公开了全部技术资料，广阔的市场前景吸引了成千上万名应用程序开发商、硬件组件开发商、系统生产商和增值供应商加入 PC 行业，IBM 第一年就销售了 20 万台，收入 10 亿美元，1981～1984 年，IBM 的 PC 业务收入从 4 300 万美元猛增到 40 亿美元，加快了电子计算机的普及应用，到 2000 年底全球已经有 5 亿台 PC 机在运行。[①]

1984 年 11 月，中国科学院计算技术研究所设立新技术发展公司（即联想），1990 年该公司的首台微型计算机投放市场，1991 年 4 月更名为北京联想计算器新技术发展公司，1992 年推出家用电脑，1993 年推出我国第一台 586 电脑（与康柏 386、486 微机完全兼容，但功能比 486 提高了 3

---

① 方兴东，王俊秀. IT 史记 ［M］. 北京：中信出版社，2004：14－22.

倍左右）。1993 年，国际 PC 巨头纷纷抢滩中国市场，1994 年 3 月，联想集团成立微机事业部。1996 年，在国际市场主流机型已经转向"奔腾"级，而国外厂商继续在中国市场上倾销库存的 486PC，且价格相对较高的情况下，联想怀着"让中国人用得起先进的国产电脑"的愿望，发动"万元奔腾"大战，第一个将 1.5 万元以上的奔腾电脑标价 9 999 元，并在一年内连续 4 次把更高档的奔腾 PC 定位在用户可接受的价位上，1997 年 3 月 5 日，联想电脑以 10% 的市场占有率居国内市场首位，1998 年 5 月 6 日，联想第一百万台电脑走下生产线。1999 年 11 月联想在北京推出天禧家用电脑，捆绑了联想调频 365（FM365）信息服务而重塑了 PC 的概念，以最大限度方便中国普通用户接入因特网（Internet）为主要定位，把 PC 从"个人电脑"升华为"门户电脑"，当年联想电脑以 8.5% 的市场占有率荣登亚太市场 PC 市场销量榜首。应该说，计算机的普及为智能互联提供了硬件基础。①

国际数据公司 IDC（International Data Corporation）发布报告显示，全球 PC 电脑出货量由 2016 年的 2.60 亿台增至 2021 年的 3.41 亿台（见图 1-1），全球笔记本电脑出货量由 2016 年的 1.61 亿台增至 2021 年的 3.49 亿台，年均复合增长率都为 5.9%（见图 1-2）。

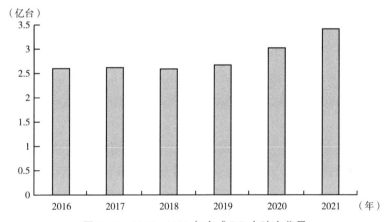

图 1-1 2016~2021 年全球 PC 电脑出货量

资料来源：国际数据公司（IDC）。

计算机可以进行数字计算、逻辑推理、存储记忆，可以按照人类事先设计好的软件程序连续、自动运行，快速、高速进行数据处理、信号交换和文字编辑工作。

---

① 黄宇健，曾驭然. 从计算机到互联网——联想大事记［J］. 销售与市场，2001（2）：12-13.

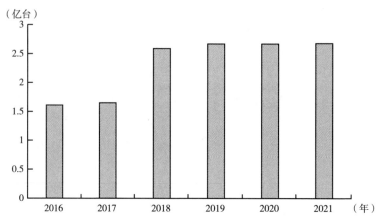

图1-2 2016～2021年全球笔记本电脑出货量

资料来源：Gartner前瞻产业研究院。

随着计算机的发展，其标准配置也在不断增加。例如，增加的显卡、声卡用于听音乐、看电影，网卡、猫（调制解调器）、摄像头用于上网。后来出现了性能更高的服务器，与普通计算机相比，服务器在处理能力、稳定性、可靠性、安全性、可扩展性、可管理性以及硬件配置等方面要求更高，服务器作为网络节点，通过网络连接其他终端计算机，为终端计算机提供各种服务。随着计算机图形交换能力的提升，以个人计算机和分布式网络计算为基础的工作站形成了，它主要面向专业应用领域，具备强大的数据运算与图形、图像处理能力，是为满足工程设计、动画制作、科学研究、软件开发、金融管理、信息服务、模拟仿真等专业领域而设计开发的高性能计算机，在计算机辅助设计领域得到了广泛应用。

在网络系统中，把工作站端使用的操作系统和应用软件全部放在服务器上，系统管理员只需要完成服务器上的管理和维护，软件的升级和安装也只需要配置一次，之后，则整个网络中的所有计算机就都可以使用新软件。所以工作站具有节省费用、系统的安全性高、易管理性和易维护性等优点，这对网络管理员来说具有很大的吸引力。

1.1.2　互联网的发展

世界上第一个互联网是1969年由美国国防部高级研究计划局（Defense Advanced Research Projects Agency）资助建设的阿帕网（ARPAnet），其主要目的是把美国的几个军事及研究用的计算机主机联结起来，形成一个新的军事指挥系统。1981年，另外一个美国政府机构全国科学基金会

（National Science Foundation，NSF）开发了由 5 个超级计算机中心相连的网络，1983 年 TCP/IP①（TCP 负责数据的可靠传输，IP 负责数据的传输）成为 ARPAnet 上标准的通讯协议，这标志着真正意义上的互联网出现了。1988 年底 NSF 建成全国科学技术网 NSFnet，实现同其他网络的联结。1991 年底高级网络和服务公司（Advanced Network and Service）推出"一次编译、到处运行"（compile once - run everywhere，CO + RE）的商业化 Internet 骨干通道，使工商企业可以进入 Internet。

1994 年中国实现了和国际互联网的 TCP/IP 连接，形成覆盖全世界的网络，逐步开通了互联网的全功能服务，互联网在我国进入飞速发展阶段。截至 1994 年底，Internet 已通往全世界 150 个国家和地区，连接了 3 万多个子网、320 多万台计算机主机，直接的用户超过 3 500 万户，成为世界上最大的计算机网络。②

互联网以一组通用的协议将计算机通过网络互相联接在一起，形成逻辑上单一且巨大的全球化网络，在这个网络中有交换机、路由器等网络设备，各种不同的连接链路，种类繁多的服务器，以及数不尽的计算机（终端）。使用互联网可以将信息瞬间发送到千里之外的人手中。

互联网的发展离不开移动通信技术的发展。移动通信是指移动设备之间以及移动设备与固定设备之间的无线通信，以实现设备的实时数据在系统之间、远程设备之间的无线连接。现在移动通信系统提供了全球性的优质通信服务，真正实现在任何时间、任何地点向任何人提供通信服务这一移动通信的最高目标。

2020 年底，中国网民规模为 9.89 亿人，互联网普及率达到 70.4%，特别是移动互联网用户总数超过 16 亿；5G 网络用户数超过 1.6 亿，约占全球 5G 总用户数的 89%；基础电信企业移动网络设施，特别是 5G 网络建设步伐加快，2020 年新增移动通信基站 90 万个，总数达 931 万个；工业互联网产业规模达到 9 164.8 亿元；数字经济持续快速增长，信息技术与实体经济加速融合，规模达到 39.2 万亿元，总量跃居世界第二。③

2022 年《中国互联网发展状况统计报告》显示，2021 年中国网民人均每周上网时长达到 28.5 个小时，比 2020 年提升 2.3 个小时，互联网深

---

① TCP，即 transmission control protocol，传输控制协议；IP，即 Internet protocol，网际协议或网间协议。
② 胡泳，范海燕. 网络为王［M］. 海口：海南出版社，1997：1 - 15.
③ 中国互联网协会. 中国互联网发展报告（2021）［R］. 2021.

度融入人民日常生活。中国网民使用手机上网的比例达99.7%，手机仍是上网的主要设备；网民中使用台式电脑、笔记本电脑、电视和平板电脑上网的比例分别为35.0%、33.0%、28.1%和27.4%。中国互联网应用用户规模保持平稳增长，即时通信等应用基本实现普及。在网民中，即时通信、网络视频、短视频用户使用率分别为97.5%、94.5%和90.5%，用户规模分别达到10.07亿人、9.75亿人和9.34亿人。在线办公、在线医疗用户规模分别达到4.69亿人和2.98亿人，同比分别增长35.7%和38.7%，成为用户规模增长较快的两类应用；网上外卖、网约车的用户规模增长率紧随其后，同比分别增长29.9%和23.9%，用户规模分别达到5.44亿人和4.53亿人。①

在计算机、移动通信技术发展的推动下，互联网获得了快速发展。总体上来说，互联网的发展经历了三个阶段：第一个阶段是"电脑＋网络"阶段。人们通过PC查找网上信息，大量的信息逐步通过网站网页在线化输入、存储、展示，产品与服务仍在线下，后来产生了"信息盈余"，找到精准信息的难度与需求加大，"搜索引擎"成为核心工具。第二个阶段是"手机＋网络"阶段，即"移动互联网"阶段。人们通过手机安装各种App，产品与供应链仍在线下，大量"线上到线下"（online to offline，O2O）服务被开发出来，产生了"服务盈余"，找到最优服务的难度与需求增长，各类提供标准化或非标准化的服务平台成为主流。第三个阶段是物物相连的互联网，即互联网无处不在，万物皆互联的物联网阶段。

物联网是通过信息传感设备，按照约定的协议，把任何物品和互联网连接起来，进行信息交换和通信，以实现智能化识别、定位、跟踪、监控和管理的一种网络，是物品到物品、人到物品、人到人之间的连接。② 其具有全面感知（利用各种可用的感知手段，实现随时即时采集物体动态）、可靠传递（通过各种信息网络与互联网的融合，将感知的信息实时准确可靠地传递出去）和智能处理（利用云计算等智能计算技术对海量的数据与信息进行分析和处理，对物体实施智能化控制）相关信息的功能。物联网是通过广泛的传感工具，如射频识别、条形码识别、红外感应器、全球定位系统、激光扫描器等实现其功能的。

英特尔（Intel）公司预测未来的世界将是"万物互联"的世界。万物

① 中国互联网络信息中心. 中国互联网络发展状况统计报告［R］. 2022.
② 沈苏彬，范曲立，宗平，毛燕琴，黄维. 物联网的体系结构与相关技术研究［J］. 南京邮电大学学报（自然科学版），2009（6）：1–11.

相连，永续在线，人们衣食住行的方方面面设备都运用传感器接入互联网，每个设备都能与基础设施相连，通过家中、办公室、汽车、商场、餐馆等场所内无处不在的传感器、各类智能终端，全球每个人都永续在线，例如家中放置的一个智能音箱能让全家人联网，智能汽车让所有乘客联网，智能楼宇的触摸屏让所有来访者联网，贴身穿戴的智能衣服、智能首饰、智能鞋、虚拟现实（virtual reality，VR）眼镜、虹膜眼镜让人联网"零距离"。到那时"万物即服务"（thing as a service，TaaS），服务连万物。丰富多彩的线上线下服务内容嵌入物联终端，形成无数个微服务入口，使商品与服务密不可分，例如，智能厨电成为美食服务入口，智能冰箱成为冷链电商服务入口，智能音响成为音乐服务入口，智能机器人成为综合服务入口。在 TaaS 基础上，将传感器收集到的个人行为数据，通过"云脑"全天候分析，实时了解主人所有需求，并驱动全部智能家电、智能汽车，使越来越多的"手动服务"转变为专属于个人的个性化"自动服务"。① 例如，智能空调会在你进入家门前 5 分钟将室内温湿度调节至最舒适状态，智能空气净化器会根据城市气象预报、室内空气测量结果自动开启净化功能，智能扫地机器人会通过摄像头主动寻找、清扫灰尘、污渍，智能汽车会根据主人的行为数据分析，播放其最喜欢的音乐。

区块链作为一种互联网事务认证基础可以记录设备自启动以来的所有运行数据，通过智能契约分散存储到相互连接的设备上，使人们可以在没有"第三方权威机构"（律师、银行、政府机构）介入的情况下信任对方。② 区块链可能成为连通全球数字世界的基础技术手段，将可穿戴计算、物联网、传感器、智能手机、笔记本电脑和照相机、智能家居、智能汽车，甚至智能城市安全地连接。

1.1.3　开源社区的建立

计算机已经成为我们日常工作生活的核心工具，帮我们处理文档、存储资料、与他人分享信息，等等。然而，一旦计算机硬盘损坏，我们的资料就丢失了。而"云计算"是利用网络上的"云"替我们做存储和计算工作。在这种情况下，计算机只作为终端应用设备，我们的资料均可以存储到"云"上，可以随时更新，保证"云"长生不老。有了这种"云"，我们只需要一台能上网的电脑，无须关心存储或计算发生在哪朵"云"

---

① 田丰. 下一代互联网是"云脑物联网"［J］. 杭州科技，2016（5）：45 - 47.
② 袁勇，王飞跃. 区块链技术发展现状与展望［J］. 自动化学报，2016（4）：481 - 494.

上，但一旦有需要，我们可以在任何地点用任何设备，如电脑、手机等，快速地计算和找到这些资料，再也不用担心资料丢失。

1981 年 IBM 推出微型计算机 IBM PC 以后的 10 年间，DOS 操作系统一直是微机上操作系统的主宰。此时计算机硬件价格虽逐年下降，但软件价格仍居高不下。当时性能最好的操作系统是 Apple 的 MacOS，但是其"天价"使人难以靠近。1991 年 10 月 5 日，林纳斯·托瓦兹经过艰苦探索，正式对外宣布免费使用和自由传播的类 UNIX 操作系统 Linux 内核系统产生。Linux 操作系统是基于 UNIX 操作系统发展而来的一种克隆系统，是一套支持 32 位和 64 位硬件，基于 POSIX 和 UNIX 的多用户、多任务、支持多线程和多 CPU 的操作系统，能运行主要的 UNIX 工具软件、应用程序和网络协议。Linux 以其高效性和灵活性著称，Linux 模块化的设计结构使得它既能在价格昂贵的工作站上运行，也能够在廉价的 PC 机上实现全部的 UNIX 特性，是不受任何商品化软件的版权制约的、全世界都能自由使用的 UNIX 兼容产品。之后借助于 Internet 网络，并通过世界各地计算机爱好者的共同努力，Linux 已成为今天世界上使用最多的一种 UNIX 类操作系统，并且使用人数还在迅猛增长。

正是 Linux 为信息技术（IT）业界创造了合作的环境和知识积累的机制，世界各地成千上万名程序员参与设计和改进，大大加快了计算机和互联网应用的推广。

开源已经成为绝大多数公司进行云计算系统开发的基础。Open Stack、Hadoop 等部分开源项目已经建立起各自的产业生态，成为汇集产业不同环节的事实上的"标准"。截至 2014 年 4 月，Open Stack 已经有 136 个国家和地区的 15 000 多名开发人员对其进行贡献，Open Stack 基金会的赞助企业也达到 346 家，这其中既有 IBM、Intel、HP、EMC、RedHat、VMware 等 IT 领先企业，也有思科、华为、瞻博（Juniper）等传统的网络设备制造商，还有一大批依附于 Open Stack 平台上的创新企业。云计算产业界的其他企业也通过开源社区获得了丰富的技术资源，许多企业在开源平台的基础上进行优化和发展，形成了各自的独立分支①。

1983 年太阳电脑（Sun Microsystems）提出"网络是电脑"（the network is the computer），2006 年 3 月亚马逊（Amazon）推出弹性计算云（elastic compute cloud，EC2）服务。2006 年 8 月 9 日谷歌（Google）首席执行官埃里克·施密特（Eric Schmidt）在搜索引擎大会（SES San Jose 2006）

① 工业和信息化部电信研究院. 云计算白皮书［S］. 2014.

上首次提出"云计算"（cloud computing）的概念。Google"云端计算"源于 Google 工程师克里斯托弗·比希利亚所做的"Google 101"项目。2007 年 10 月，Google 与 IBM 开始在美国大学校园，包括卡内基梅隆大学、麻省理工学院、斯坦福大学、加州大学伯克利分校及马里兰大学等，推广云计算的计划，这项计划的目的是希望能降低分布式计算技术在学术研究方面的成本，并为这些大学提供相关的软硬件设备及技术支持（包括数百台个人电脑及 BladeCenter 与 System x 服务器，这些计算平台将提供1 600 个处理器，支持 Linux、Xen、Hadoop 等开放源代码平台）。而学生则可以通过网络开发各项以大规模计算为基础的研究计划。①

2008 年 1 月 30 日，Google 宣布在中国台湾地区启动"云计算学术计划"，与台湾大学、台湾交通大学等学校合作，大规模、快速地将云计算技术推广到校园。2008 年 2 月 1 日，IBM 宣布在中国无锡太湖新城科教产业园为中国的软件公司建立全球第一个云计算中心（Cloud Computing Center）。2008 年 7 月 29 日，雅虎、惠普和英特尔宣布一项涵盖美国、德国和新加坡的联合研究计划，推出云计算研究测试床，推进云计算发展。该计划要与合作伙伴创建 6 个数据中心作为研究试验平台，每个数据中心配置 1 400 ~ 4 000 个处理器。这些合作伙伴包括新加坡资讯通信发展管理局、德国卡尔斯鲁厄大学 Steinbuch 计算中心、美国伊利诺伊大学厄巴纳香槟分校、英特尔研究院、惠普实验室和雅虎。2008 年 8 月 3 日，美国专利商标局网站信息显示，戴尔正在申请"云计算"（cloud computing）商标，此举旨在加强对这一未来可能重塑技术架构的术语的控制权。2010年 3 月 5 日，Novell 与云安全联盟（Cloud Security Alliance，CSA）共同宣布一项供应商中立计划，名为"可信任云计算计划"（Trusted Cloud Initiative）。2010 年 7 月，美国国家航空航天局和包括 Rackspace、AMD、Intel、戴尔等在内的支持厂商共同宣布"OpenStack"开放源代码计划，微软在2010 年 10 月表示支持 OpenStack 与 Windows Server 2008 R2 的集成；而Ubuntu 已把 OpenStack 加至 11.04 版本中。2011 年 2 月，思科系统正式加入 OpenStack，重点研制 OpenStack 的网络服务。②之后，谷歌、亚马逊、阿里巴巴等大型 IT 企业都加入到了云计算平台的开发之中。

云计算（cloud computing）是继 20 世纪 80 年代大型计算机到客户端—服务器的转变之后的又一重大网络服务基础技术的变革。它是分布式计算（distributed computing）、并行计算（parallel computing）、效用计算

---

①② 刘全胜，等. 物联网工程概论［M］. 北京：机械工业出版社，2021.

（utility computing）、网络存储（network storage technologies）、虚拟化（virtualization）、负载均衡（load balance）、热备份冗余（high available）等传统计算机和网络技术发展融合的产物。它是通过网络将庞大的计算处理程序自动拆分成无数个较小的子程序，再交由网络上的计算机群计算分析之后将处理结果回传给用户的一种与互联网相关的服务。在这里，"云"就是计算机群，通常是一些大型服务器集群，每一群包括了几十万台甚至上百万台计算机，用户通过电脑、手机等方式接入互联网上的超级计算机。

随着云计算的深入发展，云计算服务平台具备了大规模和超强的计算能力，安全可靠地支持用户在任意位置使用各种终端获取相应的应用服务，在"云"的支撑下可构造出各种各样的应用，同一个"云"也可以同时支撑运行不同的应用，并实现了大容量存储和数据共享。一批商业云计算平台（一种按使用量付费的网络访问平台）就产生了。例如，微软的Azure平台，谷歌公司的Google App Engine（已经改名为G – Suite云平台），亚马逊云计算服务 Amazon Web Services（AWS）平台，Force. com的企业云应用平台，Cloud Foundry 的 VMware 开源 PaaS 计划，阿里巴巴的物联网专有云（Apsara Stack）、混合云、视频云，中国移动的大云平台（Big Cloud）。这些云计算平台有的以数据存储为主，有的以数据处理为主，有的兼顾计算和数据存储处理。在中国，目前应用最为广泛的是阿里云，许多中小企业的应用程序陆续开始从自己的网络服务器迁移到阿里云服务器上。

随后，许多大中型企业和银行使用开源云平台来开发自己的公有云（对外）和私有云（对内）平台，例如美国加利福尼亚州红木市 Abiquo 公司的 AbiCloud 的开源云计算平台（与其他产品的主要区别在于强大的Web界面管理）、Hadoop（Apache 基金会）、Eucalyptus 项目（加利福尼亚大学）、MongoDB、10gen（既是一个云平台，又是一个可下载的开放源代码包，可用于创建私有云）、加利福尼亚大学的 Eucalyptus（Elastic Utility Computing Architecture for Linking Your Programs To Useful Systems）、网格中间件 Globus 公司的 Nimbus。

随着云计算的快速发展，运用数据科学的力量由机器帮助人们作决策成为可能。云计算为人工智能提供了基础计算平台，人工智能丰富了云计算服务的特性，让云计算服务更加符合业务场景的需求，并进一步解放人力。

1965 年美国斯坦福大学的计算机专家费根鲍姆（Feigenbaum）和化学

家 J. 莱德伯格（J. Lederberg）合作，利用 Lederberg 提出的可以根据输入的质谱仪数据列出所有可能的分子结构的算法，在总结通用问题求解成功与失败经验的基础上，研制出了世界上第一个专家系统 dendral，它可以推断化学分子结构。此后，各种各样的专业化的、求解专门问题的专家系统（如 macsyma）陆续出现。随着电子计算机的发展，具有人机接口、解释机制、知识获取技术、不确定推理技术的新一代专家系统（如 mycin、casnet、prospector、hearsay 等）相继出现。专家系统逐渐成为人工智能领域应用较为广泛、技术比较成熟的一个领域。目前专家系统已经和人工智能方面其他技术相结合，逐渐向机器智能、智能机器人方向发展。

让机器轻松听懂人类语言的语音识别技术近年来也发展迅速。机器翻译是机器识别语音的另外一种形式。机器翻译的思想早在 20 世纪 30 年代初由法国科学家 G. B. 阿尔楚尼提出。1933 年苏联发明家特罗扬斯基设计了把一种语言翻译成另一种语言的机器，并在同年 9 月 5 日登记了他的发明。1946 年第一台现代电子计算机 ENIAC 出现，不久之后美国科学家 W. 韦弗（W. Weaver）和英国工程师 A. D. 布斯（A. D. Booth）于 1947 年提出了利用计算机进行语言自动翻译的想法。1949 年，W. 韦弗（W. Weaver）发表《翻译备忘录》，正式提出机器翻译的思想。1954 年，美国乔治敦大学（Georgetown University）在 IBM 协同下，用 IBM－701 计算机首次完成了英俄机器翻译试验，向公众和科学界展示了机器翻译的可行性，从而拉开了机器翻译研究的序幕。机器翻译从早期的专家设计词典匹配翻译，到词典结合语言学专家知识和翻译经验的规则式翻译，再到基于语料库的统计式机器翻译，机器翻译经过长期的、曲折的探索（1966 年之后机器翻译的可行性被否定），在 20 世纪 90 年代逐渐出现了各种比较实用的翻译系统（如外国的 Weinder 系统、EURPOTRA 多国语言翻译系统、TAUM－METEO 系统，以及中国的"译星""雅信""通译""华建"等），进入 21 世纪后，随着谷歌（Google）翻译、百度翻译的推出，机器翻译已经开始为普通用户提供实时便捷的翻译服务。近年来，随着深度学习技术的发展，机器翻译质量获得快速提升。在自然语言理解、机器翻译等技术的发展的帮助下，目前已经可以实现多种动听声音的合成和多国语言的翻译转换，让人们可以畅通无阻地交流。

1.1.4　电子商务的应用

电子商务（electronic commerce，EC）是以计算机网络为基础所从事的各种商务活动，包括网上购物、网上预订、网上支付以及网上信息交换、物流配送、批发贸易、金融服务等活动。

20 世纪 70 年代电子邮件系统在西方国家开始逐渐普及，1990 年，我国通过各种渠道开通了 Internet 电子邮件。从 1995 年开始，以 Web 技术为代表的信息发布系统爆炸式地成长起来，成为 Internet 的主要应用。1997 年底在加拿大温哥华举行的亚太经合组织①第五次领导人非正式会议上时任美国总统克林顿提出敦促各国共同促进电子商务发展的议案，引起了全球领导人的关注，IBM、HP 和 Sun 等国际著名的信息技术厂商宣布 1998 年为电子商务年②。

1998 年 3 月中国第一笔互联网网上交易成功。1998 年 10 月，国家经贸委与信息产业部联合宣布启动以电子贸易为主要内容的"金贸工程"，它是一项推广网络化应用、开发电子商务在经贸流通领域的大型应用试点工程。1999 年 3 月 8848 等 B2C 网站正式开通，网上购物进入实际应用阶段。1999 年兴起政府上网、企业上网，电子政务（政府上网工程）、网上纳税、网上教育（湖南大学、浙江大学网上大学）、远程诊断（北京、上海的大医院）等广义电子商务开始启动，并进入实际试用阶段。2000 ~ 2009 年第三方电子商务交易平台的迅速崛起对网上交易的发展发挥了重要推动作用。当当网、淘宝网、京东商城等第三方电商平台为买卖双方提供了发布供求信息、查找供求商品和比价、确认订购和发布支付指令、达成交易并确保交易完成的技术手段与技术保证。通过电商平台实现网上购物、网上支付、商品配送能够大幅度节省时间，提高交易效率，已成为消费者购买商品的最基本方式③。

随着手机等移动终端设备的发展，移动电子商务的交易数量持续快速上升。移动电子商务是利用手机、掌上电脑等无线终端开展的企业之间（business to business，B2B）、企业和消费者之间（business to consumer，B2C）、消费者之间（consumer to consumer，C2C）或网上金融交易活动。它将因特网、移动通信技术、短距离通信技术及其他信息处理技术结合起来，使人们可以在任何时间、任何地点进行各种商贸活动，实现随时随地、线上线下购物交易、在线支付等活动。

2015 年《政府工作报告》中提出"互联网 +"的概念，实际上是推

---

① 即亚太经济合作组织（APEC）。
② 马朝晖，黄艳. 中国电子商务发展现状研究 [J]. 领导科学论坛，2014（7）：3.
③ 唐谦. 电子商务在中国发展的探思 [J]. 中南民族大学学报：人文社会科学版，2005（S1）：3.

动实体企业、政府、银行均基于计算机网络开展相关业务。"互联网＋"中的"＋"是传统行业的各行各业。企业通过"互联网＋"行动改造，就可以实现企业内部及其与供应商、客户和合作伙伴之间业务信息的共享及业务流程的电子化，就可以大幅度提高企业在生产、库存管理、商品流通和资金使用等方面的效率。"互联网＋"全面应用到第三产业，形成诸如互联网金融、互联网交通、互联网医疗、互联网教育等新业态。互联网金融的发展形成了众多网上贷款平台、网上筹资平台、网上支付以及网上银行、网上炒股、网上理财等新金融业务。互联网医疗的发展出现了智慧医疗、移动医疗、网上诊疗等新医疗业态。互联网加媒体产生网络媒体，加娱乐产生网络游戏。

2016 年，我国发布的《电子商务"十三五"发展规划》中指出：经过近 20 年的发展，"十二五"期间，中国电子商务交易规模从 2011 年的 6 万亿元增至 2015 年的 29.16 万亿元，"十二五"期间的年均增长速度为 72.7％，成为全球规模最大、发展速度最快的电子商务市场。2021 年我国电子商务规模已经增至 42.3 万亿元①。2011 年网络零售额从 7 500 亿元猛增至 2015 年的 3.88 万亿元，2021 年已经增至 13.1 万亿元②。电子商务基础设施投资活跃，电子商务园区数量超过 1 000 个，全国电子商务仓储超过 4 000 万平方米。线上线下互动（O2O）、跨境电子商务、医疗健康、企业间电子商务交易（B2B）等成为投资与创业热点。跨境电子商务综合试验区建设取得阶段性成效，配套政策体系不断完善，交易规模快速增长，业务模式不断创新，成为新的外贸增长点。

新兴电商企业的快速发展促进了电商产业链的递增式发展，为物流行业、多种支付方式与服务产业的发展奠定了良好基础。谷歌（Google）、亚马逊（Amazon）、美国在线（AOL）、易贝（eBay）、雅虎（Yahoo!）、阿里巴巴（Alibaba）、百度（baidu）、盛大、携程等新型网络企业，依靠电子商务的优越性和投资者对网络企业的钟情，从最初的几百万美元投资迅速成长为市值达数百亿美元甚至上千亿美元的巨型企业。传统企业逐渐开始向电子商务领域迈进。以往的传统企业与零售商也开始更多地利用互联网来进行销售，并逐渐开始成为电子商务领域的主导力量。

目前，网购成为消费增长的新力量，跨境电商成为外贸增长的新动力，电子商务成为经济增长中的"新引擎"。截至 2021 年 12 月，中国网

---

①② 中华人民共和国商务部．中国电子商务报告（2021）［M］．北京：中国商务出版社，2022.

络购物用户规模达 8.42 亿人，网上外卖用户规模达 5.44 亿人；在线医疗用户规模达 2.98 亿人，高峰时期有 4.68 亿人使用在线办公。① 电子商务已经成为未来商业企业发展的主要方向。

1.2 智能互联时代的主要特征

智能互联时代是万物互联、永续在线、智能服务的时代，是移动商务、互联网金融、个性化发展的时代，是智能产品、智能制造、智能管理系统层出不穷的时代。在这个时代，信息共享、知识分享、实时互动、大众创新已经成为创造财富的基本方式。这是一个充满颠覆和创新的时代！人类的生产方式、生活方式、就业方式、工作方式正酝酿着新变革，其程度将超过工业革命。智能互联时代的主要特征有以下几个。②

1.2.1 先进技术的广泛支持

智能互联时代，需要有与其相适应的生产工具，需要有与其相对应的科学技术，这些技术包括计算机网络技术、信息通信与处理技术、互联网物联网技术、云计算技术、人工智能技术、机器人技术、电子商务技术、大数据技术等。这些技术的发展决定着智能服务发展的深度和广度，决定着智能化的水平和普及程度。在这些技术的推动下，具有自适应、自学习、自组织能力的智能制造就实现了。智能制造发展的最高境界就是无人工厂。无人工厂实际上是由机器人控制的工厂。机器人是能够代替人从事体力劳动和部分脑力劳动的自动加工设备。智能机器人是具有识别、判断、感知能力的机器人。智能机器人使大量碎片化的需求和个性化的生产能够容易地实现。在大数据、网上经验、智慧、智能终端设备、智能云端平台的帮助下，可以在不同情景、不同环境和状态下实现精准营销、精准制造、精准物流配送、精准财务核算、精准客户服务等的智能管理。

1.2.2 智能终端的大幅应用

借助于网络平台、云端资源、大数据、云计算等各种技术手段和资源

---

① 相关信息自第 49 次《中国互联网络发展状况统计报告》中查询得到。
② 张小红，张金昌. 智能时代的流行术语与发展趋势［J］. 甘肃社会科学，2014（6）：203－206.

便利，过去由人类大脑来完成的声音、视频、录像、知识、智慧等的交流、传播、处理工作，现在也可以依靠网络平台、可穿戴智能终端设备等工具来完成。这些智能工具、终端设备等智能化产品和系统的广泛使用，大幅度提高了人的听说读写能力，提高了人的搜索判断、信息存储和记忆能力，延伸了人的大脑，使人类脑力劳动的工作效率成倍增长。这些智能设备、网络系统和软件程序的广泛使用，使更多的人类脑力劳动和大脑功能逐渐由软件系统、机器设备来代替实现或辅助实现，从而解放了人的大脑、简化了人类脑力劳动，激发出人类创造新的网络系统、智能终端的热情和动力，使人类社会真正进入一个以发明创造智能产品、智慧网络、智能服务为主要人类劳动的智能化时代。随着人类脑力劳动智能化的发展，人类创造新的网络系统、智能终端来代替人类脑力劳动的动力和热情会进一步激发及释放，会思考的设备、会说话的机器、帮助人们解决各种问题的智能机器人会大量出现，人类社会将会真正迈入机器制造机器、机器服务人类、机器发明创造产品和解决问题的智能服务时代。在这个时代，人类解决问题、作出判断、采取行动的能力和效率在强大的网络世界的免费资源和免费技术平台的帮助下获得了快速提高，人类脑力劳动智能化、科学化的水平也获得了大幅度提高。

在智能互联时代，产品、服务、物品、技术平台等包含更多的知识、经验、智慧，产品和服务的自动化、科学化、精准化程度越来越高，最终让机器设备或网络"帮用户搞定一切"。当智能手机上能够实现人的读、听、写、分析、判断等各项能力之后，这些功能都可以通过智能芯片（小微型计算机）镶嵌到各种各样的物品上，从而使万物皆"智能"得以实现。[1]

1.2.3 知识资源的免费共享

在手机等智能移动终端设备的帮助下，知识、信息、数据资源已经大面积地实现了免费共享。在这个时代，会使用手机、智能电视的每一个人都可以通过网络快速地获得信息、创造知识、分享自己的观点和智慧，他们都可以积极地、主动地参与到知识、智慧的创造中，都可以随时随地分享、传播自己的经验、看法和发明创造。在这个时代，知识、信息、数据资源、服务平台、软硬件系统的免费共享已经变成了一种基本社会形态，这种免费资源在手机等移动终端设备的帮助下已经变得丰富多彩、唾手可得。在网络平台、共享资源和智能终端的帮助下，技术、商品、资金可以实现快速

---

[1] 陈俊圻. 万物皆智能［J］. 电气时代，2011（7）：11.

实时传递，知识、智慧等各种信息资源可以在生产者、消费者、中间商之间实现免费共享。一方面在生产者和消费者之间实现了"即时订购、即时生产和有求立供"，即消费者需要什么供应者就生产什么，需要多少就生产多少，什么时候需要就什么时候送达；另一方面在各个环节参与方、当事人之间，可以实现知识共享、技术共享和市场供求信息开放，使得人们能够在更高层次、更高水平上协同互动，开展共同劳动，进行共同创造，获得共同发展。从这个角度来看，人类社会已真正进入到了一个知识免费传播、资源免费分享、平台免费开放、智慧协同创造、思想快速传播的时代。

1.2.4　普通大众的开放创造

在免费、开放、共享、共创的时代大趋势下，在文字、图片、软件、声音、视频等知识和智慧资源没有时间限制和地理空间限制地被复制、被复用、被固化、被扩散和被再创造的大背景下，普通大众、广大非精英阶层第一次广泛、深入地参与到了知识、智慧、经验、技术等的交流与共享的历史潮流之中，第一次成为推动人类社会科技进步、社会文明发展的主要力量，成为知识、智慧传播和创造的主要力量。应该说普通大众是推动人类进步的最基本力量。从这个角度来讲，知识、智慧、经验在普通大众之间的传播速度、深度和广度，将决定着这个国家和这个社会科技进步、文明发展的速度。在这个时代，不是少数伟人或长寿企业左右人类进步的脚步，而是广大民众的知识、智慧、声音和创造力决定时代进步的步伐。在这个时代，不是物质生产技术、资本实力、社会经济制度决定一国经济的发展速度和发达程度，而是知识、智慧在民众中的传播速度和广度，知识、智慧在产品和服务中渗透的密度，决定一国经济的发展速度。在这个时代，普通大众真正成为创造人类历史的主人、成为推动人类社会进步的决定力量。

1.2.5　跨越时空的实时交流

人们之间过去存在的在交流时间和沟通空间上的种种限制已经被智能手机等移动终端设备打破，工业时代形成的知识垄断、技术垄断、市场垄断也被开放的、处于云端的网络所打破。那些固守工业时代生产劳动方式的企业和企业家被一个一个毫不留情地赶出市场，使那些能够果断采取新的生产和劳动方式的企业与个人能够获得快速发展。在智能互联时代，智能终端设备通过声音、视频、录像、知识、智慧等数据信息的实时传递和随时随地的沟通交流，使过去本来是由人的大脑来实现的一系列功能、活动（听说读写、搜索判断、联想记忆等）现在均可以通过网上平台、网络系统、网上"自伺"设备实现。过去依靠某种类型的垄断如发明创造核心技术、封锁供求信息和商业秘密、不开放生产技术平台的企业和企业集团，正在被那些知识技术资源共享、生产劳动平台开放、供求信息直接沟通、双向互动交流的企业和企业联合体所打败。

1.2.6 用户决定的生产制造

在大众知识、智慧能够被快速传播和复用的大背景下，在大众发明、创造、经验、知识、智慧成为历史发展和人类进步的主要推动力量的大趋势下，人类社会物质产品的生产和销售方式也在发生着深刻的变化。首先，不是工业社会的那种大批量生产推动大批量销售和大批量消费，而是小批量、个性化需求通过网络平台聚集到一起拉动形成大规模定制、大规模个性化生产和大规模个性化消费。其次，不是消费者不满意才去投诉生产者并要求生产者、销售者退款和赔偿，而是消费者不满意生产者和销售者就得不到用户，得不到用户的购买和现金支付，就启动不了生产。最后，不是生产者、销售者的广告宣传、价格优惠吸引和刺激消费者购买，而是用户的体验、用户的口口相传、用户的网评决定着订单的方向。以消费者为中心、由用户体验决定社会生产组织方式、资源配置方向和生活服务业态的时代已经到来。在这个时代，不是广告、推销和价格决定一个企业的生存，而是用户体验、大众点评决定一个企业的兴衰。

1.3 智能互联时代带来的变化

1.3.1 正在双重推动管理变革

近年来，有关概念铺天盖地，如知识经济时代、信息化时代、虚拟经济时代、互联网时代、大数据时代、智能化时代，还有工业4.0、第四次工业革命、社群经济、眼球经济……我们为什么要用智能互联来定义这场变革，用智能互联时代表示正在到来的历史阶段呢？①

笔者认为，判断社会变革的性质和时代特点的主要依据是：

（1）推动社会变革的主要动力是什么？这些动力的影响范围是否足够

---

① 张小红，黄津孚. 论智能互联时代管理学理论的进化性重构 [J]. 福建论坛，2019（10）：12－21.

大，影响时间是否足够长？

（2）支撑新时代的生活方式和治理方式尤其是生产方式是否不同于以前的时代？马克思在《资本论》中指出："各种经济时代的区别，不在于生产什么，而在于怎样生产，用什么劳动资料生产。"[①] 恩格斯也说："每一历史时代主要的经济生产方式和交换方式以及必然由此产生的社会结构，是该时代政治的和精神的历史所赖以确立的基础。"[②]

人类历史学家伊恩·莫里斯在其著作《西方将主宰多久》中，介绍了一套量化系统计量社会发展程度的研究系统，以重大事件为自变量，以人均能源捕获量、社会组织能力、信息技术、作战能力等社会发展和文明程度为因变量，追踪了自公元前 14 000 年以来人类社会发生转折的轨迹以及科学家们认为重要的事件，包括动物的驯养、农业的发展、城市发展、战争、哲学和宗教、发明文字和计数系统、发现新大陆等引起的社会发展变化，画出了历史曲线，得出了惊人的结论。人类社会长期处于缓慢变化的过程，只有发生在 18 世纪的工业革命（通常称其为第一次工业革命），使人类社会发展发生陡变，出现特大拐点（见图 1-3）。工业革命以后百余年积累的社会财富超过了人类几千年。

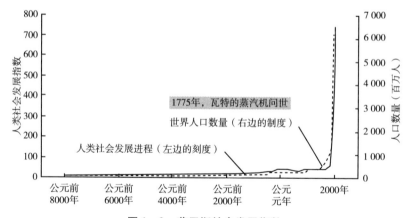

图 1-3　莫里斯社会发展指数

资料来源：［美］伊恩·莫里斯. 西方将主宰多久：东方为什么会落后，西方为什么能崛起［M］. 北京：中信出版社，2014.

第一次工业革命的动力是什么呢？有人说是蒸汽机，有人说是铁路，

---

① 中共中央马克思恩格斯列宁斯大林著作编译局. 马克思恩格斯全集［M］. 北京：人民出版社，1998：204.

② 中共中央马克思恩格斯列宁斯大林著作编译局. 马克思恩格斯选集［M］. 2 版. 北京：人民出版社，1995：257.

有人说是石化能源的大量应用，还有人说是文艺复兴和宗教改革。笔者认为，按照系统论的思维，系统的变化产生于物质、能量、信息的变化。人类社会的进步依靠资源、能力和社会交互三大动力。第一次工业革命正是在这三方面提供了巨大的动力，石油、钢铁、塑料、蒸汽技术、电力、铁路、海运、高速公路联合发力，从资源、能力和社会交互方面提供了前所未有的社会发展的物质基础。

这些动力的影响范围从最初的西欧，逐步扩展到全世界的大部分地区，改变了人类的生产方式、生活方式和治理方式（见表1-1），而且时间已经长达数百年。所以我们认可了工业化时代的历史范畴①。

表1-1　　　　　　　　工业化时代与农业化时代的比较

比较项目	工业化时代	农业化时代
战略资源	资本、劳动力、物资	土地、劳动力、地理环境
生产方式	大规模、标准化、商品化	小生产、自给自足＋小商品
产业结构	工业品生产主导	农业主导
能力	人－机协同的机械化	人力＋畜力＋自然力
生活方式	城市化	村落化、城邦化
主要社会交互工具	电话、电报、邮政	直接对话
主要链接	人与人远程、物与物局部链接	人与人近距离

最近几十年酝酿和加速进行的社会变革，其主要动力是什么呢？

笔者认为，世纪之交②发生的社会变革，其主要动力是智能和互联。智能是通过开发利用人工智能以及与人类智能的协同，替代大量人类脑力劳动，提升科学研究及生产劳动的效能。互联是通过信息化与网络化，构建各种类型物理的、社会的交互作用系统，解决人与人之间的信息沟通、物与物之间通信、能源之间相互连接以及平台系统之间协同和最新点到点的安全交易问题。

智能互联包括两层意义：一层是智能化的互联，互联本身采用了智能化的方式，因而更加系统高效；另一层是智能的相互协同、相互迭代、加速发展，进一步可理解为用人类智慧解决互联与合作问题。③ 这里需要强

---

① 张小红，黄津孚. 论智能互联时代管理学理论的进化性重构 [J]. 福建论坛，2019 (10)：12－21.

② 即20世纪末21世纪初。

③ 黄津孚. 以智能互联思维认识和规划当代科技与产业变革 [J]. 经济与管理研究，2017 (11)：80－89.

调的是：智能互联是一个有机整体概念，智能与互联相互支撑、相互融合，不是简单的互联网加智能化，或者移动互联网加智能化，而是以信息化、网络化、智能化为核心的科技革命系统作用的结果，是涉及人类社会系统物质、能量、信息交互的巨大变革，是资源、能力和社会交互的大开发、大进步。

以往，人们讨论问题时要么谈智能化，要么谈互联网，实际上是把这两者割裂开了。其实，两者存在紧密的联系，不过智能化发力不如互联网早而已。互联网的直接作用是开发信息资源；智能化的直接作用是提升人的能力。智能只有在互联基础上才能发挥较大作用。例如，没有大数据就没有高端智能化，但是如果没有高度智能化，大数据充其量也就是一堆数据、一堆废料而已。互联网是开放资源，如果没有智能，信息或数据就无法加工，只有智能化才能够让信息或者数据加工变得更加有效。因此，我们当今时代的特征是：智能 + 互联。只提互联网时代或者智能化时代都是不准确的。应该先是智能，然后是互联。互联是知识的叠加互补，叠加创新，过去没有互联网，知识的传播速度很慢，只有智能才能互联，互联可以推动智能。

互联网发挥作用离不开智能化，其关键技术都离不开传感技术、数字化技术、计算技术，其后台是依靠智能化支撑的。但是，互联网通过加快信息和知识的传播，通过加强社会交互，促进了智能化的进程，因此也不是完全被动的。也就是说，当前的社会变革，其性质是资源和能力双重革命[1]。

再从智能互联的影响范围和时间来看，如果从计算机应用和互联网应用的广泛程度来看，智能互联已经深入到人类生产方式、生活方式、治理方式的方方面面，而且还在不断扩大；从智能互联的影响时间来看，虽然计算机广泛应用和互联网普及应用历史还不算长，但毕竟已经开始。针对移动互联网历史阶段的争论，苹果公司首席执行官（CEO）库克判断，2017 年的移动互联网还只是在婴儿期，不可能是在晚期，因为人们现在触及的还只是皮毛，"在可预见的未来，你很难找到一个设备可以替代手机，成为互联网的窗口"[2]。试想，物联网、车联网、能源联网等正在起步阶段，2017 年刚刚是人工智能的应用元年[3]，因而智能互联的影响将是

① 黄津孚，张小红，何辉. 信息化数字化智能化——管理的视角［M］. 北京：经济科学出版社，2014：66 - 67.
② 袁载誉. 互联网简史［M］. 北京：中国经济出版社，2020：66 - 67.
③ 叶纯青. 2017 年将迎来"人工智能应用元年"［J］. 金融科技时代，2017（4）：84.

很长的一段历史时期。

智能互联之所以作为一个新的时代，是通过智能互联社会与工业化社会的比较确定的（见表 1 – 2）。

表 1 – 2　　　　　智能互联化时代与工业化时代的比较

比较项目	工业化时代	智能互联时代
战略资源	资本、劳动力、物资	信息、知识、数据
生产方式	大规模、标准化	个性化、柔性化
产业结构	物质生产主导	服务主导
核心能力	人—机协同的机械化	人—机协同的智能化
生活方式	城市化	城镇化
社会交互工具	电话、电报、邮政	互联网
链接	人与人、物与物局部链接	人—人—物—物无缝连接

资料来源：张小红，黄津孚．论智能互联时代管理学理论的进化性重构［J］．福建论坛，2019（10）：12 – 21.

智能互联时代的概念可以集中概括近年来关于科技、产业及社会经济变革概念的主要内容（见表 1 – 3）。

表 1 – 3　　　　近 30 年"信息化"热潮中新概念的智能互联属性

时代新概念	概念的技术基础	概念包含的智能互联属性
信息化	信息互联 + 智能化的信息处理技术	信息资源和信息技术的大规模开发利用
互联网	包含大量信息节点的分布式通道系统	人与人之间信息的便捷互联、分享与共享
数字化	信息的模数转换、算法模型、集成化、虚拟化	数据的智能化处理和应用，物理世界与虚拟世界的统一
物联网	嵌入式系统（专用计算机）+ 微机电系统	物体（物理世界）的智能互联
云计算	信息计算、存储、安全能力的分布式整合与商业服务	建立在智能互联基础上的新型业务外包型分工协作体系
移动互联	智能信息终端与无线互联网的结合运用	信息实时无缝连接、处理和应用
大数据	多样、巨量、速变的数据集合与处理技术	接近真实世界的描绘和关系分析
智能化	大数据 + 算法（软件）+ 计算机的综合运用	在产品、工具、系统中协同应用人类智能与人工智能，使其聪明起来
人工智能（AI）	识别、知觉、深度学习、专家系统等人类智能的工具化	人类智能的外延

时代新概念	概念的技术基础	概念包含的智能互联属性
两化融合	信息资源、信息技术与工业资源、工业技术相结合发展经济	工业化向信息化转型的道路和策略
互联网＋	结合不同产业特点推广互联网技术的应用	用互联网技术武装、改造传统产业，推动产业转型升级
工业4.0	将物联网、智能制造和服务、人员培训等连接起来	构筑产业智能互联生态圈
智能制造	智能化设计、智能化加工、智能化服务与智能化管理的集成	制造业的智能互联生态系统
3D打印	以数字模型为基础，运用粉末状金属或塑料等可粘合材料，通过逐层打印的方式来构造物体的技术	增量式加工的智能化制造系统
工业互联网	机器分析、物理分析、重点学科的专业知识、自动化和预测整合运用	智能互联在制造、营销、运行服务方面的一体化解决方案
价值互联网	区块链为核心的分布式数据存储、点对点传输、共识机制、加密算法等计算机技术的新型应用模式	智能化的交易服务系统

资料来源：笔者通过相关资料整理得到。

1.3.2 正在改变生产生活方式

20世纪下半叶以来，由于计算机技术、信息网络技术、数字通信技术、自动化技术、人工智能技术的迅速发展，社会生产生活方式发生了很大变化。

1.3.2.1 社会生产方式的变化

英特尔公司首席执行官科再奇在一场沉浸式虚拟现实发布会上阐述了公司的未来愿景："技术正以前所未有的速度向前发展，扩展到消费电子领域之外，几乎定义我们生活的方方面面，并推动各行各业转型。"[①]

在互联网应用方面，根据用友集团抽样调查统计发现[②]，已有约70%的企业开始综合运用信息化、网络化手段开展决策支持的相关应用，近一

---

① 沈建缘．英特尔、以芯片的力量定义智能互联新时代［J］．中国外资，2017（3）：56－57.

② 中国互联网协会．中国互联网企业综合实力指数（2021）［R］．2021.

半的企业主要对合同、收入、成本、利润等与财务直接相关的方面开展决策支持应用，客户价值和信用、产品盈利和市场趋势、研发生产与经营管理的集成运营等方面的决策也成为以数据为支撑的决策支持的重点，还有部分企业在企业预测预警、风险管控以及信誉建设等方面开展了决策支持的相关应用。

在物联网方面，机器—机器互联（machine to machine，M2M）是率先形成完整产业链和内在驱动力的应用。电信运营商仍是 M2M 的主要推动者，法国电信 Orange 是欧洲第一家提供完整 M2M 方案的电信运营商，德国电信也推出了 M2M 全球运营平台，AT&T 通过与云服务和软件提供商 Axeda 公司合作，向企业提供 M2M 应用开发平台（ADPs），帮助企业解决开发中的共性问题。全球有超过428家移动运营商提供 M2M 服务，在安防、汽车、工业检测、自动化、医疗和智慧能源管理等领域增长非常快。[1]

在车联网方面，美国出产的低端车型已实现联网，具有自动泊车、自动跟车及主动避撞等功能。全球车载信息服务市场非常活跃，成规模的厂商多达数百家，最具代表性的全球化车载信息服务平台有通用的安吉星（On Star）、丰田的 G－book。

在智能电网方面，全球与智能电网配套使用的智能电表安装数量已超过 7.6 亿只，1/3 的美国人用上了智能电表，高峰时用电量减少了 20% ~ 30%，平均停电时间缩短了 20%。[2]

在云服务方面，自从亚马逊 2005 年推出 AWS 服务，产业界认识到亚马逊建立了一种新的 IT 服务模式。在此之后，谷歌、IBM、微软等互联网和 IT 企业分别从不同的角度开始提供不同层面的云计算服务，云服务进入了快速发展的阶段。云服务正在逐步突破互联网市场的范畴，政府、公共管理部门、各行业企业也开始接受云服务的理念，并开始将传统的自建 IT 方式转为使用公共云服务方式。[3]

在智能制造方面，20 世纪 50 ~ 60 年代主流是单机数控；70 年代以后则是数控机床及由它们组成的自动化岛；80 年代出现了世界性的柔性自动化热潮，与此同时，出现了计算机集成制造（computer integrated making system，CIMS）；2000 年后，信息技术、网络技术、人工智能技术的快速发展和广泛渗透，为传统制造业提供了新的发展机遇。人们通过集成计算

① 佚名.2014 年全球物联网发展报告［J］.中国信息化，2014（15）：5.
② 工业和信息化部电信研究院.物联网白皮书［S］.2014.
③ 陈桂龙.国际云计算发展新趋势［J］.中国建设信息，2014（13）：2.

机技术、信息技术、人工智能技术与制造技术，发展出一类新型的制造技术与系统，这便是智能制造技术与智能制造系统，统称"智能制造"。

智能制造装备呈现模块化、开源化和个性化的发展趋势。全球机器人供应商领军企业德国库卡自 2013 年 11 月 5 日推出机器人 KRQUANTEC 系列以来，还推出了高效高性能搬运、去毛刺应用机器人等产品和先进解决方案，并展出了世界上第一台大型娱乐机器人 Robocoaster。KRAGILUS 系列机器人可以方便地安装在地面、天花板或是墙壁上，用于以极短周期完成拣选、搬运、堆垛及卸载等任务；有"行为艺术家"之称的去毛刺应用机器人 KR30 - 3 的应用领域非常广泛，具有紧凑、精确、灵活、快速的特点，广泛应用于汽车以及汽车零部件制造行业。KR5R1400 作为库卡机器人系列产品中最小的弧焊接机器人能可靠地完成任务。①

《全球数字经济白皮书》显示，从规模来看，美国数字经济继续蝉联世界第一，2020 年规模达到 13.6 万亿美元。而中国的数字经济位居世界第二，规模为 5.4 万亿美元。此外，德国、日本、英国依次位居第三至第五，规模分别为 2.54 万亿美元、2.48 万亿美元和 1.79 万亿美元。从占比来看，德国、英国、美国的数字经济在国民经济中占据主导地位，其占国内生产总值（gross domestic product，GDP）的比重超过 60%。从增速来看，中国数字经济同比增长 9.6%，位居全球第一。我国制造业研发、生产等环节数字化水平延续稳步提升态势，数字化研发设计工具普及率达 61.8%、智能制造就绪率上升至 5.1%，服务化转型步伐持续加快。工业云服务、大企业双创、企业互联网化、智能制造等领域的新模式新业态不断涌现。中国"十四五"规划中，国家也首次明确提出要将数字经济核心产业增加值占 GDP 比重由 2020 年的 7.8% 提高到 10%。未来，随着网络传输速度加快，海量数据积累，云计算、人工智能、物联网等代表性技术的成熟，数字经济将在各行业开启更大的想象空间。②

1.3.2.2 社会生活方式的变化

当我们看到这样一系列惊人的数字和发生在眼前简直令人难以置信的事实时，不能不感受到一个新的时代正在到来。

全球智能手机年出货量已达 14 亿台，苹果的 iPhone 已出到了第 13 代，达 30 多款；截至 2021 年 12 月，全球互联网用户数达到 48.8 亿人，世界上最大的发展中国家——中国所有网民中已有 99.7% 使用手机上网，

---

① 中国企业联合会课题组. 企业智能制造进展和趋势理论研究 [R]. 2016.

② 艾瑞咨询. 2021 年中国人工智能产业研究报告 [R]. 2022.

手机网民规模超过 10.32 亿人，短视频用户规模达 9.34 亿人，全国有近一半的人观看直播，互联网人口渗透率超过了 57%；① 2019 年 6 月，有互联网皇后之称的玛丽·米克尔发布《2019 互联网趋势报告》，成年美国人平均每天上网 6.5 小时，有超过 87% 的青少年一时一刻也离不开手机，有76% 的青少年使用智能手机摄像头拍照并发在社交媒体上。② 人们的购物方式、餐饮方式发生着明显的变化。阿里巴巴集团 2021 财年电商交易额（gross merchandise volume，GMV）突破 8.1 万亿元人民币。③

在美国，尽管有政策上的障碍，仍然有 400 家公司已经获得批准生产消费级无人机，如会点菜下单、端茶送水的送餐机器人，影像立体、信息丰富的 VR 眼镜，语音识别率高度准确的互联网视频会议系统等。机器人的智能化程度也越来越高，如阿尔法狗战胜世界围棋冠军李世石、IBM 开发 Watson 医务助理仅需 10 秒就当着 5 位顶尖专家的面为晚期癌症病人开出处方和医嘱。

金融业在中国如日中天，2011 年在中国还是金领的银行员工，2016 年被削减 6 万人，2017 年被削减 2.7 万人，2018 年被削减 2.6 万人；2000 年高盛位于纽约的股票现金交易部门原有 600 个交易员，而如今只剩下两个交易员，剩余的工作全部由机器包办。④

有专家预计，联入网络的智能设备将达到 500 亿台⑤；量子通信、人造器官、纳米级机器人、自动驾驶等即将成为现实；各国政府争相制定智能互联战略；等等。

以上现象不由得让人们想起大约 300 年前发生的一场革命。这场发生在欧洲的工业革命的浪潮，有人将其叫作第二次机器革命，德国人将其叫作工业 4.0。

人们越来越热衷于互联网的应用，如网上订餐、网购商品、在线旅游、网络电视、网络游戏，全世界都出现了"低头"现象，大家都在看手机，其实不是看手机，而是从手机上找信息、享用消费信息。近年来互联网得到广泛应用，我国包括通信、内容服务、行业应用等信息消费年增长20%，远远超过 GDP 的增长。这就意味着，对于多数老百姓，信息消费

---

① 相关信息自第 49 次《中国互联网络发展状况统计报告》中查询得到。

②④⑤ 玛丽·米克尔《2019 互联网趋势报告》，查询网址：http://kpcb.com/InternetTrends，2019 - 06 - 02。

③ 相关信息自阿里巴巴发布的 2021 年 3 月份季度及 2021 财年全年业绩发布电话会记录稿查询得到（https：// data. alibabagroup. com/ecms - files/886024452/50409d33 - abb2 - 4d2b - 9b40 - 286bd70d36ee. pdf）。

于整个消费中的比重在不断增加。如今不仅青少年，包括中老年人也开始"喜新厌旧"，喜欢尝试，博客、微博、微信很快普及。我们在互联网时代还免费得到许多"消费品"，例如从 App 中获得免费软件，免费使用百度搜索和 360 杀毒服务，免费下载音乐、视频、照片和电子书，这些都没有统计在人均消费支出之内，可以认为是互联网红利。①

现在的年轻人和老一辈不一样，他们见多识广，另外生活条件也好多了，因而追求不一样。用贬义的说法，一是特想显摆，买东西追求个性化；二是比较懒，喜欢快捷便当。苹果、小米出现大量粉丝，这两款手机其实已经不是通信工具，而是时尚消费品了，就像青少年成为追星族，那些歌星、影星、球星已经不是什么艺人，而是偶像；他们购买名包、名表、名鞋、名车、名牌服装等奢侈品，已经不是因为那些包、表、鞋、车多么好，而是一种身份、一种社会地位、一种必需品了。

人们应用越来越多的智能化产品，享受个性化、便捷化、时尚化的体验，例如智能手机、智能手环、智能仪表、智能网络、智能动画、智能游戏、智能空调、智能冰箱、智能相机、智能汽车等。现在糖尿病人测量血糖，需要针刺取血和试纸，NEC 公司开发的"健糖宝"只要将手掌的鱼际部位放在其传感窗口上，只需几秒钟就可以显示皮下血糖指数，实现了低成本无创测体（每片试纸 3 ~ 7 元）。例如车联网的应用：根据德国经验，在驾驶行为矫正系统的作用下，每 10 吨以上的重型卡车在驾驶行为矫正系统和奖金回馈激励作用下平均节省 1 块钱。另外与 SAP 合作智慧港口系统，汉堡港每天货运时长节省约 30 万分钟。MIN 车联网系统帮助物流车队将到货期限准时率提升 10%，货运能力提高 20%，货运成本最高降低 20%，油耗最高降低 10%。②

全球范围内智能家居市场增速发展。艾媒咨询数据显示，2016 年，中国智能家居市场只有 620 亿元的市场规模，但随着 4G 的普及，在 2017 年已经达到了 880 亿元。随着区块链等相关技术被人们所熟知，在 2018 年市场规模达到了 1 210 亿元。5G 开始商用后，2019 年市场规模更是突破 1 500 亿元。且即使在新冠疫情的影响下，中国智能家居市场的规模依旧保持上升态势，在 2020 年达到了 1 705 亿元，2021 年达到了 1 923 亿元。③ 随着智能家居行业发展的增速，中国的智能家居市场也会迎来巨大

① 黄津孚. 智能互联时代的企业经营环境 [J]. 当代经理人，2020 (4)：8.
② 童淳强. 互联网 + 助推智能汽车 [J]. 中国公共安全，2016 (Z2)：4.
③ 白涛，单晓宇，褚楚. 数字化转型模式与创新：从数字化企业到产业互联网平台 [M]. 北京：机械工业出版社，2023.

增幅，将成为亚洲最大的智能家居市场。

看到以上变化，我们不得不说智能互联改变了人们的生活方式。

1.3.3 正在改变行业竞争格局

（1）智能互联导致行业渗透、颠覆与洗牌。数字化、网络化、智能化正在颠覆传统产业，导致行业大动荡、大重组。近年来，电子邮件颠覆传统邮政行业；数字影音代替传统娱乐；电子商务颠覆传统零售业；新媒体颠覆传统媒体；"滴滴打车"和"快的打车"颠覆出租车市场；阿里和腾讯金融动摇传统银行的统治地位，电商巨头阿里巴巴的子公司支付宝于2013年开始通过余额宝平台销售一只货币市场基金，一年后，余额宝管理的资产已超过5 410亿元人民币（合870亿美元），规模相当于全球第四大货币市场基金；[①] 等等。这样的例子不胜枚举。

（2）跨界经营成潮流。传统竞争理论通常关注同一行业内企业之间的竞争。信息化、数字化、智能化技术的应用导致行业界限趋向淡化模糊，业务互相渗透，不断出现新进入者和替代品，企业竞争空间扩大，传统企业的"领地"受到侵蚀。例如，华为和中兴通讯从通信设备制造行业，联想从微机行业，海尔从家电行业，谷歌从互联网行业纷纷进入手机行业；电子商务企业阿里集团以及百度、腾讯等中国互联网巨擘纷纷进入金融行业；百度、谷歌开发智能汽车；等等。如此多的企业大跨度越界经营可谓史无前例。

（3）在创业园、产业园基础上形成许多新产业集群。例如，北京中关村下一代互联网产业集群，上海浦东新区以信息技术、生物、高端装备制造为核心的高端产业集群，天津科技金融产业集群，武汉光谷产业集群，西安生物医药产业集群，重庆笔记本电脑产业集群，贵阳大数据产业集群，合肥语音产业配套体系和特色产业集群等，这些产业集群发挥了智力密集、上下游联动、共生共荣的优势，形成良好的生态环境。例如，南京软件谷依靠不断加大创新要素投入和人才培养，集聚了340多家软件企业，形成通信软件、软件外包和信息服务三大特色产业集群；吴江电子产业集群围绕引进的中国台湾地区著名电子品牌企业，集聚了中小专业化配套服务企业近200家，服务业逐步从生产企业内部转移到企业外部，从而派生出一批包装、运输、仓储、物流、信息、培训、咨询、贸易、设计开发、中介服务、金融保险等领域的服务型企业。这里为创新创业提供了肥

---

① 孙延明，宋丹霞，张延平. 工业互联网 企业变革引擎［M］. 北京：机械工业出版社，2021.

沃的土壤。①

1.3.4　正在改变全球国家治理

早在 1993 年，美国政府就提出了"国家信息基础设施"计划，开始发展以互联网为核心的综合化信息服务体系，推进信息技术在社会各个方面的应用。

2008 年 11 月，IBM 提出"智慧地球"的概念，与"智慧地球"密切相关的物联网、云计算等，更成为科技发达国家制定本国发展战略的重点。

自 2009 年以来，美国、欧盟、日本和韩国等纷纷制定物联网、云计算相关发展战略。

2010 年，美国政府推出《美国制造业促进法案》，提出运用数字制造和人工智能等未来科技重构美国制造业的竞争优势。

2012 年，美国通用电气发布《工业互联网——打破智慧及机器的边界》报告。2012 年 7 月 9 日，联合国纽约总部发布了一份大数据政务白皮书，总结了各国政府如何利用大数据更好地服务和保护人民。在这个名为《大数据促发展：挑战与机遇》的白皮书中，联合国指出大数据对于联合国和各国政府来说是一个历史性的机遇，联合国还探讨了如何利用包括社交网络在内的大数据资源造福人类。该报告是联合国"全球脉搏"项目的产物。"全球脉搏"是联合国发起的一个全新项目，旨在利用消费互联网的数据推动全球发展。利用自然语言解码软件，可以对社交网络和手机短信中的信息进行情绪分析，从而对失业率增加、区域性开支降低或疾病暴发等进行预测。②

与联合国对大数据价值的判断相呼应的是，伦敦智库政策交易所也宣布大数据每年能为英国政府节省 330 亿英镑。③ 联合国的报告解释了大数据如何帮助政府更好地响应社会和经济指标变化，例如收入、失业、食品价格等。

联合国指出大数据时代已经到来，人们可以使用极其丰富的数据资源，包括旧数据和新数据，来对社会人口进行前所未有的实时分析。

联合国报告还以爱尔兰和美国的社交网络活跃度增长可以作为失业率

---

① 齐力然. 中小企业产业集群透视［J］. 中国中小企业，2004（5）：4.

② Peter C. Evans & Marco Annunziata. 工业互联网——打破智慧与机器边界［R］. 工业和信息化部国际经济技术合作中心，2012.

③ 李晶，郭同济. 信息管理思想史［M］. 北京：企业管理出版社，2022.

上升的早期征兆为例，表明政府如果能合理分析所掌握的数据资源，将能"与数俱进"，快速应变。

2012 年，英国政府开通"云市场"（Cloud Store）网站，启动 G - Cloud 认证工作，供政府部门选择、采购各类云计算服务。G - Cloud 认证标准基于 ISO27001 和《HMG Information Standards No. 1&2.》。截至 2014 年初，"云市场"上已有 1 200 家提供商的 13 000 多项云服务通过了认证，可供英国政府部门选择使用。①

欧盟于 2013 年开始实施"可信赖云服务供应商"认证。美国通过《联邦政府云战略》，每年将联邦政府原有 IT 支出中的 1/4（约 200 亿美元）转为采购第三方公共云服务，从 2013 年的统计信息来看，美国联邦政府的 IT 支出较 2010 年减少了 57 亿美元，其中云计算贡献显著。②

2013 年德国学术界和产业界联合发布了《工业 4.0 的实施建议》，通过互联网及物联网将研究开发、制造、服务乃至人才培养各环节连成一体，提升国际竞争力，后被德国政府采纳为国家战略；同期英国制定了"高价值制造"战略。

2013 年 5 月，澳大利亚发布《澳大利亚云计算战略》，提出使政府成为云服务使用方面的领先者。另外，韩国、德国、俄罗斯等在 2010～2013 年也提出了各自的云计算发展战略或行动计划。

麦肯锡 2014 年的研究报告称，随着企业拥抱互联网技术程度的提高，它们的运营将会越来越高效，并最终转化为生产效率的提升——从产品开发到供应链管理，从市场营销到提高客户互动的能力。对于中国的小企业，数字化的提升帮助它们提高劳动生产率，寻找新的协作方式，并使其可以利用电子商务扩大其经营范围。当时就预计在未来的十几年中，互联网将有可能在中国 GDP 增长总量中贡献 7%～22%。③ 实际上，《中国互联网发展报告 2021》显示，2020 年中国数字经济规模达到 39.2 万亿元，占 GDP 比重达 38.6%，保持 9.7% 的高位增长速度，成为稳定经济增长的关键动力。④

各国通过营造制定标准、规范合同、采购管控、评估认证等制度环境进一步提高云计算服务的安全水平和服务质量，保障政务应用的安全性和

① 韩景倜，何杰. 中级云经纪师［M］. 上海：上海财经大学出版社，2015.
② 中国信息通信研究院. 云计算白皮书［R］. 2021.
③ 周膺，周旭霞. 杭州蓝皮书：2016 年杭州发展报告（经济卷）［M］. 北京：社会科学文献出版社，2016.
④ 中国网络空间研究院. 中国互联网发展报告［R］. 2021.

可靠性。

（1）建立标准：美国国家标准与技术研究院（national institute of standards and technology，NIST）编制了《信息系统和组织的安全及隐私控制》第3版（800 – 53 REV3，Information Security 信息安全）规范，英国编制了针对信息安全管理的全面指南，以上标准对云服务的安全和服务质量等方面提出了具体要求。

（2）规范合同：英国建议在与服务提供商的合同中应包括服务器地点等与云计算环境安全相关的条款；日本规定应将云服务的安全特性、服务水平等方面的要求事项等写入协议书。

（3）采购管控：英国建立政府云服务采购机制，所有的公共 ICT 服务的采购和续用都必须经过 G – Cloud 委员会的审查；日本规定云设备采购要通过信息安全委员会的安全审查。

（4）管理制度：美国建立了较为完善的政府采购云管理制度，包括开展周期性评估、SLA 监控、服务质量的管理等。

（5）第三方评估与认证：美国 FISMA 法案规定为政府提供云服务的提供商必须通过测试认证，美国医疗行业要求第三方机构对云服务提供商进行监督审查。

2016 年 10 月，美国白宫公布了《国家人工智能研究发展战略计划》，旨在通过政府投资深化对人工智能的认识和研究，确保美国在人工智能领域的领导地位。

世界经济论坛 2019 年年会指出：大数据和人工智能技术的应用日益突出表现为第四次工业革命的典型特征。一方面人们越来越受益于数据革命所带来的种种生活便利，憧憬着一个更加高度智能化社会的到来；另一方面又深刻恐惧于数据革命所带来的种种社会变革与不安全感，数据的深度挖掘正在重塑社会结构以及维系这个社会运行的基本价值规则。

2019 年 6 月，美国白宫科技政策办公室（OSTP）人工智能特别委员会（Select Committee on Artificial Intelligence）发布了《2019 年国家人工智能研发战略规划》（The National Artificial Intelligence Research and Development Strategic Plan：2019 Update）。该规划是自 2016 年奥巴马政府首版发布后的第一次更新，旨在指导国家人工智能研发与投资，为改善和利用人工智能系统提供战略框架，主要目标为开发人机协作方法，解决人工智能的安全、伦理、法律和社会影响等相关问题，为人工智能培训创建公共数据集，并通过标准和基准评估人工智能技术。

在推动信息化、数字化、智能化方面，我国政府反应也相当迅速。

2000 年中共十五届五中全会把信息化提到了国家战略的高度。

2002 年党的十六大进一步作出了以信息化带动工业化、以工业化促进信息化、走新型工业化道路的战略部署；不久之后发布了《2006 - 2020 年国家信息化发展战略》。

2015 年，在国务院提出的"实施国家大数据战略，推进数据资源共享开放"的战略引领下，越来越多的地方加速推进大数据产业规划编制、大数据试点、大数据关键产品研发和产业化、大数据基础设施建设、大数据标准体系建设等，并按照"政府引导、市场主导"原则，提出了大数据"交易机构 + 产业基金 + 创新基地 + 发展联盟 + 研究中心"五位一体的综合推进体系。

2016 年发布《国务院关于深化制造业与互联网融合发展的指导意见》《国家智能制造标准体系建设指南》，2017 年 7 月发布《新一代人工智能发展规划》，提出力争到 2030 年实现把我国建设成为世界主要人工智能创新中心的"新目标"。2017 年颁布《智能制造试点示范 2016 专项行动实施方案》《机器人产业发展规划（2016 - 2020 年)》《关于深化制造业与互联网融合发展的指导意见》《智能硬件产业创新发展专项行动（2016 - 2018 年)》《智能制造发展规划（2016 - 2020 年)》《高端智能再制造行动计划（2018 - 2020 年)》《增材制造产业发展行动计划（2017 - 2020 年)》《大数据产业发展规划（2016 - 2020 年)》 《云计算发展三年行动计划（2017 - 2019 年)》等一系列相关政策。

由于智能互联广阔的应用前景，各国政府纷纷将其纳入国家发展战略（见表 1 - 4）。

表 1 - 4　　　　　各国将智能互联列入国家战略规划

国家	政府规划	战略重点	特点
德国	《德国联邦政府 AI 战略报告》（2017 年)、《联邦政府 AI 战略要点》（2018 年)、《高技术战略 2020》	工业 4.0 成为新一代工业生产技术的供应国和主导市场 强调 AI 创新能力、社会责任和伦理责任	智能制造企业实践 产学研推动 升至国家战略
美国	《重振美国制造业框架》（2009 年)、《先进制造伙伴计划》（2011 年)、《先进制造业国家战略计划》（2011 年)、《国家 AI 研究战略计划》（2016 年)、《美国 AI 计划》（2019 年)	再工业化、工业互联网侧重"软"服务，用互联网激活传统工业，保持制造业的长期竞争力 将 AI 列入国家优先发展事项，强调在全球领先地位	企业提供解决方案 政府战略推动创新

国家	政府规划	战略重点	特点
日本	以 3D 造型技术为核心的产品制造革命（2014 年）、《日本下一代 AI 促进计划》（2016 年）、《AI 战略》（2019 年）、《统合创新战略》（2020 年）	人工智能 智能化生产线和 3D 造型技术	人工智能是突破口 以机器人制造为基础 构建先进 AI 系统的超智能社会
中国	《中德合作行动纲要》、互联网 +、《中华人民共和国网络安全法》（2016 年）、《中华人民共和国个人信息保护法》（2021 年）、《中华人民共和国数据安全法》（2021 年）、《新一代人工智能伦理规范》（2021 年）	两化融合、制造强国打造新一代信息技术产业、生物医药与生物制造产业、高端装备制造产业、新能源产业	各行业智能化 智能城市 关键性技术体系 1 + N 人工智能治理 发展负责任的人工智能

资料来源：中国企业联合会. 全国企业管理现代化创新成果［M］. 北京：企业管理出版社，2022.

可以看到，智能互联已经上升为各个国家的战略，并将改变全球国家的治理机制。

综上所述，随着计算机技术、通信技术、互联网技术的快速发展，物联网、大数据、区块链、云计算、人工智能的广泛应用，人类社会发生了深刻的变化。种种迹象表明，一个新的历史时代已经到来，笔者称之为智能互联时代。

在智能互联时代，任何一个组织作为一个开放的系统总是要与周围的环境发生这样或者那样的联系。组织要发挥群体的力量，就需要管理者来为组织提出共同的目标、制定相应的行动方案，需要管理者来分配各项工作任务，协调工作中可能出现的各种问题，并检查各项工作的进展情况、纠正可能发生的偏差。也就是说，组织的生存和发展要受到其所在环境的影响与制约。管理作为组织实现目标的手段必然受到环境的影响。

管理是管理者在一定管理环境下，依据某种管理思想（或理论）协调管理对象有效实现组织目标的活动过程。管理者、管理环境、管理对象、管理活动构成了管理的四要素。管理学是研究管理活动的基本规律和管理方法的科学，是管理实践活动的科学总结。管理的发展与变革，是环境的变化、组织的管理活动、管理者、管理对象的互动共同作用的结果。研究管理（学）变革，就必须研究这四个要素的状态和变化。

从根本上来说，管理活动是组织对环境影响和制约的反应。管理是人类的实践活动，其主体就是管理者，客体就是管理对象。管理者通过管理活动作用于管理对象，管理对象会反作用于管理者，因而管理是一个互动过程。管理者、管理环境、管理对象、管理活动每个要素都自成体系，它们相互作用（见图 1-4）。

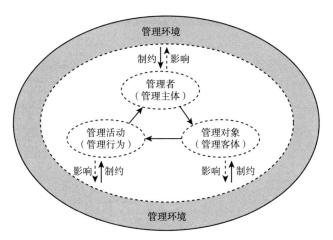

图 1-4　管理四要素及其相互作用

在智能互联时代，作为管理的四要素——管理者、管理环境、管理对象和管理活动将发生怎样的变革呢？研究管理实践活动基本规律、基本方法的管理学有哪些变与不变呢？本书围绕管理四要素研究了智能互联时代的管理者、智能互联时代的管理环境、智能互联时代的管理对象和智能互联时代的管理活动。在此基础上，本书研究了智能互联时代管理学的变与不变。

第2章　智能互联时代的管理者

管理者就是承担管理职责的人，是管理的主体。要做好管理，管理者就必然要具备一定的素质。正如管理大师德鲁克所言，优秀的管理者是现代社会最稀缺的资源，管理者最重要的是对他人、对团队、对整个组织承担责任，是让自己所负责的机构更有效率，为社会作出尽可能大的贡献。① 然而，卓有成效的管理者占比并不高，因为许多管理者缺乏应有的素质。

在管理的四要素中，管理者是最重要的要素。管理者是管理的主体，组织资源如何配置需要管理者做决策，管理原则如何贯彻在很大程度上由管理者的素质来决定……可以说，组织兴衰成败主要是由管理者的思想和行为能力决定的。

在智能互联时代，管理者面对的管理对象、管理环境大大不同于工业化时代，管理者必须强化危机意识和时代责任感，学会转变角色，培养卓越的领导习惯，努力提升自身素质，加强自我管理。

2.1　管理者面临的时代压力

智能互联时代管理者面临更大的压力，包括来自环境、管理对象和自身的压力。

2.1.1　管理环境的压力

全球化固然使发展空间辽阔，却不知道会不会踩上什么雷？遇上反复无常的政府首脑，真是一筹莫展；管理者特别担忧产业发展的不确定性，智能互联导致行业渗透与颠覆；进入新的产业领域，何时能够盈利

---

① ［美］彼得·杜拉克. 管理的实践［M］. 北京：机械工业出版社，2022.

呢？1994 年贝索斯创建网络书店，亚马逊销售额只有 1.48 亿美元，他曾亲自开着自己的雪佛兰开拓者把包裹送到邮局，直到 2001 年第四季度才首次实现盈利，但之后由于不断投资于未来技术和拓展市场（例如创建亚马逊云计算部门 Amazon Web Services、拓展电子书市场等），又连连亏损，但是令人意想不到的是股价却不断攀升，如今亚马逊市值已经达到 1.08 万亿美元，远远超过传统商业帝国沃尔玛的市值 4 072 亿美元。①

2.1.2 管理对象的压力

管理边界扩大了，内控任务相对减少，外部协调任务增加，人际关系节点增加，人际技能要求、谈判技能要求增加；新一届政府、新一代消费者、新一代员工的期望提高；管理者不仅要继续直面自然人，还必须直面与智能设备的互动，例如，ChatGPT 的出现为人机交互提供了一种新的可能，开启了智能化交互新时代。

2.1.3 管理者自身的压力

成就需求增强，责任加大了，风险也加大了，智能工具代替人力，就业、专业、学习压力剧增。智能工具帮助人工减轻工作量，作出更为科学的决策，让客户沟通、智能服务、服务管理和商业决策变得更流畅、更科学，智能工具减少了生产性岗位，人工智能客服可以代替90% 的人工客服，学习机器人的出现加快了智能工具代替人力的趋势。在科学研究方面，2003 年人类第一次破译人体基因密码的时候，多国科学家辛苦工作了 10 年才完成了 30 亿对碱基对的排列，如今世界范围内的基因仪每 15 分钟就可以完成同样的工作。与机器人的学习能力比较，一个正常人修完研究生课程需要 4 年，一个人工大脑 4 秒钟就能完成。② 在管理方面，由于智能工具可以克服人类在脑容量、专业知识、生理节律、心理波动、自然寿命、计算速度等方面的生理心理局限，高效高质量完成以往人们难以想象的工作任务，管理者发愁如何才能与它们 PK。

---

① 樊纲，孟宪忠，邵钧. 可复制的增长力 ［M］. 上海：东方出版中心，2022.

② 赵佟. 大数据理论与决策研究 ［M］. 长春：吉林出版集团股份有限公司，2022.

2.2　管理者角色的历史性转换

2.2.1　管理者的角色定位

管理者角色是指组织中管理者所需要做的一系列特定工作。不同企业所使用的管理方式不同，设立的企业角色也不同。但是，20世纪60年代，美国学者明茨伯格经过实证研究，具体分析了管理者的日常管理工作，提出了有效管理者所需要扮演的10种角色。通过角色的扮演以影响组织内部和外部的行为，这10种角色可以分为三种类型，即信息传递角色、人际关系角色、决策制定角色。下面具体论述这三种类型。

第一，信息传递角色。信息传递包括三种角色，即监听者、传播者、发言者。作为监听者，管理者需要及时地搜索组织内部和外部的信息，包括市场需求动态、经济形势、新科学技术的发展等各种重大事件以及自身组织的运行状态等，有了这些信息，管理者才能根据环境的变化，调整经济战略，跟上市场形势的发展变化；作为传播者，管理者要把重要的信息传达给组织成员进行信息共享，以起到激励员工的作用；作为发言者，向外界发布所在组织的目标、计划和措施的信息，如举行董事会议，向媒体发布信息等。管理者要扮演好信息传递角色，需要有敏锐的眼光、清晰的头脑，要善于归纳总结和表达，能够把握全局，具有较强的语言组织能力和书面表达能力。

第二，人际关系角色。人际关系角色包括挂名首脑、领导者和联络员三种角色。作为挂名首脑，需要代表所在组织与同行和外部组织开展有效的联络及互动，履行法律性和社会性的义务，如接待来访者、签署合同文件等；作为领导者，负责激励下属、安排工作和做到奖惩有序，如表扬先进员工、肯定员工业绩等；作为联络员，要发展和维护组织与外界的联络网络，如发表感谢信、参加行业协会的工作等。管理者要扮演好人际关系角色，要求管理者仪表堂堂，具有较强的语言表达能力，善于与人沟通和交际，头脑清晰，应该具有一定的演讲能力。

第三，决策制定角色。决策制定角色包括企业家、混乱驾驭者、资源分配者和谈判者。作为企业家，要懂得识别发展机遇，制定、实施和监督改进方案，掌握大政方针，如制定发展战略、检查决议的执行情况等。作为混乱驾驭者，当面对重大突发事件时，负责采取补救措施，如正确处理各种危机。现在，出现了专门处理各种危险的危险专家这个新兴职业。作为资源分配者，负责组织内部各种资源配置的决策，如调度、询问和授权，编制预算，调配人事等。作为谈判者，应该作为组织的代表，参加重大的谈判活动，如参与谈判和谈判决策。扮演好决策制定角色，要求管理者具备所从事业务领域的专业知识、经验和能力，要有敏锐的眼光识别市场机遇，善于权衡，具有临乱不惊的心理素质，处事果断，把握大局，善于决策。

从上面对管理者角色的分类，可以看出角色即一种相对关系，这种关系表明在一定的环境或条件下的地位或身份，并且这种地位或身份随着场合的不同、对象的不同而改变，一个人可以在不同的时间里扮演不同角色，在同一场合下一个人也可以扮演多种角色，但是每种角色都有其存在的价值和意义。一个管理者只有正确认识到在什么场合下自己担任的角色是什么，以及应该如何进入这种角色并扮演好这种角色，通过群众的认可和角色的扮演，不断地矫正和转换角色，才能真正把握住自己的角色和位置。

虽然在各种组织的各个层面上，管理者都扮演着上述管理者角色。但是，不同规模企业和组织的各个层次上却有着较大的差异。小型企业管理者角色重要性由低到高为传播者、领导者、挂名首脑、企业家、发言人。小型企业把大量时间都花在处理外部事务上。而大型企业管理者重要性从低到高为企业家、谈判家、混乱驾驭者、监听者、联络者、资源分配者。大型企业管理者主要关心的是企业的内部事务，如怎样在组织内分配现有的资源。若大中小型企业管理者能把握好企业的发展规律，将成为有效的管理者，即工作业绩好，下级对其满意和承诺程度高。

2.2.2 管理者的角色转变

随着社会技术经济形态的急剧变化，组织赖以生存的环境和管理者面对的时代背景发生了变化。其中最关键的是经济全球化和信息网络化发展趋势。这使管理者必须将组织本身的小系统纳入全球范围的大系统中考虑问题，打破不同地区和国家之间的界限，打破组织边界，在全球范围内优化资源配置。随着现代科技和信息通信技术的飞速发展，新技术产业不断涌现，新技术的应用又逐步推进传统产业的优化升级，推动流程再造永无极限。信息网络化发展使所有信息的传递、收集、加工、处理都能迅速便捷地在互联网上完成，而管理者此时既可利用网络时代的一切便利性，又要接受来自网络无限扩大、对手潜隐的挑战。管理者生存的时代背景变化了，管理者的角色转变也应随着管理实践和管理理论的变化不断丰富和发展。①

第一，使所有的管理者都成为战略所有者。组织环境日益复杂，环境因素总量增加，各因素呈现出多样化的变化，因素之间的关系错综复杂，而且环境动荡严重，存在着许多不可预测的突发事件，管理者无法仅用过去的知识和经验去处理经营中的问题，这使战略管理者必不可少。战略管理者是企业战略管理的主体，他们是企业内外环境的分析者、企业战略的制定者、战略实施的领导者和组织者、战略实施过程的监督者以及结果的评价者。使所有的管理者都成为战略所有者，即所有管理者都要参与组织的战略管理过程，使全体管理者都了解组织的使命、目标和战略，并加强对组织的责任感，以获得全体人员的支持。战略所有者角色要求：组织战略制定是面向所有管理者甚至部分员工的，是开放的，是得到广泛参与和普遍认同的。满足要求后在战略实施过程中，管理者和员工就会受到极大的激励，表现出惊人的创造性。传统的战略管理过程主要是由组织的高层管理者制定组织的未来战略，然后将组织战略进行逐步分解落实，中层管理者、基层管理者和一般员工主要是接受这个战略，在上级的监督控制下去实施该战略，从而这部分人就成了组织战略被动的实施者。这种管理模式日益受到挑战，而使每一个管理者和组织全体员工都成为战略所有者，正在一些公司成为一种现实。通过沟通、对话、参与决策以及合理授权，强化个人效能感，鼓励员工发挥主动性和想象力，管理者会更加自觉地以支持企业为己任。正如罗克韦尔国际公司的主要领导人所言："我确信，对于进行有效的战略管理来说，最基本的条件是企业各个层级的雇员都掌握足够的信息。我们要求各个业务部门都要向自己的每位雇员告知企业的产品计划、发展方向、经营目标、实现这一目标的进展及我们的用户和竞争者的状况。"② 认识到计划过程必须有基层管理者和全体员工参与后，越来越多的组织正在使战略管理过程分散化。在企业组织中，集中化的、由职能管理者进行决策的观念已经被分散化的基层管理者计划所取代。

第二，使管理者成为企业核心能力培育者。企业核心能力理论是当今管理学和经济学相互融合的最新理论成果之一。核心能力是企业拥有的主要资源或资产，是能够为人们所共同感受的社会智力资本，是组织中的积

---

① 张桂英．管理者角色新探［J］．商业研究，2005（19）：3.
② 陈阳．中国企业经营与博弈论［M］．北京：中国经济出版社，2001.

累性学识，特别是关于如何协调不同的生产技能和有机结合多种技术流派的学识。企业的核心能力是企业重要的无形资产，是企业长期竞争优势的源泉，在企业的成长与发展进程中发挥着关键作用。核心能力可以分为核心知识能力和核心运作能力。核心知识能力是指企业拥有的独一无二的专长、技术和知识。核心运作能力是指使企业能够高效率地生产高品质产品和服务的过程与功能，它可以是某一商业运作过程，也可以是某些有用的技术。管理者要根据产业、市场特点确定企业的核心能力目标，并进行企业核心资源的定位和配置，根据核心能力目标整合所需的技术、技能和知识，基于核心能力生产出核心产品及最终产品，在市场上发挥其独具特色的竞争优势。当然，管理者也要进行广泛的学习，通过创新不断发展核心能力让企业保持持久的竞争优势。

第三，使管理者成为资源整合者。基于传统工业经济时代的管理理论强调分工，通过专业分工和管理职能分工，可以提高技术水平、降低生产成本、提高劳动生产率。但是时代在变，我们已经生活在信息时代，信息资源覆盖的范围越来越广，逐步实现了信息资源的全球化、信息处理的计算机化、信息共享的数据库化、信息传递的网络化、信息应用的大众化和信息价值的社会化，从而为人力资源、金融资源、物质资源、信息资源和关系资源的全球运作与资源的全球整合奠定基础。随着科技进步和时代变迁，现代管理理论要求管理者必须是一个资源整合者，注重组织内部资源的整合、组织内外资源的整合和组织各种能力的整合。一方面要充分有效地利用组织的有限资源；另一方面要加强组织内外的互动，广泛调动社会其他资源来支撑该组织目标的实现。因此，资源整合者就要做很多"拆围墙"的工作，既要拆除组织内部阻碍流程一体化运作的"围墙"，更要拆除组织与其环境之间的森严"围墙"，要跨越组织边界，通过分析产业价值链，突出企业自身的核心竞争力，扩张企业外包网络，在一个广泛的区域形成企业集群。资源整合者要重新审视组织流程，根据流程整体运行需要，进行流程再造和组织创新。资源整合者要善于应用各种杠杆，提高组织调配资源的能力，通过战略性的兼并、收购、内外动态联盟或其他双赢模式达到合作伙伴间的相互学习，吸收对方的核心能力或者在相互信任基础上的共享核心能力。

第四，管理者理应成为企业社会责任倡导者。企业是一个具有将环境输入转化为特定输出的功能系统，所谓特定输出就是要实现企业使命。企业存续的目的和意义就在于履行社会所赋予的企业使命。企业的管理者就要为实现企业使命精心设计目标体系、组织架构、运作机制等。可见，企业是社会大系统中不可分割的一部分，是各种利益相关者之间显性契约和隐性契约的载体，企业应该承担相应的社会责任，兼顾企业利益和社会利益。倘若企业忽视其社会责任，对其利益相关者的合理利益要求不作慎重考虑并尽量满足的话，那么这种企业的长久生存和持续发展就很成问题。企业主动承担社会责任是在承认企业应该主动创造财富的前提下，强调企业不仅是为股东创造财富，而且还为众多的利益相关者和社会提供服务。现代企业社会责任观的发展已经要求企业积极主动地承担社会责任，在遵守社会契约的前提下开展经营活动。因此，企业管理者必须清醒地认识到企业绝不是游离于现实生活之外的一个产品加工器，企业的社会责任感和伦理道德观不可缺失。企业要遵循社会契约，形成良好的社会责任感，认真开展以下针对利益相关者的工作：真正将消费者满意视作企业的最高目标，全面实施顾客满意战略（customer satisfaction，CS 战略），使企业管理运行系统、规章制度系统、社会技术系统以及企业文化建设和包括经营管理者在内的所有员工都协调一致地实现企业对外的服务承诺，都有利于提高消费者的满意度，决不欺瞒消费者；将企业的合法收入及时在股东、债权人、供应商之间合理分配，不拖不欠，形成良好的企业信誉；尊重员工，根据员工的需要和企业发展去激励员工，创造人性化的工作环境，进行有计划的教育培训，促进员工的发展；依法经营、照章纳税，尊重生产地和销售地社区居民的生活习惯与生活规律；保持与相关媒体的良好合作关系；在力所能及的情况下积极支持慈善事业，回报社会，树立健康的公众形象；维护生态环境，关注人的全面发展，注重企业与社会的协调发展和人与自然的协调发展，真正使国家的可持续发展战略在企业行为中得到落实。

第五，管理者应具备良好的伦理素质。日本的研究机构认为，企业领导者伦理素质可归纳总结为以下几个方面：一是使命感。要有强烈的使命感，无论遇到什么困难，要有完成工作任务的坚强信念。二是信赖。同事之间、上下级之间要保持良好的关系，相互信任与支持。三是诚实。在上下级之间和左右关系中，都要真心实意，以诚相待。四是忍耐。具有高度的忍耐力，不能随意在他人面前发脾气。五是热情。对工作认真负责，对同事与上下级热情体贴。六是责任感。对工作敢负责任，充分发挥作用。七是公平。对人处事要秉公处理，不徇私情。八是积极性。对任何工作都要主动，以主人翁的态度去完成，能在事业上积极上进，不满足于现状，始终保持勇往直前的精神。九是勇气。对于危险的工作能亲自动手，有向困难挑战的勇气。松下幸之助认为一个企业的经营者应具备良好的伦理素质，具体包括以下几个方面。①

（1）造福于人的意识。松下幸之助指出，经营企业不能不讲道德。他称道德为"大义"，就是为多数人谋福祉。为多数人谋福祉不仅是指满足消费者的需求，在经营的方式方法上也要考虑到为你的经营效力的员工的利益。经营企业需要科学知识和先进生产设备，这些都是提高产品质量和数量的条件，自然也是经营者赚钱的条件。但是，松下幸之助提醒经营者，所有这些是为了保护人、方便人，而不是为了获取钱物。

（2）对待工作的正确态度。首先，需要有干好工作的决心和勇气。松下幸之助经常训示下属，作为领导者，很重要的一件事是有做好工作的决心和勇气。其次，有干好工作的热情。与决心和勇气相关的是工作热情。松下幸之助认为，要想做好工作，才能和知识相当重要，然而假若没有工作热情，才能和知识等于零。再次，有高度的责任感。搞经营必须讲信用，而信用又是和责任感联系在一起的，所以一向强调讲信用的松下幸之助同时也强调，人人应负所应负的责任，并认为这是诚实正直道德的体现。最后，全力以赴地工作。人只要有了决心、勇气、热情和责任感，自然会全力以赴地投入工作。松下幸之助本人一生中一直全力以赴地投入工作。

（3）建立健康人际关系的能力。松下幸之助认为，良好的人际关系是人们所必需的。人们在建立良好的人际关系时，应互相理解、互相尊重，经常地进行交流与沟通，经营者不但要与企业内部人员搞好关系，而且要与其他企业及其经营者等外部人员搞好人际关系，以获取良好的竞争环境，协调地共同发展。

（4）要有诚实的品格。松下幸之助反复强调诚实经商，反对搞不正当的竞争。他认为，经营者必须站在消费者的立场上，以消费者为中心，对商品的性能、质地进行一而再、再而三的检测，为消费者提供真正优质的商品。同时经营者应重视广告的作用，在进行广告宣传时应保证传递信息的真实性，而不应无中生有，欺骗消费者。

（5）讲信誉。讲信誉是诚实的最直接表现。诚实乃是经营的根本，信誉也是经营的根本。信誉是无形的，而且是得之不易、丧之转瞬的。保住信誉最好的办法是实实在在。这就需要正确地认识自己，根据自己的实际情况搞好经营。例如，自己的产品明明属中等，就不要充为上等，卖上等的价钱；自己能 3 天交货，就不要说 2 天交货。

---

① 张其凯．企业改革与发展［M］．西安：西北大学出版社，1994.

（6）具有正当竞争的观念。松下幸之助对竞争的态度是，既参与正常竞争，又反对不正当竞争。企业间要有竞争，但竞争必须适当，必须建立在为人类谋福祉的基础上，过度的竞争乃是一种罪恶，必须加以排除。

2.2.3 从管理者到第五级经理人

"第五级经理人"的提法最早见于吉姆·柯林斯的《从优秀到卓越》一书，并作为该书的第一章。显然作者有意强调人的因素在一个成功组织中的重要意义。这个名称被提出来之后，立刻引起了强烈的共鸣，一时间，竟成为一种共识性的提法。那么究竟什么样的人是第五级经理人呢？他们的存在对一个组织有什么样的影响呢？第五级经理人有些什么样的特征呢？是否可以通过刻苦修炼达到第五级经理人的境界呢？

第五级经理人有一个很重要的特征就是谦虚，他们先是谦谦君子，真诚地希望通过真心与他人交流获得更多的信息，他们尊重差异，相信唯有这些差异才能有助于增强自己的认知能力和理解能力。吉姆·柯林斯把经理人分成五级，就像一个金字塔，第五级经理人在塔顶，是经理人的最高境界。

（1）第一级，能力突出的个人。能够用自己的智慧、知识、技能和良好的工作作风作出巨大贡献。这个层次的经理人注重的是个人贡献，没有意识到个人仅仅是组织的一分子。在他身上仅仅体现出了对个人的良好管理。

（2）第二级，乐于奉献的团队成员。为实现集体目标贡献个人才智，与团队成员通力合作。这个层次的经理人已经突破了自我的层次，开始注重团队内部的通力合作，并有意识地借助集体的力量来实现目标。

（3）第三级，富有实力的经理人。组织人力资源，高效地朝着既定目标前进。这个层次的经理人开始注重对资源的充分利用，通过合理调配并通过流程管理、监督机制等手段来提高工作效率。但他们的目光还经常局限于目标的实现，较少考虑目标本身的重要性和它在整体目标中的分量。他们可以成为优秀的执行经理，却无法成为领导大家实现崇高理想的领导人。

（4）第四级，坚强有力的领导者。全身心投入，执着追求清晰可见、催人奋进的愿景，向更高的业绩标准努力。这个层次的经理人已经是非常优秀的了，能达到这个层次的经理人已经是凤毛麟角。

（5）第五级，最高境界的经理人。将个人的谦逊品质和职业化的坚定意志相结合，建立持续的卓越业绩。

第五级经理人会给组织带来不竭的动力，会带领组织从辉煌走向卓越。但颇具讽刺意味的是，在实际生活里，第五级经理人却很少出现在最高领导层中。个中原因其实不言自明。然而一旦他们被委以重任，就一定可以创造出非凡的业绩。一个注重发展的公司应该主动营造善于发现第五级经理人的土壤。现在让我们回到问题的核心上，那就是是否可以通过刻苦修炼达到第五级经理人的境界呢？答案是肯定的，但是不容易。

一个人的成长，往往会经过三个时期。第一个时期是依赖期，例如从幼年到成年这段时间。第二个时期是独立期，做事情趋于理性，不再依赖于家庭的资助，可以通过工作、事业上的努力实现经济上的独立。实现走向独立这个目标对一般人来说是比较容易的。差别就在于时间的早晚，这决定于个人意识和个体能力。这两个阶段我们称之为个人领域的成功。第三个时期是互相依赖期。这个时期的人开始认识到自身在认知上、能力上的局限性，并把目光投向集体的成功，通过互相依赖，取长补短，实现个人无法实现的更大的目标。一个很容易理解的自然现象是两个叠加在一起的木片大于两个单独的木片承担的重量之和。互相依赖期是更高层次上的成功，可以被称为公众领域的成功。但实现从独立期到相互依赖期的跨越并不是水到渠成的，它需要一次观念上的转变，需要把追逐理性的大脑暂时收敛一下，适当地使用感性这个工具。所以改变应该先是自觉的和自发的需求。如果我们愿意改变，我们就能改变。

要想实现第五级经理人的修炼目标，可以尝试从下面几个方面入手，首先需要声明的是，这几个方面绝不是全部，它们只是其中比较重要的，而且大都属于个人修为方面而不是技巧方面的，因为第五级经理人不再强调技巧，更注重调整内心的真正动机。其次需要声明的是，一定要有一颗虔诚的愿意接纳的心，不要不等对方说什么，仅仅因为你不喜欢这个说话的人就干脆认定他说的也一样毫无道理。

（1）确立正确的深层价值理念。这里非常强调"正确的"价值理念。可能有人认为世界上没有绝对的正确，只有相对的正确。不错，从哲学意义上讲是这样的。但不可否认的是，人类数千年的历史积淀，已经提炼出一些公认的正确的价值观念，例如谦虚、诚信、忠诚、勇气、耐心、勤奋、朴素、诚实等。关于谦虚，我们不再深入探讨，上面已经说过了，这个是第五级经理人的前提，如果这个都做不到，还是先修炼谦虚的"内功"比较好。如何让这些价值理念成为自己做事的信条呢？一个比较被认可的方法是把这些信条写下来，形成"个人使命宣言"。不但要写下来，还应该定期反省并不断调整。

（2）从性格魅力技巧论转向人格魅力论。性格魅力技巧论认为人的成功很大程度上取决于其本身的性格，例如一般认为内向的人相比外向的人可能有更大的局限性。他们往往鼓吹改变性格以适应社会。但性格其实是很难改变的，因为这不是一个价值观的问题，更多的是受生理遗传、成长环境等因素的影响。所以在这个方向上的努力往往收效甚微。性格魅力技巧论更加注重表面的东西，仍属于浅层次上的方法论。中国传统的道家学说认为"大音希声，大象无形"①，意思是说真正的道理，不注重表面的浮华，不应该被表象所困。守住内心的本，就足以得道。这就是人格魅力论的一个诠释。人格魅力论更强调自我的修养、本心的善念和对于公认原则的坚持。

（3）以原则为中心的生活方式。原则同价值观具有相近的含义。但原则绝不是价值观，原则被认为是被社会公认的正确的准则，而价值观则完全可以是个人的自我认知，甚至是错误的认知。做到以原则为中心，就可以做到超然物外。不管世事如何变化，原则是永恒的，我们就能守住本心，不至于迷乱，达到如庄子所讲"不以物易性"的境界。

（4）双赢思维的确立。不能不再度提到斯蒂芬·柯维，他在《高效能人士的7个习惯》一书中对双赢思维进行了比较充分的论述。以个人的成功、别人的失败为原则，我们称之为赢输模式；以自己甘愿失败，来迎合别人的成功，我们称之为输赢模式。柯维认为"许多主管、经理和家长都在输赢、赢输两种模式间左右摇摆，当他们无法忍受混乱无序、缺乏目标、纪律松弛的状态时，会倾向于赢输模式。之后随着内疚感日增，又回到输赢模式，新一轮的愤怒与挫败感再次将他们推向赢输模式"，可谓一语中的。所以只有双赢模式才是唯一可行的。双赢思维意味着事情不是非此即彼的，总有第三条道路可供选择，只是我们不愿意选择而已。当意见相左时，我们是否更应该这么想：一个能力、学识和我相近的人如果跟我有不同的意见，那么其中肯定有我所不了解的事实、尚未认知的真理，我应该认真倾听他的意见。这样最终的意见肯定会更趋于合理。

（5）专注于个人和组织之外的贡献。管理大师彼得·德鲁克认为"在组织内部，不会有成果出现，一切成果都在组织之外。一个组织绝不能像生物一样，以自身的生存为目的，如果能延续后代就算成功了。组织是社会的器官，只有能为外部环境作出自己的贡献，才能算有所成就"。所以第五级经理人不应该把主要精力放在内部的得失上。他应该把眼光放

---

① 出自《道德经》。

在组织之外，致力于超越个人、超越组织的贡献，甚至是对整个社会的贡献。有种错误的观点认为管理就是领导，其实管理跟领导根本不是一个层次上的概念。管理是向里看，领导是向外看。第五级经理人要更多地向外看，把更多时间放在对长远来讲更重要的事情上，尽管这件事情看起来并不那么紧迫。但要懂得积累并做好准备，一旦时机成熟即可迅速出击。

（6）意志力的修炼。锻炼自己的意志力可以从小的目标做起。例如我们可以尝试读一本看似很枯燥、繁难的书，刚开始的时候可以不规定完成时间，只要读完就算成功。你会发现其实并不难实现，而且你可能还会突然发现，这本自己原本不喜欢的书其实写得非常出色。带着小小的成功的喜悦，我们逐渐加大训练的难度，比如开始尝试给自己规定完成时间，你又顺利完成了。这时候的你，已经开始对自己的意志力变得自信起来。

第五级经理人修炼，永远不是技巧的学习，而是心智的升华。需要收起冰冷的面孔，用爱的力量去对待周围的一切。要爱你的家庭、爱你的工作、爱你的组织、爱你的公司、爱你的朋友、爱你的对手，无论对方是什么管理职位、什么社会背景、什么经济条件。我们总能发现，在我们和对手之间总有第三条路通往我们共同的目的地。所谓真爱无敌，正是此理。

2.3　时代对管理者素质的要求

在管理领域中，"科学管理之父"泰勒开启了对素质的研究，在被称作"管理胜任特征运动"的"科学管理"研究中，泰勒对工厂里的工长们进行了"时间—动作研究"，这是关于素质特征最早的研究。在泰勒之后，学者们纷纷开始对素质进行研究，并将研究范围扩大到了差异心理学、教育与行为学、工业与组织心理学等领域。后来，随着各种组织结构的出现和成熟，管理人员队伍迅速发展起来，大家越来越关心管理人员是否具备足以胜任管理工作的素质和能力，于是，关于管理人员的素质研究得以全面发展。

管理者的角色规定着其应该具备的素质，这种素质随着环境的变化也相应地发生变化。为了有效管理企业，企业管理者要具备有效处理人际关系的能力、较强的领导统御能力，又要具备利用个人网络和现代技术快速获得并处理所需要信息的能力。另外，作为企业的高层管理者，革新能力、谈判表达能力、快速果断的决策能力尤其重要。为了减轻工作的压力，管理者要有能力分析企业所面临的内外环境，分析企业的前景及现状，并提出解决处理这些复杂问题的方案，尽可能挤出时间做重要的事而把相对不重要的事放权给下属（这可以借助于专家模型或通过与管理学家、分析家、运筹学家、经济学家进行合作来得以实现）。因此，较强的分析解决问题的能力、良好的合作沟通合作精神也是企业管理者必备的素质之一。

巴纳德认为管理者应具备的道德品质包括：①有着复杂的道德准则；②需要有高度的承担责任的能力；③处于活动状态，因而需要具有作为一项道德因素的一般技术能力和特殊技术能力。这意味着需要具有为别人制定道德准则的能力。① 每个管理者都有着一些同他的职位无关的个人道德准则，这导致了管理者面临着更为复杂的道德准则。如何能够解决这些道德准则的矛盾与冲突，如何能够协调好企业组织的各种关系，使企业组织的目标得以实现，是企业管理者应重点考虑的事情。因此，巴纳德认为管理者最重要的职能就是管理者不仅应具有符合复杂的道德准则的伦理素质，而且还应具有为他人制定道德准则的能力，从而使企业这个协作体系能够维持正常的运转。巴纳德还认为，管理者为了解决企业组织的道德准则冲突，必须具有道德准则创造的能力，而这就要求管理者个人应具有一定的责任感、诚实性与公正性。

企业管理者品德素质是管理者在为人处世上所表现出来的思想品德等方面的特征。中国自古以来就有重视德行的优良传统，在人才观上一贯坚持德才兼备的原则。做事先做人，管人先管己。良好的道德品质是一个企业管理者管好自己企业的基础，优秀的管理者应具备良好的社会道德品质和经营管理道德品质。良好的社会道德品质是指企业管理者必须对社会的安全、和睦、文明、发展负有道德责任。在企业经营管理活动中，既要考虑经济效益，又要考虑社会效益，并把两者全力地协调起来。良好的经营管理品质是指企业管理者应以企业利益为重，不被个人利益所困扰；应抱有诚实的态度，要坦率和光明正大，公正、公平地对待企业的所有成员；要对过失勇于负责而不推诿于人；要言而有信，言行一致并充满责任心和强烈的事业心。

---

① ［美］切斯特·巴纳德. 经理人员的职能［M］. 孙耀君，译. 北京：中国社会科学出版社，1997.

2.3.1 基本素质的视角

研究表明，管理者的基本素质应该包括品德、知识和能力三大方面。[①] 品德体现了一个人的世界观、人生观、价值观、道德观和法制观念，持续有力地引导着一个人对现实的态度及其行为方式。作为一名管理者，应具有强烈的管理意愿和良好的精神素质。管理意愿是决定一个人能否学会并运用管理基本技能的主要因素。良好的精神素质，即要具有创新精神、实干精神、合作精神和奉献精神。知识是提高管理水平和管理艺术的基础与源泉。管理工作不仅要求管理者掌握专业知识，还要求其掌握政治、法律方面的知识，经济学和管理学知识，人文社会科学方面的知识，以及科学技术方面的知识。能力是指管理者把各种管理理论和业务知识应用于实践、进行具体管理、解决实际问题的本领。

关于管理者应该具备的基本能力，管理学家提出了各种观点。德能勤绩是评价、考察和任用干部或管理者的四个方面。德是指思想品行；能是指工作能力；勤是指工作态度；绩是指工作业绩（成绩）。其中，德是核心，即政治思想品德是核心，德的地位处在首要位置；能是本领，能的地位处在重要位置；勤是态度，是对本职岗位事业勤奋敬业的态度，勤是不可缺少的必要条件，勤的地位处在必要位置；绩是成果，是考核的重点，绩的地位处在重点位置，或者说处在落脚点位置。

（1）德的表现：第一，工作主动性。有预见有计划，积极主动。提前发现未来工作中可能存在的问题，并提出解决对策，同时执行到位。提前安排下周计划。根据岗位职能与工作要求，安排相应工作，并提前发现问题加以解决。敢于暴露自己不能解决的问题，对疑难杂症能动用各种办法解决，具有决不放弃的精神。第二，协作精神。能同周围同事搞好关系，齐心协力搞好工作，以集体利益为重，同任何人都能合作，并对他人施以好的影响，做到资源共享。并且有全局观念，全局观念是管理者在一个企业里最基本的生存前提，管理者要学会高瞻远瞩，不因小失大，不与别人斗，要与自己斗。局部观念会令管理者丧失发展时机，与其和别人就一些无聊之事一争短长，还不如抓住时机干点正事。第三，自律性。要求在各种不良风气、看见某种不良行为的鼓吹、影响下，能够廉洁自律，不受影响。敢于抵制不正之风，不怕得罪人。第四，奉献精神。奉献精神是指敬业精神、责任心，对履行职务的欲望和热情。在实际工作中是否敢于承担

---

① 邢以群. 管理学 [M]. 杭州：浙江大学出版社，2016.

责任，具有强烈的使命感和责任感、主人翁精神。为了使自己的责任落到实处，个人在工作中就要有担当，要对自己的公司、工作负责。只有努力工作，才能协调好各种事务的顺利开展。

（2）能的表现：第一，具有协调沟通能力。工作中总会出现各种各样的问题，要做好工作达到工作目标，就要调动每个人的工作积极性，通过协调沟通，使对方感到受尊重，有参与感，减少矛盾与不必要的内耗，使你的工作得到理解、支持、帮助。能够调动公司所有资源来为你服务，要有从上级那里获得支持和资源的表达能力。第二，要有创新钻研能力。倡导勇于创新、敢为人先的首创精神。从新的角度，对新的方面、新的领域进行新的思索，对万变的环境作出新策略。但任何创造都不可能凭空产生，人的创造力是建立在脑中已存的知识、经验的基础上，是对已有知识进行加工、联合、融会的结果。应在现有要求导向的基础上进行创新。学习、模仿别人加以改良就是创新；在原有的基础上进行改动改造，有新意也是创新。要愿意学习，坚持学习，及时了解行业趋势、竞争状况和技术更新，并学以致用。第三，组织建设能力与应变能力。管理者必须是团队建设者，必须负责选拔合格且有发展潜力的团队成员，并进行有效的系统培训。采取各种激励措施来激发团队成员的创造力，提高其对工作的投入程度，建立高效的团队，借助集体力量来创造好的业绩，能够不断地培养出人才，并随着周围环境的变化作出适度的反差并采取适度的措施。例如，工作中有很多情况不能循规蹈矩，而要根据当时的客观情况采取行动，要能在夹缝中生存，要根据时间、地点、人物、事件的不同而变化。去年的办法今年并不一定好用。

（3）勤主要表现在：勤是指管理者的勤奋精神，即做事勤奋、勤快、勤劳，按照规定时间能够出勤工作并顺利完成任务。勤是由组织纪律上的勤、工作态度上的勤、工作积极性上的勤、本职工作岗位上的勤奋敬业和出勤率等方面组成。或者说勤包括积极性、纪律性、责任心和出勤率四个方面。具体地说，勤是指管理人员是否具有积极的工作态度和事业心、工作中是否一丝不苟。

（4）绩一般由以下四个方面构成：第一，工作指标上的绩，即在履行职责、完成工作任务时质量好、数量多。这就是工作质量指标成绩和数量指标成绩。第二，工作效率上的绩，即完成工作任务过程中体现出来的组织效率、管理效率和机械效率高。第三，工作效益上的绩，即完成工作任务的经济效益、社会效益、时间效益等方面的效益好，取得的成果绩效就好。第四，工作方法上的绩，是指采取了什么样的好方法、什么样的好措施、什么样的好手段圆满地完成了任务。

2.3.2 五商能力的视角

优秀管理者应该具备三大能力和三大品质。三大能力是思维能力、沟通能力和学习能力。思维能力主要是理性思维能力、整合思维能力；沟通能力主要是表达能力、倾听能力和设计能力（包括形象设计、动作设计、环境设计）；学习能力主要是愿意、善于学习思考，结合工作需要主动将理论知识应用于实践，又能通过实践总结提炼出自己的经验。任正非认为华为最核心的能力是学习能力。① 三大品质是勤于思考、平等待人、敢于冒险。与一般管理者相比，优秀管理者的思维能力必须具备全局性、系统性和创新性。一般的管理者是本位主义的，优秀的管理者能够放眼全球，具有国际视野；一般的管理者是就事论事的，优秀的管理者能够系统思考；一般的管理者是因循守旧的，不犯错误就可以了，优秀的管理者在不断思考、不断创新，总是考虑如何把工作做得更好。

每个人都想成功，都想实现价值，决定成功的因素有很多。五商理论认为，人们成功的因素主要取决于智商、情商、财商、德商和体商，也可称为健商、智商、情商、财商、福商，还可称为智商、情商、财商、技商、谋商。

（1）智商（intelligence quotient，IQ）即智力商数，通常用它表示智力发展水平，衡量智力的高低。智力是指数字、空间、逻辑、词汇、记忆等能力，是人们认识客观事物并运用知识解决实际问题的能力。智商包括七种能力，分别是观察力、注意力、记忆力、思维力、想象力、分析判断能力、应变能力。智商的测定通常运用由法国心理学家比奈—西蒙第一个制定出的测量智力的量表——比奈—西蒙智力量表，智商测验包括十一个项目，从常识、理解、算术、类同、记忆、字词、图像、积木、排列、拼图、符号分别测验。

智商主要反映人的理性的能力，例如人的认知能力、思维能力、语言能力、观察能力、计算能力、律动能力等。智商的作用主要在于更好地认识事物，智商可能是大脑皮层特别是主管抽象思维和分析思维的左半球大脑的功能。智商高的人，思维品质优良，学习能力强，认识深度深，容易在某个专业领域作出杰出成就，成为某个领域的专家。调查表明，许多高智商的人成为专家、学者、教授、法官、律师、记者等，在自己的领域有

---

① 邓斌. 华为学习之法［M］. 北京：人民邮电出版社，2021.

较高造诣。

（2）情商（emotional quotient，EQ）是指情绪商数，主要是指人在情绪、情感、意志、耐受挫折等方面的品质，其中包括领导商数（leading quotient，LQ）。一般而言，人与人之间的情商并无明显的先天差别，更多与后天的培养息息相关。它是近年来心理学家们提出的与智商相对应的概念，提高情商是把不能控制情绪的部分变为可以控制情绪的部分。从最简单的层次上下定义，情商是理解他人及与他人相处的能力。戈尔曼和其他研究者认为，这种能力是由五种特征构成的，即自我意识、控制情绪、自我激励、认知他人情绪和处理相互关系。对于组织管理者而言，情商是领导力的重要构成部分，被越来越多地应用在企业管理当中。

情商主要反映一个人感受、理解、运用、表达、控制和调节自己情感的能力，以及处理自己与他人之间的情感关系、情感问题的能力。情感常常走在理智的前面，它是非理性的，其物质基础主要与脑干系统相联系，它影响着认识和实践活动的动力。它通过影响人的兴趣、意志、毅力，加强或弱化认识事物的驱动力。

智商和情商是相互影响的。一般来说，智商的提高将有利于情商的提高，情商的提高也将有利于智商的提高。不过，这两者毕竟是相对独立的，智商较高的人，其情商未必较高；情商较高的人，其智商未必较高。智商不高而情商较高的人，学习效率虽然不如高智商者，但是，有时能比高智商者学得更好，成就更大。因为锲而不舍的精神使之勤能补拙。另外，情商是自我和他人情感把握与调节的一种能力，因此，对人际关系的处理有较大影响。其作用与社会生活、人际关系、健康状况、婚姻状况有密切关联。情商较低的人人际关系紧张，婚姻容易破裂，领导水平不高。而情商较高的人，通常有较健康的情绪，有较圆满的婚姻和家庭，有良好的人际关系，容易成为某个部门的领导人，具有较高的领导管理能力。

（3）财商，本意是金融智商（financial quotient，FQ），财商是指个人、集体认识、创造和管理财富的能力，包括观念、知识、行为等。

财商包括两方面的能力：一是正确认识财富及财富倍增规律的能力（即价值观）；二是驾驭财富、正确应用财富及财富倍增规律的能力。财商应该具备的技能包括四项：一是财务知识，即阅读理解数字的能力；二是投资战略知识，即钱生钱科学；三是市场、供给与需求知识，提供市场需要的东西；四是法律法规知识，有关会计、法律及税收之类的规定。财商是通过精神世界与商业悟性的养育、熏陶和历练培育出来的，它决定着人们对获取和管理金钱的态度与能力。养育财商的目的是树立正确的金钱观、价值观与人生观。财商是实现成功人生的关键因素之一。

财商是与智商、情商并列的现代社会能力三大不可或缺的素质之一。智商反映人作为自然人的生存能力；情商反映人作为社会人的社会生存能力；财商则反映人作为经济人在经济社会中的生存能力。财商对于人们生活富足、幸福的影响越来越大，在创造财富的过程中，财商的重要性要超过智商、情商。

（4）德商（moral intelligence quotient，MQ），是指一个人的道德人格品质，德商的内容包括体贴、尊重、容忍、宽容、诚实、负责、平和、忠心、礼貌、幽默等一切美德。人们常说德智体，把德放在首位，科尔斯说，品格胜于知识。可见，德是最重要的。

德商的意义表现在：

第一，德商是个人和企业行动的道德罗盘。中国台湾1000大企业用人调查显示：企业主用人最先考虑的是属于MQ的"德性"（占54.9%），然后才是属于EQ的"相处"（占13.2%）和属于IQ的"能力"（仅占2%）。①

第二，德商有助于提升企业的形象，增强企业竞争力。企业在社会责任方面的积极参与，不仅有助于增加整个社会的福利，而且有助于企业可持续发展。这是因为企业的积极参与有助于员工树立正确的人生观、价值观和责任意识，有助于增强团队的协作能力，同时，企业履行社会责任所表现的人文关怀和服务又会无形地渗透到企业经营的每一个环节，成为企业道德建设的重要组成部分，让员工置身于一个富有爱心和责任感的环境里，会增加他们的归属感、自豪感和荣誉感，从而增强企业的凝聚力。

德商与智商是人安身立命的两柄"利剑"，是人生命之舟的"双桨"，是人生事业战车的"两轮"。对于一个人的成长和发展，德商比智商更重要。

（5）体商（body quotient，BQ），即身体商数，是人对自身真实健康情况自我认识的反映，它是指一个人活动、运动、体力劳动的能力和质量的量化标准，其属于健康商数（health quotient，HQ）范畴。体商的测定不同于体质调查，它不是对形态的测量（身高、体重等），它需要测量的项目内容包括力量、速度、耐力、速度耐力、平衡能力、定向能力、柔韧性、协调性、灵活性、适应性，适应性又含颠簸、高山、时差、水土和睡眠适应等。体商的高低与性别、年龄、脑力和体力劳动、地区、民族以及

---

① 冯启．不用无才之君子［J］．现代营销，2007（4）：84－87.

是否残疾等有关，特别是年龄。

2.3.3 智能互联的视角

在智能互联时代，管理者的能力在本质上是指发现和觉察（把握）机会来实现某个目的，或利用环境中产生的这种机会来行动获得收益和利润。因此，管理者必须具有高度的警觉性和持续的警惕性，以便能够发现和把握周围即将发生的事情，拥有调整与改变自己行为的信息和知识。这类信息和知识有一些特征，例如，是主观的、实践的；是具有排他性的、分散在人们头脑中的；是隐含的、只可意会不可言传的；是无意中通过复杂的社会过程才能传递的；是创造性的，可以创造以前没有的东西；是竞争性的，积极地寻求新的目标和手段。总体来看，管理者的能力是稀缺的，尤其是警觉性、实践性和创造性。

管理者的能力素质是整体素质中的核心。从实践角度看，它是管理者的知识、经验相结合并运用于经营管理实践的过程。管理作用于对象并产生效果要靠思维力、胜任力、学习力、协同力、执行力、自控力等。

（1）思维力。一个优秀的管理者必备创造性思维能力，但是具有创造性思维能力并不一定能够成为一个优秀的个体，其前提是要懂得正确合理运用创造性思维。创造性思维要求我们能够集思维的辩证性、整体性、抽象性、形象性于一体来看问题，是管理者作出正确判断和有效决策的思维基础。在实际管理工作中，一个问题的出现常常蕴含着多重矛盾，我们不但要看到矛盾的多重性，分析各个矛盾产生的原因，更要高屋建瓴，从整体和大局看问题，切忌"只见树木，不见森林"。同时还应具有发展的眼光，既要看到现状，又要预见到事物的未来。一个正确理论的形成必须经历"实践、认识、再实践"循环往复的认知过程，但是也并非周期越长、次数越多越好，如果我们能够灵活掌握、充分运用多维思维认识问题、解决问题，认识事物的周期就会缩短。

创造性思维就是发现性、开拓性的思维，是管理者观察问题、研究问题的必备素质，更是解决问题、化解矛盾、攻坚克难的制胜法宝。创造性思维能力主要体现在以下几个方面。[①]

第一，发现问题要及时敏锐。能够凭借自身敏锐的洞察能力发现工作实践中各种矛盾的端倪、各种问题的细节是一个具有创造性思维能力的管理者所必备的素质，他们总是能够从那些平凡的事物中观察并发现问题的

---

① 徐卫华. 浅谈现代国企管理者的创造性思维能力［J］. 经营管理者，2015（19）：1.

本质和发展规律，发现每个人拥有的潜在能力和需求，进而通过把握这些不为一般人察觉的特点和规律将工作向前推进。因此，能否敏锐地发现问题、及时提出问题是衡量是否具有创造性思维能力的前提和基础。例如创办冷冻工业的克莱伦斯·波尔兹艾，当他到加拿大旅行之后发现一些地方鱼被自然冷冻又被自然解冻，于是在他敏锐的观察思考之下，思维的星星之火被迅速点燃——这种现象也许可以用来冷冻食品以防止其变质，也正是由于他的敏锐性和大胆的思考，最终创办了食品冷冻工业。

第二，剖析问题要缜密合理。这一思维环节是创造性思维至关重要的一个阶段，它既是对已发现问题的承接，又是提出解决问题设想的基础。如果我们发现问题后，对问题不能理性合理地分析，而是异想天开，或者是在剖析问题时因为疏忽而漏掉某一因素或环节，则必然会导致对问题判断的错误，进而影响解决方案的制定，甚至最终会造成无法挽回的损失。在实际工作中，我们可以看到有经验的管理者在发现问题之初，就启动对问题的分析模式了，他们不会对问题作出武断的肯定，同样也不会盲目地否定，而是运用自身的工作经验和知识对问题进行深入思考与分析，最终厘清问题的头绪，看到问题产生的本质和根源，进而为提出有效解决方案奠定良好基础。

第三，提出设想要成熟大胆。这一环节是展现创造性思维火花的重要平台，但同样是以前两个思维阶段为基础的。在之前的一个思维环节中，如果问题剖析成熟，逻辑推理无误，那么对于一个聪明而经验丰富的管理者来说，在剖析问题完成后解决方案的星星之火就已经能够在头脑中闪现了。例如，在听诊器还未发明之前，法国医生雷内克在实际工作中发现给女性贴胸听诊有诸多不便，于是他想到曾经看见过孩子们喜欢通过敲打空心木头的方式向玩伴儿发出信号，通过缜密的分析和思考，他的头脑中突然有个大胆的想法：如果用纸卷成筒来听诊或许可以消除贴胸听诊的诸多不便，在此基础上，经过反复的研究实验，终于发明了听诊器。

（2）胜任力。胜任力主要表现在管理者的决策能力、组织能力、领导能力、控制能力、创新能力等方面。决策能力是管理能力的核心部分，决策能力低下导致的决策失误对企业的打击是致命性的；组织能力是组织运用好各种资源以实现既定目标的能力；领导能力是指挥、带领、引导、鼓励部下为实现目标而努力的过程；控制能力是保证企业计划与实际作业之间的动态适应能力。由于企业面对的是一个动态的随时发生变化的环境，且管理权力由于企业规模的扩大、层次的增多而分散，以及下属员工认识能力和工作能力的差异，对企业目标理解不透，这就要求管理者通过控制来保证实际工作结果不至于偏离预期计划太远；管理也是一个不断创新的过程，没有创新就会被淘汰。创新能力的范围很广，包括技术创新、产品创新、思想创新、制度创新、工作方法创新等。

（3）学习力。学习力主要表现在持续不断的学习，丰富自己的知识体系，进而转化为能力与价值，最终成为卓有成效的管理者，带领团队创造价值。

在智能互联时代，新知识产生的数量、传播的速度都是惊人的。企业内外每时每刻都会受到新思想、新观念、新技术、新事物的冲击，适应时代的学习型组织能够不断进行自我调整和改造，以适应迅速变化的环境，求得自身生存和发展，它强调组织本身及其员工应具有良好的学习能力，企业管理者更应具有学习的能力，不断吸取新的东西，才能紧跟时代的步伐。

德鲁克认为，一个管理者，先是知识工作者，但是仅仅有知识还不够，需要把知识通过工作转化成价值。在这个过程中可以形成效率，并且能使价值更加有效地最大化，才是管理者做到了卓有成效。① 我们每一个管理者，通过学习使自己变得优秀，通过工作转化价值，通过愿景和价值观的确立使自己更加卓越，从而创造一个具有价值的人生。不断地学习是持续的创新能力的源泉，管理者的高效管理需要有不断开创的精神和持续创新的能力。管理是经营企业的永恒主题，高层管理者是从宏观层面把控，而中层管理者面对的问题更具体、了解的情况更细致，以积极的态度面对管理的难点就容易产生新思路、新方法，再通过在团队中试行，成功后实现由点到面的推广，然而没有坚持不懈的学习就得不到新知识，也产生不了创新的灵感，组织的发展就会受困于传统的管理模式中。

（4）协同力。协同力主要是指管理者需要提升与人沟通协调的能力，以及与智能化系统协同工作的能力。在智能互联时代，管理者面对处于不同政治经济环境、具有不同文化习俗、具有更多高学历高期望的下属，对其沟通协调的能力要求可以说是严苛的。除了同理心、学习能力，管理者还必须具有较高的沟通能力、讲故事感动人的能力、说服及谈判的能力、保持原则底线前提下的让步能力。

任何一个组织的成功都离不开协同作战，需要管理者的协调沟通，有责任在做好与下属的沟通中提升所带团队的凝聚力；有能力在做好与上层的沟通中为自己及小团队赢得机会；有义务做好横向沟通为工作任务实现

---

① ［美］彼得·杜拉克. 管理的实践［M］. 北京：机械工业出版社，2022.

清除障碍，管理者是企业与员工连接的纽带，是部门与部门间沟通的桥梁。①

随着 AI 越来越普遍的应用，许多管理任务将由智能化系统承担，整个管理系统的效能将由人机协同状况决定。自波音 737MAX 在 2017 年投入运营以来，在不到半年的时间内先后发生两次空难，据分析是飞行控制系统存在瑕疵，驾驶员缺乏处置意外的训练所导致。这也许可以警示未来的管理者，必须放弃对 AI 的过度依赖心理，学会人机协同的技能。

（5）执行力。执行力是指管理者贯彻战略意图、完成预定目标的能力。执行力是把企业战略规划转化成为成果效益的关键。为了更好地实现经营目标，管理者不仅需要制定策略、下达命令，更重要的是还应该具备相当的执行力。执行力不仅反映了管理者的素质、角色定位，而且还反映了企业的整体素质。管理者是策略执行最重要的主体，因此，企业要培养执行力，应把重点放在管理者身上。管理者的执行力能弥补策略的不足，而一个再完美的策略在没有执行力的管理者手中也会失败。在这个意义上，我们说执行力是企业成败的关键。

许多人认为管理者就是制定策略，而执行属于细节事务的层次，不值得管理者费神。他们认为管理者角色定位就在于描绘企业远景、定好策略，至于执行，那是下属的事情，作为管理者只需授权就行。这个观念是绝对错误的。相反地，执行应该是管理者最重要的工作。实际上，真正优秀的管理者必须脚踏实地，深知自己所处的大环境，认清真正问题所在，然后不畏艰难勇敢地面对。管理者制定策略后也需要参与执行，只有在执行中才能准确、及时发现目标是否可以实现。管理者及时根据执行的情况调整策略，这样的策略才可以有效达成目标。如果管理者角色定位错把忽视执行当成必要的授权，等到发觉策略不能执行，这时再调整策略，为时已晚。

作为管理者，需要进行很多决策，一定要考虑怎样最大化整合资源、厘清商业模式、选好战略决策方向、建立团队组合、更好激励员工等。对于企业管理来讲，如何把一个人的梦想变成一个组织行为，把个人单一的能力构造成一个组织的能力，最后赢得业务上的收益、取得成功最为关键。培养执行力不能只停留在管理者知识和技能层面上，更应着重于管理者角色定位的观念变革。

（6）自控力。管理者要有自我认识、自我批判和自我控制的能力。一

① 孙德才. 基于管理效能视角下高校中层管理者的胜任能力分析 [J]. 时代金融, 2017 (2)：2.

个管理者要想卓有成效，还需要自我评价、自我认知，对于自己的学习、思想、工作要有一个客观的评价系统。经常对自己作出合理科学的评价，是对于自己下一步工作有效决策的必要条件。一个管理者还需要有自我批判精神，经常根据自己的评价系统作出评判，对自己进行批判，进而改进和优化，正确认识自己的不足和优势，改进不足，发挥优势，在自己最擅长的领域里创造最大的价值。引领、激发整个团队朝着积极、正能量的方向前进。对于一个管理者来说，自控能力也是非常重要的。管理者要能管控自己的情绪、管控自己的社交、管控自己的时间、管控自己的学习等，是从优秀到卓越的必经之路。一个管理者的自控能力是真正决定其成就的核心特质。没有自控能力的管理者，即使知识再丰富，学问再高深，再有智慧和思想，再有工作能力，如果缺少了自控能力，一切将是空谈，最终形不成达到成就的目标。

2.4　成为卓有成效的协同管理者

北京大学国家发展研究院商学院教授认为①，在智能互联时代，数字技术在硬件、数据、算法等基础上实现了一系列"联动效应"，使得企业经营环境变了，企业的生态空间超越了行业的边界。管理者需要成为一个卓有成效的协同管理者，管理者要真正帮助大家朝着一个共同目标去努力，而不是把自己摆到非常重要的位置。"最优秀的领导者并不是要求别人为他服务，而是为共同目标服务"。只有管理者在价值取向上让大家为目标服务，才能保证通过有效激励促进协同行为。养成卓有成效的协同管理的行为是实现协同共生必须经过的训练。

2.4.1　协同管理者的特征

一位真正卓有成效的管理者，一般应当具备以下 6 个特征。

（1）行动导向。管理者与组织成员讨论道理和概念是非常有必要的，但组织成员更关注的是管理行为是否真的合作、解决问题、愿意配合，以及是否利他。

真正的信任来源于管理者自己的行动。管理者对协同共生、价值共

①　陈春花，朱丽．协同：数字化时代组织效率的本质［M］．北京：机械工业出版社，2019.

生、赋能连接和产生新价值的强调，必须要通过自己的行动体现出来。

（2）注重结果。《激活组织》和《价值共生》两本书中讨论了一个非常重要的话题，那就是管理者对组织成员的赋能。赋能是给予管理者一定的权利，通过管理的方式方法，提升员工的工作技能，促进员工成长，激励员工的工作积极性，进而达成组织运转效率的提升；在赋能员工成长的过程中，可以让员工对组织的凝聚度升高，对管理者的认可度提高，降低管理风险，降低组织员工的离职率。真正的赋能是帮助每一个员工取得成效，否则，赋能的概念不能成立，管理者也很难成为一个协同管理者。

在智能互联时代组织管理模式发生很大变化，从原来的控制—命令式，转向服务—指导式，又转向如今强调的赋能—激活式。三个不同的管理模式对管理者要求也不一样。控制—命令式，管理者权威性会很高；服务—指导式，管理者的成就感会很高；激活—赋能式，管理者有忘我无我的境界，让别人成功，这对管理者是非常有挑战性的。

（3）愿意聆听。管理者要明确纪律、学会倾听、有效沟通。当管理者能尊重他人贡献，从外部获得建议，并愿意接受他人建议时，管理的协同性会显现出来，这时每一位组织成员的价值都会得到肯定，每一位组织成员也都感觉到共生的价值。

（4）致力增长。协同共生一定要产生新的价值。共生对于提高企业的竞争力、降低风险、实现资源优化配置、提高企业的规模经济和范围经济效益以及促进创新等具有非常重要的意义。共生会产生更多新的价值，让组织中每一位成员得到收益，得以成长。

（5）懂得欣赏。管理者要善于跟他人合作，要欣赏别人的优点和价值创造。从人性的角度来讲，每一位组织成员要求的都是渴望和肯定。如果能够让每一位组织成员感受到渴望和肯定，组织成员彼此合作也有了一个共同的基础。

2.4.2　协同管理者的条件

在智能互联时代，管理者被赋予了新的责任和使命。只有当组织将具有协同管理理念的管理者视为重要的资产和组织发展的承载者，企业才能够获得各种资源和要素的有效重组，才会拥有价值创造的能力。培育卓有成效的协同管理者要满足以下几个条件。

（1）灰度管理。组织能否协调各种矛盾，包容各种冲突和对立，甚至愿意让员工去试错，让员工产生新的尝试的可能性呢？组织不能协作很重要的一个原因是更在意对立和冲突，更在意竞争，就很难去合作。

（2）授权信任。信任是协作重要的基础。在组织管理体系中，最大的信任就是授权。因此，协同共生的管理行为的培养，要求企业有能力建立一套授权的系统和合作的企业文化。良好的授权系统和企业文化的建设能够保障企业有能力去建立授权和信任，从而提升企业的执行效率。

（3）激励激活。谷歌对工程师激励激活的设计，使谷歌在协同创新上产生非常大的收益。谷歌的工程师可以拿出20%的工作时间去做与本职工作无关的事情，去做感兴趣的、创新的、有意义的事情。工程师们还可以跨部门去做组合，产生价值成果。如果在公司战略和意义上都有价值，就可以确定执行该工作的成果。谷歌非常多的创新源于20%的时间制。在20%的工作时间里，工程师可以跨部门工作，更多的人协同在一起，按照自己的兴趣意愿组合产生新的可能性。其他企业也有很多类似的激励激活设计，包括跨部门、跨平台的交叉研究、协同设计、任务小组和兴趣小组等。

（4）技术平台。组织拥有技术平台是协同共生能够运用的一个很重要的原因。组织的核心要素就是协同。组织是为了完成具体的目标而形成的系统化的人的组合，它主要强调三个要素：目标、协同行为和一组人。协同共生指的是一个组织的共生单元能够不断寻求协同增效，实现边界内组织成长、跨边界组织成长，或者是系统自进化，进而达到整体价值最优的动态过程。也就是说，协同共生的目的非常明确，就是实现整体价值最优的一个动态过程。

为什么今天特别强调协同共生呢？有两个根本的原因：一是现在不仅是内部，还有外部；二是数字技术让协同成本更低、效率更高。一个企业如果要形成协作的概念和效应，就必须有一个技术平台，通过数字技术让协同更具可能性。视频在线的方式也是如此，有了技术平台，就可以在不同的地方都协同于一个空间里边，共同探讨一些感兴趣的话题。

2.4.3　如何成为协同管理者

对于管理者来讲，最大的挑战不是技能而是心性。因此，作为管理者要真心愿意去理解他人、帮助他人，去利他，去欣赏和接受组织中的每一位员工，这样才能真正获得系统整体效率的最大化。那么，管理者如何成为协同管理者呢？

（1）改变从管理者自身开始。在智能互联时代的管理环境中，笔者提出了管理者遇到的挑战与机会、拥有的能力和面对的不确定性，管理者对组织、市场和环境都有很高的期待，必须要有新的可能性、新的创造和新的要求。管理者更需要清楚的是——所有改变从管理者自身改变开始，尤其是管理者要有能力去作出改变。德鲁克曾在《自我管理》这篇文章中提出，对于管理者自身来讲，改变自我实际上是非常重要的一个要求。这篇文章影响较大，也是《哈佛商业评论》下载量最高的文章之一。

（2）让组织面向未来。智能互联时代不再是一维的概念，不再是从过去到现在到未来的逻辑，真正的要求是面向未来作出选择。因此，管理者必须关注的是让整个公司的组织系统真正为顾客创造价值。管理者必须致力于消除内部的复杂性，致力于消除和组织外部合作的复杂性，让价值空间都转向为顾客创造新的价值。

对于管理者来讲，要不断致力于系统的整体效率，让复杂庞大的系统努力方向一致，让组织整体有效率、有价值。这就要求管理者跟组织内外部成员成为伙伴。为此，管理者要做两个正确的决定：一是致力于消除复杂性，创新客户体验；二是致力于系统整体效率，成为伙伴。

最有效的管理者，最关心的不是自己的正确与否，而是怎么服务于顾客，为组织创造价值。这对管理者来说是一个很明确的要求，也需要管理者真正要做得到。

第3章 智能互联时代的管理环境

环境是一个复杂的系统，它从不同的方向以不同的力度影响组织运行和管理活动，从生态学的角度而言，万物都是环境的主体，任何个人或者组织都是环境的产物。环境又是一个不断发展变化的系统，组织管理是在某种环境下进行的，是由环境决定的，不同的环境需要不同的管理方式。环境的变化也受管理的影响，管理会推动或阻碍组织环境的发展。环境分析的目的主要是揭示企业或其他组织面临的机遇和挑战，以便确定管理的目标和策略。

3.1 管理环境及特征

3.1.1 管理环境的界定

任何组织都是在一定环境中从事活动的；任何管理也都要在一定的环境中进行，这个环境就是管理环境。管理环境是指存在于一个组织内外部的影响组织业绩的各种力量和条件因素的总和。

管理环境的特点制约并影响管理活动的内容。管理环境的变化要求管理的内容、手段、方式、方法等随之调整，以利用机会，趋利避害，更好地实施管理。

国内外学者有两种观点。一种观点认为，环境是组织边界以外对组织运行有影响的所有事物，包括政治、经济、科技、文化、气候等，PEST分析就是基于这种认知；另一种观点认为，环境是影响组织运行效果的内外因素，包括组织外部与组织内部诸如体制、文化等因素。[①]

对于组织管理而言，重视环境研究的意义在于：

---

① 刘冀生. 企业战略管理——不确定性环境下的战略选择及实施［M］. 3 版. 北京：清华大学出版社，2016：26.

（1）环境是组织生存发展的条件，决定组织生存发展的空间。20世纪30年代美国经济大萧条，造成大批企业倒闭；2008年金融危机导致全球经济震荡，许多跨国公司破产就是明证。

（2）环境是塑造组织和管理者的决定性因素。例如企业普遍缺乏活力，管理者普遍缺乏创新精神，这绝不是因为哪个国家的民族素质低下，很多时候是大环境缺少对创新的激励所致。

（3）环境是选择组织生存发展战略和策略的基本依据，也是对管理者素质的严峻考验。在数字化浪潮中，柯达的决策者对原有技术和市场的留恋，造成这家百年老店轰然倒下。

3.1.2 管理环境的内容

研究管理环境可以采用不同的视角。从环境作用于组织内部还是外部视角来看，可以将管理环境分为组织外部环境和内部环境；从环境空间视角来看，可以将其分为宏观环境、中观环境和微观环境；从环境属性视角来看，可以将其分为自然环境、经济环境、政治环境、社会文化环境等。

人们广泛采用的研究企业环境的分析工具包括：20世纪70年代美国哈佛大学教授安德鲁斯在《企业战略概念》中提出的PEST战略分析模型、20世纪80年代美国旧金山大学管理学教授韦里克提出的SWOT分析模型、同时期美国迈克尔·波特（Michael Porter）教授提出的产业竞争的五力模型、1996年美国学者詹姆斯·穆尔提出的企业生态系统模型等。

（1）PEST战略分析模型。该模型提示管理者，影响企业经营的宏观环境主要是政治P（politics）、经济E（economy）、社会S（society）以及技术T（technology）四个方面因素。它们很难由企业掌控，但必须关注（见图3-1）。

（2）SWOT战略分析模型。韦里克提出的SWOT战略分析模型强调，企业效益及其发展取决于对环境的适应和互动，取决于竞争态势下优势的发挥、机会的利用、威胁的应对，因而要求企业系统分析自身的优势（strengths）、劣势（weaknesses）、机会（opportunities）和威胁（threats），研究如何发挥优势、利用机会、弥补劣势、应对威胁。

迈克尔·波特对该模型做了补充修改（见图3-2），这位战略专家认为："在最广义的范围内，制定竞争战略意味着要考虑四种关键因素。这四种关键因素决定了一个公司可以取得成功的限度。公司的强项与弱项是其资产与技能相对于竞争对手而言的综合表现，包括财力资源、技术状

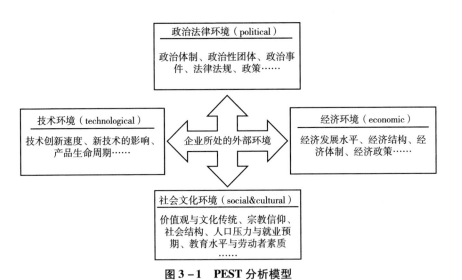

图 3 - 1 PEST 分析模型

资料来源：肖智润．企业战略管理——方法、案例与实践［M］．2 版．北京：机械工业出版社，2018：54.

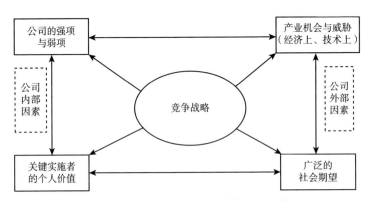

图 3 - 2 迈克尔·波特建立的战略分析模型

况、商标知名度等。一个组织的个人价值是主要的执行经理以及其他执行既定战略所涉及的人员的动机和需求体现。公司的强项和弱项与价值标准相结合决定了一个公司成功地实施竞争战略的内部极限。外部极限是由产业及更大范围的环境决定的。产业机会与威胁决定了竞争环境。这种环境既伴随着风险，又蕴含着回报。社会期望是对公司产生作用的如下因素的反映：政府政策、社会关注、演变着的习俗以及其他一些社会因素。"①

（3）产业竞争五力分析模型。迈克尔·波特提出的五力分析模型产生

---

① 麦克尔·波特．竞争战略［M］．陈小悦，译．北京：华夏出版社，1997：4 - 5.

过全球性影响。该模型揭示了企业的产业竞争环境决定于五个方面的竞争力格局，这五个力分别是供应商的讨价还价能力、购买者的讨价还价能力、潜在竞争者进入的能力、替代品的替代能力、行业内竞争者现在的竞争能力（见图3-3）。

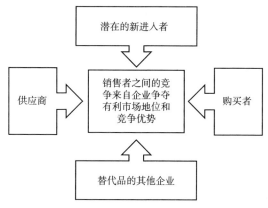

图3-3 产业竞争的五力模型

（4）企业生态系统模型。1996年美国学者詹姆斯·穆尔在《竞争的衰亡：商业生态系统时代的领导和战略》一书中率先提出企业生态系统的概念：企业生态系统是由相互作用的企业组织与个人所形成的经济群落，包括生产商、销售商、消费商、供应商、投资商、竞争商、互补者、企业所有者或股东，以及有关的政府机构等，同时包括企业生产经营所需的各种资源。

穆尔认为，紧密相关的组织和个人形成一个像自然生态系统一样的组织生态系统，任何组织和个人都不是孤立的，某个组织的战略行为必然对其他组织产生影响，企业与其他组织之间存在着共同演化的关系（见图3-4）。

（5）企业多层次生态环境模型。在中国传统哲学"天人合一"理念的指导下，在借鉴前人研究成果的基础上，笔者建立了一个企业多层次生态环境模型（见图3-5）。该模型将企业生态系统界定为提供企业生存发展内外环境、实现内外循环与淘汰和进化机制的系统。企业生态系统是由企业内外四个生态圈构成的多层次系统。

内部生态系统圈。企业自身就是一个由资源筹集部门、生产运营部门、销售部门、管理部门组成的生态系统，可称之为内生态。

相关利益者生态圈。它是由供应商、银行、分销商和消费者、竞争者、当地政府构成的生态圈，有的论著称之为直接环境或微观环境，其特点是直接决定企业的投入与产出。

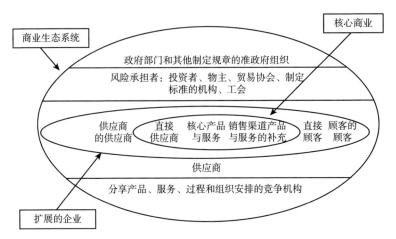

图 3-4 企业生态模型

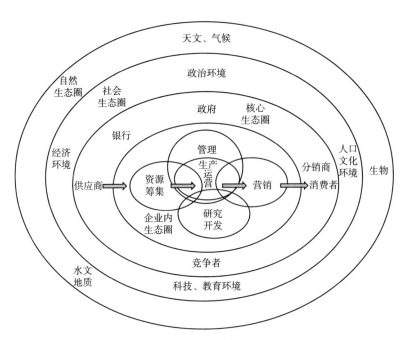

图 3-5 企业生态系统模型

社会生态圈。它是由企业所在地的政治环境、经济环境、人口和社会文化环境、科技和教育环境构成的生态圈，有的论著称之为间接环境或宏观环境，它可以是一个国家的，也可以是全球的，其特点是由人类构建，对企业的影响一般要通过相关利益者生态圈传导。

自然生态圈。它是处于企业最外围的，由天文、气候、水文、地质和生物构成的自然生态圈，它涉及整个人类与自然界的关系。

该模型的特点为除了将企业内部也作为企业生态的一部分，以反映组织管理日益开放的要求外，还将自然生态圈纳入管理环境考察范围。对于许多行业而言，例如农业、林业、交通运输、建筑工程、水电等，这是必须考虑的环境因素，近年来崇尚生态文明已经成为潮流，这就直接涉及人与自然和谐发展的目标。

（6）从环境到管理的过渡模型。德鲁克认为，公共服务机构的大多数创新都是由外界推动或遭遇灾难后引起的。他早在2014年就预测，未来15年内一半美国大学会面临破产。[①] 管理的核心是决策，企业决策的重点是如何抓住机遇、控制风险。为了将外部环境分析与内部管理结合起来，黄津孚教授（2007）提出了一个从环境到管理的过渡模型（见图3-6）。该模型可分为三个层次，最外层是外部环境层，中间层是预测层，最内层是决策层。环境分析最终的目的是确定管理的目标及其策略。

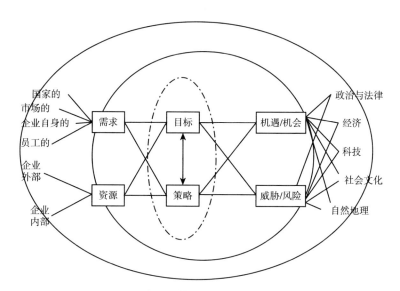

图3-6 企业环境到企业管理的过渡模型

资料来源：黄津孚. 现代企业管理原理（修订第五版）［M］. 北京：首都经济贸易大学出版社，2007：92.

3.1.3 管理环境的特征

酉民教授归纳了当前组织管理环境的特点，可以称其为 UACC，即不

---

① 席西民. 人工智能时代下的高等教育变革［N］. 中国教育报，2018-06-28.

确定性（uncertainty）、模糊性（ambiguit）、复杂性（complexity）和多变性（changeability）。① 在其基础上，笔者主张用复杂性（complexity）、速变性（changeability）、不确定性（uncertainty）、高风险性（Risk）四大特点来描述组织管理环境的特征。

（1）复杂性。环境系统更加复杂。系统的复杂性主要以组成系统的因素个体数量、系统内外因素相互联系多寡（网络节点）程度衡量。对于现代企业组织，不仅影响其经营绩效的内外部因素越来越多，随着网络化的发展，各种因素的相互联系越来越紧密，复杂度远远超过以往时代。②

（2）速变性。环境从来都在变化，但是当今世界由于智能互联的强化，其变化速度大大超过以前。例如，智能手机的生命周期已经从几年缩短到几个月；移动互联网市场研究公司 App Annie 的报告显示，移动游戏从发布到成熟期的步伐加快，平均来说在发布 17 个星期后，就已经开发了 90% 的潜在用户，没有更多的耕耘空间；③ 为了在虚拟化增长、服务器进化、软件技术发展、存储需求扩大和商业托管日益增长的浪潮中始终保持领先地位，Bourassa 将刀片服务器更换周期压缩到了一个最短的实用长度 3 年，信息技术研究小组驻伦敦的服务器行业分析师 Darin Stahl 指出，服务器更换周期将从 5～7 年普遍缩短为 3 年。④

（3）不确定性。环境的变化更加难以预测。20 世纪末 21 世纪初的网络泡沫破灭、2008 年全球金融危机、2016 年特朗普当选美国总统、2018 年美朝领导人直接会谈朝鲜弃核、中国股市与经济增长长期背离、AlphaGo 在围棋上相继战胜世界冠军李世石和柯洁之后，IBM 公司旗下人工智能系统 Project Debater 的亮相，标志着 AI 不再从规则明确的棋类方面对人类展开攻势，而是在更难的辩论赛领域向人类发起挑战，并在辩论赛上战胜了人类顶尖辩手……国际上著名智库对这些重大事件几乎都未能事先预测出来。

（4）高风险性。由于智能互联手段的广泛应用，各种风险更加难以防范与控制。

---

① 席酉民. 全球化和世界互联互通对大学的影响［R/OL］.（2017 - 07 - 16）. http://www. china. com. cn/fangtan/2010 - 04/23/content_19890005. htm.

② 佚名. 科技创新与管理创新实践——以中航集团为例［M］. 北京：社会科学文献出版社，2013.

③ 杨虞波罗，沈光倩. 移动游戏生命周期缩短：快速火爆 几个月降温［EB/OL］.（2017 - 02 - 14）. http://game. people. com. cn/n1/2017/0214/c48662 - 29078500. html.

④ Darin Stahl. 三年就换 服务器生命周期被新技术缩短［EB/OL］.（2010 - 07 - 02）. http://server. zol. com. cn/185/1855081. html.

3.2 工业化发展累积的难题及解决

3.2.1 相关难题

工业文明带来了巨大的经济增长和社会财富的极大增加，但同时工业化时代也积累了许多难题，如气候变暖、生态脆弱、资源枯竭、道德沦丧、社会不公、安全风险等，已经危及社会整体的健康运行、危及整个人类的可持续发展，不解决不行了，智能互联提供了难得的契机。

3.2.1.1 气候变暖

工业文明和市场经济带来的人类生活方式和生产方式改变，大量使用煤、石油、天然气等化石燃料，城市中空调、汽车、航空的过度使用等，排出大量温室气体导致气候变暖。气候变暖既危害自然生态系统的平衡，更威胁人类的食物供应和居住环境。

3.2.1.2 生态脆弱

工业文明还使生态平衡遭到了严重的破坏。由于工业发展对于自然资源如矿物资源、生物资源、土地资源和水资源的需求，土地资源和森林资源大规模减少，土壤侵蚀、水土流失、草原退化和土地荒漠加速蔓延。据媒体报道，2014年，中国近1/5的耕地受到污染，特别是在华南的大米产区。[1] 而在人类赖以生存的空气、水和土壤中，土壤的污染是最难处理的。

3.2.1.3 资源枯竭

工业化过程中经济的快速增长、城镇化进程、随意的撂荒和退耕，使得土地资源日渐稀缺，也导致自然矿物资源的耗尽、生态生物圈的失衡以及自然环境污染等一系列问题。孙优贤院士指出："产业革命200多年以来，占全球人口不到15%的英国、德国、美国等40多个国家相继完成了工业化，在此进程中消耗了全球已探明能源的70%和其他矿产资源的60%。"[2] 对于全球石化类燃料的开采期，石油至多为50年，天然气至多为70年，储

---

① 佚名. 环境保护部，国土资源部：我国1/5耕地土壤遭污染[J]. 农机科技推广，2014（5）：1.

② 吴澄."两化融合"和"深度融合"——我国工业信息化的现状、问题及未来展望[J]. 自动化与信息工程，2011，32（3）：8.

量丰富的煤炭资源也只有230年，我国的水资源也极其紧缺。[①]

3.2.1.4 伦理道德

诚信与道德是市场经济和企业发展的基石，企业违反伦理道德无异于饮鸩止渴，不仅毁了自己，还会危害社会。个别企业在激烈的市场竞争中单纯以经济利益为导向唯利是图，经营活动经常出现伦理道德的失衡。例如，不遵守市场竞争规则，假冒其他企业的商标，损害竞争对手商业声誉，盲目追求自身利润；生产不安全或有损健康的商品，夸大其词的营销推广甚至欺骗性的广告宣传；不顾员工工作环境，侵犯员工的健康权利；有的化工、印染、造纸企业对"三废"缺乏必要的处理，对治理环境污染态度消极。

3.2.1.5 贫富差距

第一次工业革命曾经催生了资本家与产业工人两个阶级，导致巨大的社会财富分配不公，爆发了规模巨大的社会革命。1979～2007年美国1%的顶层人士收入增加了278%，中产阶级只增加了35%。这种趋势似乎还在延续，2012年美国超过50%的收入集中在10%的人手里。[②] 随着贫富差距的扩大将引起社会群体心里的不平衡，社会道德随之滑坡，人与人之间、各社会阶层之间将充满不信任感、仇视感，会引发社会诚信危机、道德危机。贫富差距往往伴随着社会公共财产分配的不公平、机会的不平等，如果得不到有效控制，任其扩大，最终会酿成社会悲剧，即社会动乱，甚至爆发冲突。

3.2.1.6 安全风险

食品药品安全成为中国老百姓最关注的十大问题之首。近年来，随着重大食品药品安全问题不断被曝光，食品药品安全状况已成为人们关注的焦点。然而从苏丹红到三聚氰胺，从抗生素滥用到瘦肉精问题，即使政府和企业从未停止过它们在食品药品安全上所做的努力，但食品药品安全问题却似乎从未消失。食品药品安全问题关系到人们的身体健康和生命安全，关系到经济健康发展和社会稳定，必须加强相应的管理。

3.2.2 解决途径

智能互联是应对现代社会各种挑战的基本途径。现代社会中人类面对

---

① 严耕，杨志华. 生态文明的理论与系统建构［M］. 北京：中央编译出版社，2009.

② ［美］亚瑟·奥沙利文，史蒂文·谢弗林，斯蒂芬·佩雷斯. 经济学究竟是什么［M］. 宋迎昌，翟文，译. 北京：九州出版社，2021.

各种前所未有的挑战，他们在应对包括环境的挑战、日益增加的需求与资源不足的突出矛盾、人类改善自身生存生活质量在内的种种难题时，痛感生理心理的局限，而智能互联正是一个大有希望的出路。①

（1）在宏观层面上，例如对于气候、地质灾害的预防，科学家们面对大量动态交互影响的参数，预测工作仍不尽如人意。据劳伦斯伯克利国家实验室（Lawrence Berkeley National Laboratory）2004年的一份报告可知，1980～2003年，由于气候相关灾难造成的全球经济损失总计达1万亿美元。而智能化系统已经可实现在方圆1～2千米范围内进行局部的高精度天气预报。② 美国已经将这些技术商业化后应用于纽约、芝加哥、堪萨斯城、亚特兰大、巴尔的摩/华盛顿和迈阿密/劳德代尔堡等若干城市地区。

为了保护环境，实现人类可持续发展，必须减少石化能源的消耗，开发太阳能、风能、潮汐能等新能源。但是据美国能源部的研究结果可知，由于电网效率低下而造成的电能损失高达总电能的67%。③新能源由于其难以控制的波动性，很难接入常规电网实现统配共享。欧洲一些国家采用智能电网整体解决方案，为利用可再生能源提供了成功案例。

城市交通令各国政府和居民头痛不已。有资料显示，按时间（42亿小时）和燃油（29亿加仑）浪费计算，美国的交通阻塞每年造成的损失高达780亿美元。而斯德哥尔摩的新智能收费系统使交通量减少了22%，排放物减少了12%～40%，而且每天搭乘公交系统的人数增加了40 000人。④

（2）在医疗卫生领域，谷歌公司运用大数据的分析技术建立了流感流行预测指标，能够及时发现流感的传播源以及传播方向和地区，让流行病控制部门的工作更加主动；人类基因工程在揭示衰老及遗传疾病、糖尿病的机理方面，智能诊疗设备、智能药丸在治疗心血管疾病、癌症方面正在发挥越来越大的作用。

智能互联时代，食品药品的安全问题很容易建立追溯机制，通过构建诚信体系而得到解决（失信者无论是在购物、贷款，还是在出行方面都将受到相应的限制）。

（3）在微观层面上，智能互联可以帮助企业实现节能、节材和节约劳动力的目标。例如使用智能电表和大数据应用，让分时动态定价成为可

① 黄津孚. 论智能化的机制与战略任务 [J]. 企业经济，2013，32（11）：5.
②③ 刘福同，邹建军，洪康隆. 财务管理与风险控制 [M]. 北京：中国商业出版社，2021.
④ IBM 总裁兼首席执行官彭明盛. 智慧的地球 [N]. NET 硅谷动力，2009－02－11.

能。供电公司能每隔 15 分钟就读一次用电数据，而不是过去的一月一次。这不仅节省了抄表的人工费用，而且通过高频率快速采集分析用电数据，供电公司能根据用电高峰和低谷时段制定不同的电价。TXUEnergy 就利用这种价格杠杆来平抑用电高峰和低谷的波动幅度。其打出了这样的宣传口号：亲，晚上再洗衣服洗碗吧，晚上用电不要钱。这对于 TXUEnergy 和用户来说真是一个双赢的结果。①

正如工业化在推动人类社会进步方面，在为工商界、科技界、教育界提供巨大发展空间的同时，也给人类社会造成许多挑战，智能互联化一方面为工商界、科技界、教育界等各行各业提供巨大机遇，另一方面也提出了许多棘手的难题。

3.3 智能互联带来的机遇

世界经济论坛 2019 年年会指出："大数据和人工智能技术的应用日益突出表现为第四次工业革命的典型特征，一方面人们越来越受益于数据革命所带来的种种生活便利，憧憬着一个更加高度智能化社会的到来；而另一方面又深刻恐惧于数据革命所带来的种种社会变革与不安全感，数据的深度挖掘正在重塑社会结构以及维系这个社会运行的基本价值规则。"②

最近几十年来，脑科学、计算技术、通信技术、网络技术、人工智能等生物、信息科技的发展，为人类提供了巨大的想象空间和重大机遇，智能互联为企业开辟了广阔的新市场、提供了丰富的资源、提供了新的价值创造能力以及更为有利的营商环境，因而巨大的发展机遇出现在企业面前。③

3.3.1 新的市场需求

互联网降低了买卖双方信息不对称程度，增强了消费者主权地位。在 Web1.0 时代，消费者获取信息的渠道有限，经常是媒体告诉我们哪些是好的，哪些值得信赖，消费者选择商品与服务的权利有限，利用虚假广告

① 张引，陈敏，廖小飞. 大数据应用的现状与展望 [J]. 计算机研究与发展，2013（S2）：18.

② [英] 詹姆斯·艾维斯. 第四次工业革命中的职业教育：后工作时代的教育与就业 [M]. 赵继政，译. 北京：商务印书馆，2023.

③ 黄津孚. 论智能化的机制与战略任务 [J]. 企业经济，2013，32（11）：5.

欺骗消费者赚钱的行为很难被识破；到了 Web2.0 时代，消费者不仅可以方便地比较厂商提供的信息，还可以通过网络分享平台，诸如点评网、口碑网、众言网等了解其他消费者对商品或服务的体验和评价，在一定程度上降低了与厂商之间信息不对称程度，购买决策更加理性。由于供需双方信息不对称程度下降、信息寻租机会减少，消费者主权地位得到提升，企业的生产不断为满足消费者需要而向小众化、个性化方向发展。

在这种背景下，智能互联帮助企业发现和开拓原有的需求市场，例如交通不发达地区、农村市场等；智能互联本身就是一个庞大的消费及工业品的新市场。麦肯锡的研究显示，尽管互联网普及率较低，但60%的农村数字消费者都在使用电子商务，他们跟城市居民一样活跃。85%的农村网民表示他们更可能使用手机上网（比城市的比例高）。人们越来越热衷于互联网的应用，热衷于通过手机购物消费，如网上订餐、网购商品、在线旅游、网络电视、网络游戏，全世界都出现了从手机上找信息、享用消费信息的"低头"现象。我国信息消费在整个消费中的比重不断增加，包括通信、内容服务、行业应用等信息消费年增长20%，远远超过国内生产总值（GDP）的增长速度。[①]

在工业品方面，随着智能互联的深入应用，需求将爆发式增长。以支持物联网的边缘计算为例，到 2025 年物联网接入设备将达到 250 亿数量级。市场机会包括以下方面。

（1）边缘计算标准的开发。统一数据连接和数据聚合是业务智能的基础，面对当前工业现场存在的多样化与异构的技术和标准，离不开厂商、跨领域的数据集成与互操作。网络边缘侧的本地计算服务无疑会在异构环境中迎来 IT 厂商、IT 方案商以及开发者集成融合服务的挑战，标准化亟待形成。

（2）架构和语言。随着支持通用计算的边缘节点的不断增加，开发框架和工具包的需求也随之增长。边缘分析与现有流程不同，由于边缘分析将在用户驱动的应用程序中实现，现有框架可能不适合表达边缘分析的工作流。编程模型需要利用边缘节点支持任务和数据的并行，并且同时在多个层级的硬件上执行计算。编程语言需要考虑工作流中硬件的异构性和各种资源的计算能力。

（3）轻量级库和算法。与大型服务器不同，由于硬件限制，边缘节点不支持大型软件，需要轻量级算法，以便进行合理的机器学习或数据处理

---

① 黄津孚．智能互联时代的企业经营环境［J］．当代经理人，2020（4）：8.

任务。

（4）微型操作系统和虚拟化。基于微型操作系统或微型内核的研究可以解决在异构边缘节点上部署应用的挑战。例如，跨越多个虚拟设备复用设备硬件的移动容器可以提供与本地硬件接近的性能。容器技术（如Docker）逐渐成熟，并且能够在异构平台上快速部署应用程序。

3.3.2　新的社会资源

企业的生产资源除了人力、材料、能源、土地、设备、工具、资金等物质资源以外，还有信息、知识、技术、社交网络、商誉、品牌等非物质资产。

我国新一代员工整体教育水平已经提高，他们知识面广、思维活跃，许多大学生毕业不久甚至尚未毕业就进入创新领域。中国工程类专业的大学毕业生每年超过 120 万名——比紧随其后的五个国家的总和还要多。中国还是专利申请数量的全球领先者，2021 年中国专利申请数量是 149.7 万件。[①] 智能互联将大大提高企业知识工作者的生产率，知识工作者的任务也将被重新定义，由于大量程序化、半程序化的工作由人工智能完成，员工职责将向创新性、服务性方向转移，从而形成新的组织结构、新的业务流程。人工智能正在改变我们周围的世界，并将改变智能工厂、无人机、体育运动、医疗保健和无人驾驶汽车各个领域。[②]

随着物联网、电子商务、社会化网络的快速发展，全球数据总量迅猛增长，成为数据中心行业发展的基础。国际数据公司 IDC 发布的研究报告显示，2020 年全球数据储量达 51ZB，同比增长 24.4%。据中国信息通信研究院统计，2018～2020 年，全球数字经济规模持续上涨。2020 年，全球数字经济规模达到 32.61 万亿美元，同比名义增长 3.0%，占 GDP 比重为43.7%，[③] 数字经济在国民经济中的核心地位不断得到巩固（见图 3－7）。欧盟在其发布的《2030 数字罗盘》（Digital Compass）计划中提出 2030 年75% 的企业将使用云计算、大数据和人工智能服务，90% 以上的中小企业应具备数字技术的基本水平，并宣布为实现上述目标将加大能源和数字基础设施的投资。美国国家科学理事会（National Science Board）在其

---

① 麦肯锡：中国有望成为全球创新领导者［EB/OL］.（2015 － 08 － 11）. https://www. chinadaily. com. cn/interface/toutiao/1138561/2015 – 8 – 13/cd_21560842. html.

② 黄津孚，张小红. 企业管理发展阶段研究——正从系统化时期进入智能化时期［J］. 首都经济贸易大学学报，2014（1）：7.

③ 方明. 元宇宙大金融［M］. 北京：中译出版社，2023.

《2030 年远景报告》中也建议未来 10 年应加大对数据、软件、计算、网络的投资，以保持其在数字经济领域的竞争力。根据华为《智能世界2030》报告，预计到 2030 年，通用算力将增长 10 倍，人工智能算力将增长 500 倍。庞大的算力需求为数据中心发展打开新的增长空间。据 2022年美国市场研究机构（Synergy Research Grooup）的最新预测可知，未来三年内，全球超大型数据中心数量将突破 1 000 个，并在此后继续快速增长。企业利用智能互联工具可以获得较低成本和提高效率。例如以网上调查代替传统的市场调查，以网络宣传代替传统的广告，通过网络收集采购设备与原材料所必需的信息等。①

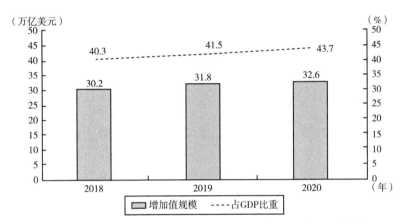

图 3 - 7　2018～2020 年全球数字经济增加值规模及占 GDP 比重情况

资料来源：中国通信院前瞻产业研究院于 2022 年发布的《中国数字经济行业市场前瞻与投资规划分析报告》。

社会资金也特别青睐处于智能互联"前沿"的企业。通过 2021 年全球上市公司市值排行榜（见表 3 - 1），不难发现投资者们看好智能互联的趋势。财富 500 强反映的是销售额，是企业当下的经营规模；市值反映的是人们的预期，是资源的流动趋势。在中国，英特尔参与了有数以亿计的用户和商家一起在网上推一些图片，单靠人力无法快速准确地筛选出其中有知识产权问题的图片的项目，京东通过使用英特尔的方案，搜索速度提升了 4 倍，很好地解决了这一问题。今日头条是目前人工智能在实际应用层面应用最广泛的一款科技产品。作为一款个性化信息推荐引擎产品，今日头条离不开数据挖掘、神经网络、自然语言理解、机器学习这些人工智能技术。AI 技术在今日头条的应用涉及多个方面，如个性化推荐，可以

①　黄津孚．智能互联时代的企业经营环境 [J]．当代经理人，2020（4）：8．

根据相关性、环境、热度、协同等数百万的用户特征标签，了解用户的状态变化进行推荐。

表 3 – 1　　　　　全球上市公司百强排行榜（2021 年）前十

排名	证券简称	所在国家或地区	2021 年末总市值（亿元）
1	苹果（APPLE）	美国	185 742.24
2	微软（MICROSOFT）	美国	160 991.78
3	谷歌（ALPHABET）	美国	122 538.3
4	沙特阿美（SAUDI ARAMCO）	美国	120 700
5	亚马逊（AMAZON）	美国	107 813.25
6	特斯拉（TESLA）	美国	67 664.48
7	脸书（META PLATFORMS）	美国	59 653.91
8	英伟达（NVIDIA）	美国	46 878.93
9	伯克希尔哈撒韦	美国	42 701.43
10	台积电	中国台湾	39 780.22

3.3.3　新的生产能力

人类社会的发展归根结底是依靠人的能力，工业化极大地提高了人类社会的"体能"，智能化则极大地提高了人类社会的"智能"。人类社会通过信息的智能互联获取自然界、社会需求和生产过程中产生的海量数据，与迅速增加的科学知识及专家经验结合，借助边缘计算和云计算对数据进行建模，形成算法，运用超级计算系统进行计算，转化为认知和决策能力，形成一个完整而强大的由大数据、云计算、机器智能、专家经验四块关键拼图组成的工业"大脑"。例如太阳能企业天合光能先将车间实时采集到的上千个生产参数传入工业大脑，通过人工智能算法对所有参数进行深度学习计算，并结合工艺专家们的专业知识对数据进行过滤和筛选，在精准分析出与生产质量最相关的 30 个关键参数的基础上，搭建参数曲线模型，应用于生产过程中的实时检测和精准控制，仅仅用了 5 个月的时间就将 A 品率提升了 7%，创造了千万元的直接利润。①

人工智能对经济发展的贡献潜力巨大。2018 年，麦肯锡全球研究院发布的《前沿笔记：用模型分析人工智能对世界经济的影响》指出，人工

---

① 中国电子学会.2020 – 2021 智能科学与技术学科发展报告［M］.北京：中国科学技术出版社，2022.

智能将显著提高全球整体生产力。去除竞争影响和转型成本因素，到 2030 年，人工智能有可能为全球额外贡献 13 万亿美元的 GDP 增长，平均每年推动 GDP 增长约 1.2%，这堪比或大于历史上其他几种通用技术（例如 19 世纪的蒸汽机、20 世纪的工业机器人和 21 世纪的信息技术）所带来的变革性影响。报告还指出，占据人工智能领导者地位的国家/地区（以发达经济体为主）可以在目前的基础上获得 20%~25% 的经济增长，而新兴经济体可能只有这一比例的一半。

机器人的应用可以显著提升生产效能。1 个机器人大约可以替代 10 个产业工人，例如，比亚迪公司引进了 ABB 喷涂机器人，可全自动完成整个车身的油漆喷涂工作，油漆膜厚误差控制在 2 微米以内，还可减少涂料用量 30% 左右。采用物联网、远程诊断和预设调整系统，可以降低设备运行故障发生率及节省检修费用。① 将物联网应用于农业资源和生态环境监测、农业生产精细化管理、农产品储运等环节效果突出。以山东禹城"智慧农业"项目为例，利用卫星遥感、视频监控、无线感知等先进技术，整合多种涉农资源，建成了农村信息化服务网络，已覆盖 1 000 多个乡村，使禹城机械耕作成本大大降低，农田灌溉用水量平均减少 20%，节肥 20% 以上，② 也提升了管理效率。应用大数据可以提高预测的准确率，帮助完成"供给侧改革"。例如借助微软智能云 Azure 的机器学习服务，联想实现了对 PC 产品出货量的预测。

3.3.4 新的发展环境

库兹韦尔（Kurwell）在《奇点临近》一书中强调，"技术创新正处于加速状态，它正以每十年翻一番的速度增长"。技术和制度生命周期缩短，企业风险陡增；在互联网环境下，知识的传播速度加快，学习和创新速度加快，技术生命周期缩短。单项创新优势维持时间短暂，竞争更加普遍而激烈。

对智能互联不但有社会的共识预期，而且得到各国政府的政策支持。《国家智能制造标准体系建设指南》《智能制造试点示范 2016 专项行动实施方案》《机器人产业发展规划》《关于深化制造业与互联网融合发展的指导意见》《智能硬件产业创新发展专项行动》《智能制造发展规划》《高

---

① 邵欣，檀盼龙，李云龙. 工业机器人应用系统［M］. 北京：北京航空航天大学出版社，2017.

② 黄津孚. 以智能互联思维认识和规划当代科技与产业变革［J］. 经济与管理研究，2017（11）：80－89.

端智能再制造行动计划》《大数据产业发展规划》《云计算发展行动计划》等一系列相关政策为制造业的转型升级提供了长期规划和总体布局，推动我国从制造大国转向制造强国。

随着"人工智能"（artificial intelligence，AI）进入《政府工作报告》（2017），人工智能将渗透国家战略各个层面，将助推 AI 技术在多个产业的应用和发展。同年，百度、科大讯飞、腾讯和云从科技进入国家发改委《"互联网＋"重大工程拟支持项目名单》。从此，人工智能走出实验室，走向"智能化＋"。《中国互联网发展报告（2021）》显示，中国人工智能市场规模在 2016~2020 年持续增长，市场规模从 2016 年的 154 亿元增长至 2020 年的 1 280 亿元，年复合增长率达到 69.79%。在整个中国人工智能市场中，智能硬件平台市场发展速度明显领先于软件集成平台市场，前者在人工智能市场总规模中占据的比重高达 59%。随着新基建越发受到国家重视，人工智能产业将打造出人工智能基础资源与创新平台，建立人工智能产业体系和创新服务体系，建成人工智能产业生态，形成千亿级的人工智能市场应用规模。

为了让智能互联健康发展，我国政府为互联网发展和治理制定一系列法规，并颁布了《中华人民共和国网络安全法》《中华人民共和国电子商务法》《国家网络空间安全战略》《公共互联网网络安全突发事件应急预案》《通信网络安全防护管理办法》《公安机关互联网安全监督检查规定》等一批法律法规。财政部、国家税务总局、科技部联合发布研发费用抵扣的新政策，企业的研发费用税前扣除的比例从 50% 提升到 75%。财政部、国家税务总局、国家发展改革委、工信部等多部门联合发文对集成电路生产企业减免所得税，并对投资新设的集成电路线宽小于 130 纳米，且经营期在 10 年以上的集成电路生产企业或项目，第一年至第二年免征企业所得税，第三年至第五年按照 25% 的法定税率减半征收企业所得税，对经营期投资新设的集成电路线宽小于 65 纳米或投资额超过 150 亿元，且经营期在 15 年以上的集成电路生产企业或项目，第一年至第五年免征企业所得税，第六年至第十年按照 25% 的法定税率减半征收企业所得税，并享受至期满为止。① 国家在财政、税收、教育、科研方面对智能互联均予以重点扶持。

从宏观层面观察，目前智能互联为企业生存发展提供了新的机遇和新的挑战（见表 3-2）。

---

① 相关信息见 2018 年发布的《关于推动创新创业高质量发展 打造"双创"升级版的意见》。

表 3-2　　　　　　　　　　组织管理面临智能互联机遇和挑战

环境	机遇	挑战
政治环境	全球治理框架 法治化潮流	权力再分配 民主化与治理失衡
经济环境	全球化产业链 新兴经济体崛起提供新动力 智能互联开发新市场新产业 市场互联改善产销衔接 数字化、智能化降低成本	单边主义潮流 全球经济增长放缓 产业重组冲击 资本权力增长与财富分配两极分化
科技环境	创新促进产业升级结构转型 智能互联促进科技进步加快 教育平民化提升劳动力素质	科技进步与就业 科技进步与安全 科技进步与伦理
社会及 文化环境	互联促进交流和包容	人口老龄化 移民潮及社会稳定 宗教冲突及代际文化冲突
自然环境	生态文明意识加强	生态失衡、气候变暖形势严峻

3.4　智能互联面临的挑战

智能互联与改革开放是一对孪生兄弟。智能是知识和能力的提升与应用。互联是生产要素的流动、共享。中国通过改革开放与实施信息化战略，加快了政治、经济、社会、科技等方方面面的步伐。智能互联使人们生存发展能力提升了。例如电子商务、电子政务，促进了生产要素的流动性，方便了居民的生活，提升了政府服务效率，降低了经济运行成本；但是也带来了许多问题，提出了许多挑战。①

3.4.1　政治领域

（1）国际政治不确定性加大。在政治领域，中国的发展改变了全球政治和经济格局，美国认为其霸主地位受到了威胁，出于自身利益的考虑，裹挟盟国不断向中国施压，将给中国企业的国际化进程增加困难。

中美博弈已经率先在科技领域展开。2018 年，美国先后对中国两家公司中兴和华为禁售芯片，更有甚者，公开阻止盟友国家采用中国华为公

---

① 黄津孚. 智能互联时代的企业经营环境［J］. 当代经理人，2020（4）：8.

司的5G技术，美国商务部工业安全署列出了一系列拟管制的14个"具有代表性的新兴技术"清单，涵盖先进计算、先进工程材料、先进燃气涡轮发动机技术、先进制造、先进网络化传感和目标特征管理、人工智能、自主系统和机器人、生物技术、通信和网络技术、人机界面、网络化传感器、量子信息技术、半导体和微电子、空间技术和系统以及高超音速技术、定向能源、可再生能源发电和储存、核能及金融技术等，对智能互联领域颇为详尽。

（2）国际安全风险因素增多。军事的信息化、数字化将改变战争模式，网络攻击、信息突袭、麻痹指挥中枢、瞬间解决成为战争的优先选项。以大数据、人工智能应用为特征的新一轮军事革命正在改变人类武装冲突的性质，自主武器系统正在取代人本身而成为生杀予夺的决策中心，基于机器算法逻辑的自动搜索与自主攻击正在颠覆传统战争理念，人类自身的生存从未像今天这样面临自我毁灭之风险，致命决策的去中心化势必会给人类自身的生存带来前所未有的伤害。

（3）信息治理的挑战。数据公司和数据精英深度介入各国国内政治进程，"数据军团"已然崛起为全球秩序重塑的幕后新力量。伴随着社会生活网络化和数据化趋势的不断增强，现代政治活动正加速超离传统的街头演说、党派动员和入户调查，日趋演变成一场基于多源数据和复杂算法的新式权力对决，而在这场新技术场景所设定的权力角逐中，数据精英已然取代传统政治力量从幕后走向台前，并扮演起越来越重要的政治操盘手角色。

数据的产权归属问题是一个信息治理的棘手难题。如果数据完全归于个人，大数据就难以形成；如果数据集中在几家大企业手里，数据权可能会被滥用。当你打开手机或电脑，立刻会有各种各样的广告、抽奖、红包推送给你，各种各样你曾浏览过的类似新闻推送给你，你的时间不知不觉被占用了，你的金钱不知不觉在可买可不买的消费中被花掉了。

信息和知识互联是以共享为基础的，但是数据的获得需要付出成本，知识的生产需要大量的前期投入，数据和知识的共享必然带来知识产权保护的问题。

互联网给我们带来许多便利，但也威胁到我们的隐私。正如《大数据时代》的作者迈尔·舍恩伯格所说：亚马逊监视着我们的购物习惯，谷歌监视着我们的网页浏览习惯，脸书不仅窃听到了我们心中的秘密，还掌握了我们的社交关系网。不论我们使用信用卡支付、打电话还是使用身份证，"第三只眼"时刻注视着我们。出于商业利益的考虑，一些商业机构买卖个人隐私信息，包括个人身份证号、家庭住址、手机及 QQ 号码、IP 地址、住房买卖、金融投资、怀孕生育等隐私信息。不但导致烦人的推销电话和邮件不断出现，而且还增加了个人及家庭人身、财产的风险。①

3.4.2　经济领域

（1）个性化时尚化的需求的挑战。在工业化时代，企业之间的竞争常常表现为规模和成本的竞争。智能互联时代的竞争则是如何实现差异化更大的定制化服务、更小的生产批量、不可预知的供应链变更。换言之，企业如何面对不确定性，在面临环境变化时如何能够快速、实时、准确地作出反应。过去外贸服装的订单量可以达到百万级，后来下降到 10 万级，目前订单最小批量只有几千，但是，交货期却从过去的一年、半年、三个月缩短到 15 天，有些品牌厂商 15 天交期产品的比重已占所有产品的 15%。而具备 15 天交期能力的代工厂，其单件产品的议价能力比大规模生产厂商高出 30%。②

（2）就业的挑战。智能互联又一次推动人类与机器的劳动分工。电脑大量代替人脑，机器人大量代替人工。2017 年，麦肯锡对 46 个国家和 800 种职业进行了研究并作出预测，到 2030 年，全球将有多达 8 亿人会失去工作，取而代之的是自动化机器人；届时，全球多达 1/5 的劳动力将受到影响，将发生类似在 20 世纪初发生的大规模岗位转变，当时全球大部分岗位从农业转为工业。与此同时，人工智能技术的广泛应用也将增加对这方面专业人才的需求。③

美欧制造业就业工人明显减少。1980～2009 年，制造业就业人数占就业总人数比重从 21.6% 降到 9.1% 左右，1996～2007 年，欧洲工业部门吸收的就业人数从 20.9% 降至 17.9%。美国承担程序性工作的如出纳、邮局职员、银行柜员等白领工人，据统计 1991～2001 年下降 6.6%，2001～2011 年下降 11.9%。④ 中国发展研究基金会和风险投资基金红杉中国 2018 年的报告显示，中国出口制造业省份浙江省、江苏省、广东省的几家公司 3 年内因自动化削减了 30%～40% 的劳动力。

（3）生产率的提升与财富分配不公的矛盾。在生产中利用工具是人类

①　黄津孚. 智能互联时代的企业经营环境 [J]. 当代经理人，2020（4）：8.

②　安筱鹏，肖利华. 数字基建：通向数字孪生世界的迁徙之路 [J]. 商学院，2021（11）：120.

③　傅莹. 人工智能对国际关系的影响初析. 国际政治科学. 2019，4（1）：18.

④　郭强. 逆全球化：资本主义最新动向研究 [J]. 当代世界与社会主义，2013（4）：6.

在生物界胜出的主要原因。在18世纪开始的工业革命中，人类大规模使用蒸汽机、电力和各类机械代替体力，在自然界进行了一场新的劳动分工。那次工业革命对社会的冲击巨大，机械化、电气化、城镇化引起了大批劳动者失业，导致社会财富的重新分配和严重不公，为了争夺市场、就业机会和社会财富，爆发了第二次世界大战。现在进入信息革命，网络化、数字化、智能化正在推动又一次人类和机器的劳动分工。用《失控》作者的说法：机器正在生物化，而生物正在工程化。

第一次工业革命曾经催生了资本家与产业工人两个阶级，导致严重的社会财富分配不公，爆发了规模巨大的社会主义革命。这次信息革命会不会又导致旧戏重演呢？

1979～2007年美国1%的顶层人士收入增加了278%，中产阶级只增加了35%。这种趋势还在延续，2012年美国超过50%的收入集中在10%的人手里。美国首席执行官与普通职员的薪酬比已经从1990年的70：1扩大到2005年的300：1。① 瑞典、芬兰和德国这些原来收入差距较小的国家在过去的二三十年里，收入的不平等现象增长得更快。芝加哥大学经济学家研究表明，20世纪80年代以来全球劳动力收入占GDP的比例大幅下滑，可能是信息时代的技术因素所致。②

智能互联在提升劳动生产率的同时，提升了资本对劳动的贡献，从而加大了贫富差距，不安定因素也在聚集。2013年，世界500家公司总收入达到310 584亿美元，其增速与全球GDP增速相当为2.4%。但是总利润近2万亿美元，提高了27%。进入世界500强公司排行榜的128家美国企业的总利润达到7987亿美元，利润增速约30%，这意味着财富向资本所有者集中。美国的基尼系数从2011年的0.45升至2021年0.48，远远超过0.382这道收入分配差距的警戒线。③

对于网络化导致两极分化的因素，经济学家舍温·罗森的解释是，在很多市场中，在选择一种产品与服务时，购买者会倾向于选择最佳品质的产品与服务。在传统社会，由于购买者信息有限以及运输成本影响，最佳卖主只能满足全球市场的一小部分，这样其他卖主仍然可以拥有自己的市场。但是在数字化时代，最佳卖主的一种产品或服务（例如一本小说、一

① ［美］亚瑟·奥沙利文，史蒂文·谢弗林，斯蒂芬·佩雷斯. 经济学究竟是什么［M］. 宋迎昌，翟文，译. 北京：九州出版社，2021.

② 黄津孚. 智能互联时代的企业经营环境［J］. 当代经理人，2020（4）：8.

③ 卢进勇，杨国亮，杨立强. 中外跨国公司发展史（上卷）［M］. 北京：对外经济贸易大学出版社，2016.

张唱片、一个软件）能够廉价地复制和传输，那么其他卖主就几乎"没有戏"了。在数字化时代，还出现了赢家通吃的现象，导致收入差距的扩大。例如市场上出现了许多交通导航类应用程序，但是谷歌只选中 Wsze，后者得到了 10 亿美元，其他开发商收入就无法与之比较了。

3.4.3　社会领域

复杂系统的突变现象、相互干扰，要素流动性增强、系统快速变化。复杂系统改变了人们的思维方式，复杂系统科学的认识论不仅要求人们用整体的观点来看待世界，更重要的是要求人们用整体的方法来处理问题。

（1）信息过度消费。智能互联的结果是信息爆炸，呈现在人们面前的是不断增加的知识、令人眼花缭乱的消息、无所适从的海量数据，民间百科提供的各种知识常常并不严谨甚至相互矛盾。一方面人们为跟不上这种节奏而感到紧张、焦虑；另一方面电脑控、手机控、游戏控成为当今社会不可忽视的问题，碎片化的信息、数据与知识使人们在获取享受信息方面浪费了大量时间。从年轻人到老年人，越来越多的人迷恋虚拟社会的网络社交，导致家庭关系、亲友关系、同事关系等社会关系越来越疏远。

（2）真相与谎言的矛盾。有了互联网，"不透风的墙"更难存在，因而人们有更多的机会了解事实的真相。然而，谁都可以轻易发布消息，网络新闻与谣言便难以辨识。文化互联可能导致信仰危机，资金互联使人很容易上当受骗。

数据的真实性、即时性、系统性、完整性是大数据发挥价值的基础。然而，社会上存在贪多、作假等不良倾向。电商平台上的数据、影视统计数据的真实性实在令人生疑。有的商家花钱雇佣水军刷屏、伪造购买记录、伪造消费者评价已经是公开的秘密。这种虚假的客户好评让消费者难以决策，而利用这样的大数据去搞精准营销，效果可想而知。

（3）民主与社会稳定的矛盾。互联网作为信息时代关键技术，为人们的思想交流提供了一个前所未有的自由平台。不像报纸、广播、电视等传统媒介是单向的信息传播，互联网是一个可以信息互动的双向甚至多向的交流平台，具有广泛性、匿名性以及互动性。互联网信息的公共性、匿名性、便捷性等特点让不受控制的网络暴力、网络谣言等问题日益凸显。由于网民不能准确判断自我言论的界限，自以为是地出于正义和社会道德行使所谓的"言论自由"权利，导致恶劣的网络暴力现象频繁产生。有些人还将这种伤害行为从虚拟网络转移到现实社会中，"人肉搜索"个人隐私、恶意中伤他人导致严重的后果。互联网的"言论自由"使得虚假信息越发猖狂，加上别有用心的人的炒作，致使虚假信息在更大范围内传播，对现实世界中的风俗与道德秩序造成了严重破坏。社会稳定需要共同的价值观，需要对形势的乐观认识和对制度的长期认同。互联网上的信息督察不可缺少，但政府对舆论的管制需要把握好一个度。

（4）智能工具代替人力，就业、专业、学习压力剧增。智能工具帮助人工减轻工作量，作出更为科学的决策，让客户沟通、智能服务、运营管理和商业决策变得更流畅、更科学，智能工具的出现减少了生产性岗位，人工智能客服可以代替90％的人工客服，学习机器人的出现加快了智能工具代替人力的趋势。

美国劳工统计局（*Bureau of Labour Statistics*）的数据表明，自2007年以来，美国管理者岗位增加38.7万个，办公室职员岗位则减少近200万个，新技术取代了办公室员工，让美国中产阶级陷入更深的危机。例如簿记员、出纳员、数据录入员、档案管理员、打字员、零售收银员等职位数量一直下滑。另外，2011～2012年，美国应用和系统领域的软件开发岗位增加了5.5％。数据库、网络和计算机系统管理员的就业岗位增加了2.6％。但是在申请这些职位的时候，需要跟上行业的发展速度，要有足够的竞争力。①

被誉为"人工智能领域的爱因斯坦"的美国犹他州州立大学计算机系教授雨果·德·加里斯介绍说，人脑的转换能力是10的16次方/秒，随着人工智能机器人的发展，其运算速度可以高达10的40次方/秒，甚至更高。拿机器人的学习能力作比较，一个正常人修完研究生课程需要4年，一个人工大脑4秒钟就能完成。在科学研究方面，2003年人类第一次破译人体基因密码的时候，多国科学家辛苦工作了10年才完成了30亿对碱基对的排列，如今世界范围内的基因仪15分钟就可以完成同样的工作。在工程方面，技术人员可以借助设计计算软件、工艺规程软件、生产加工中心、模拟试验系统等高效完成新产品的开发，乃至完成3D打印；在管理方面，油田可以通过商务智能系统，根据国际市场的油价变化，以及每口井的地质条件，自动调节油气开采速度，以保证最佳的投入产出效果。②

由于智能工具可以克服人类在脑容量、专业知识、生理节律、心理波

---

① 黄津孚，张小红．企业管理发展阶段研究——正从系统化时期进入智能化时期［J］．首都经济贸易大学学报，2014（1）：7.

② 黄津孚．论智能化的机制与战略任务［J］．企业经济，2013，32（11）：5.

动、自然寿命、计算速度等方面的生理心理局限，高效高质量完成人们以往难以想象的工作任务，因而引起各国科学家、工程师、企业家以及各方面有识之士的重视。

3.4.4　技术领域

（1）智能互联遇到了人才瓶颈。2017 年，职场社交平台领英发布的《全球 AI 领域人才报告》指出，在过去的 3 年里，与人工智能相关的岗位需求增长了近 8 倍，供给与需求之间的差距在不断拉大，无论是 AI 的技术层还是应用层均呈现出显著的人才缺口。2020 年，全球 AI 领域人才招聘数量继续增长。近 5 年来，巴西、印度、加拿大、新加坡、南非是新增岗位中 AI 岗位占比增长最快的前 5 个国家，如巴西 5 年内 AI 职位占比增加了 3 倍多，中国增速相对较慢，仅为 1.3 倍。当前 AI 人才供求比已达到 1∶10，缺口达 500 万人，供需严重失衡，导致薪资水涨船高。① 近年来与 AI 相关的大学应届毕业生年薪可达 50 万~80 万元。为吸引精英人才，给出百万年薪的民企也不在少数。

（2）信息服务与网络安全的矛盾。为了更好地为消费者提供个性化服务，例如有针对性地推销商品，厂商就必然要千方百计地收集消费者的个人性别、年龄、身份证号、家庭住址、地理位置、购物偏好、联系方式、IP地址等信息，这就涉及个人隐私的数据被频繁买卖，人们遭到日益猖獗的信息骚扰，个人或家庭面临人身、财产风险。企业信息的公开也会无意中泄露商业机密，国家机关公共数据处理不当可能危及组织乃至国家安全。

集中化的互联网意味着一些中心基础设施遇到问题，服务器宕机，人们将无法访问关键功能，如果这些中心设施被黑客攻击，用户的数据就会被大规模泄露，甚至网络系统都会瘫痪。思科（Cisco）在发布的报告中称，网络攻击数量逐年上升。制药、矿业和电子工业等知识产权密集的行业成为网络罪犯的目标。技术含量较高的攻击出现了"前所未有的增长"。2021 年，思科发布了《中小企业网络安全：亚太区企业为数字化防御做准备》调查报告。报告显示，亚太区有 56%、中国区有 42% 的中小企业在过去 12 个月遭到网络攻击，其中 75% 的中小企业客户信息落入网络攻击者手中。

在中国，很多人在网络空间并不太注意自己个人信息的保护，网络安全意识不足，缺乏辨别能力。网络社群虚拟空间不是没有规则和制度约

---

① 程晓光. 全球人工智能发展现状、挑战及对中国的建议［J］. 全球科技经济瞭望，2022（1）：64 - 70.

束；同时，网络信息核心技术和关键设备依赖他国，与日益增长的网络安全需求相比，网络安全的人才储备较为稀缺。统计数据显示，2017年我国网络安全人才的缺口已达到70万人以上。在全国1200多所理工院校里，仅有126所高校设立了143个网络安全相关专业，年均招生数在1万人左右，距离每年1.5万人的需求速度仍存在巨大差距。①

3.4.5 生态领域

（1）新的环保课题。科技进步的加快导致电子产品垃圾急剧增加，其中有些垃圾严重污染环境；一个数据中心动辄几十万台电子设备，巨量的数据处理设备耗电量惊人，产生大量的温室气体排放，冷却设备又消耗大量的水资源。2020年全国数据中心共耗电2 045亿千瓦时。根据Gartner数据，2021年全球数据中心系统支出2 191亿美元。2015～2021年全球数据中心建设速度整体呈增长趋势。截至2021年底，我国数据中心机架规模已突破500万架，近5年年均增速逾30%，是全球平均增速的2.3倍，数据中心行业规模已经超过2 000亿元。②

（2）"美国优先"战略正在撕裂全球产业生态网络。在20世纪末21世纪初，深度全球化已经形成了世界各国你中有我、我中有你的产业生态网络。美国为了遏制中国在智能互联浪潮中崛起，实施了一系列"美国优先"的霸权主义行动，包括制造贸易摩擦以及打"科技战""人才战""金融战"，甚至退出巴黎气候协定等，正在撕裂涉及全球经济发展的产业生态网络，导致各国难以挽回的巨大损失。

（3）超级智能可能颠覆人类社会的结构。著名物理学家霍金曾多次提出警告，AI的无节制发展终将威胁人类命运，例如，基因编辑技术可能被用于生物武器的研发和应用。如果超级智能可以取代人类完成各种任务，那么人类存在的意义是什么？在人工智能的驱动下，人类自身的生存从未像今天这样面临自我毁灭之风险，人类创造的自主武器系统正在取代人本身成为生杀予夺的决策中心，基于机器算法逻辑的自动搜索与自主攻击正在颠覆传统战争理念，未来机器人战争将会拯救更多的士兵生命还是会伤害更多的无辜平民，目前已成新军事革命和国际人道主义规范重塑的前瞻性话题。

这些机遇和挑战正是管理变革要解决、管理学要回答的问题。

---

① 陈宁. 网络安全人才数量缺口高达70万［N］. 劳动报，2019 – 10 – 22（1）.
② 王海梅. 换道超车 迈向数字经济新时代［M］. 南京：江苏人民出版社，2023.

第4章　智能互联时代的管理对象

管理变革的起因大多是管理环境发生了变化，或者管理对象发生了改变，或者管理对象存在缺陷。管理变革针对的也主要是管理对象。然而，现有管理对象的研究相对薄弱，因而，深入研究智能互联时代的管理变革，不得不从管理对象的研究开始。

4.1　管理对象的不同认识

4.1.1　主流管理学对管理对象的界定

管理学是一门年轻的、尚不成熟的学科，各个层次还有许多问题值得研究。有学者认为管理的元问题包括：管理的本质、管理学的理论性质、管理学的研究方法论。[①] 这些元问题必然涉及管理对象是什么？为什么要研究管理对象？怎样认识管理对象？再进一步，管理对象是一个组织还是一个开放的系统？组织边界在哪里？管理对象研究仅限于组织内部，还是跨组织的？管理学的研究对象仅仅是企业吗？企业作为管理对象是简单一元的，还是复杂多元的？是经济的、社会的、生态的，还是复合的？管理对象是被动的，还是对称互动、相互制衡的？这些都是有待管理学界深入研究的基本问题。

总体来看，20世纪管理学界的主流对管理对象的认识，有三个显著特点：（1）管理对象定位于有组织的管理活动；（2）重点研究组织中的人，因而管理对象聚焦于人；（3）管理环境被严格排除在管理对象之外。

---

① 吕力. 管理学的元问题与管理哲学——也谈《出路与展望：直面中国管理实践》的逻辑瑕疵［J］. 管理学报，2011，8（4）：517-519.

4.1.1.1 管理对象定位于管理活动

管理学的奠基人之一、法国大工业家法约尔最早区分了企业经营的六项基本活动，界定了经营和管理的关系。他把企业的全部活动分为六类，即技术活动（生产、制造、加工）、商业活动（购买、销售、交换）、财务活动（筹集资金、运用资金、利润分配）、安全活动（保护财产安全、人员安全）、会计活动（财产清点、资产负债表、成本、统计等）和管理活动（计划、组织、指挥、协调和控制）。①

学界对管理对象认识并不一致。管理学界的主流（如孔茨、罗宾斯、明茨伯格等）认为管理对象是"管理活动"；但是达夫特、巴纳德、德鲁克等认为管理对象是"组织"，实际将企业六类活动都纳入管理对象；有的学者如麦格雷格、唐纳利等认为管理对象是"组织中的人"。

肯定法约尔观点的学者谭力文（2010）认为："法约尔的界定（区分六类活动、五项职能）很少受到质疑。管理学的边界应在'管理活动'之内，管理活动是关于组织、目标、人、协调、效率、效果的研究，战略、领导、人力资源、组织行为、创新是管理学边界内的子领域，而金融、财务、会计、营销等子领域则明显不应在管理学场域之内。"②"该理论从本质属性和职能过程来讨论管理的内涵，内容丰富，影响深远，在学校教育和企业培训中应用广泛，给了管理学科入门者和资深实践者以生动的职业体验。"③

国内有些学者如上海交通大学的周组城认为，管理对象不等于管理活动，法约尔提及的人财物等组织资源、六项活动都是管理对象，因而巴纳德、德鲁克将其纳入研究视野并非扩大管理场域；组织、组织中的人与管理活动是统一的。④

笔者认为，法约尔将管理对象限定在管理活动，可能是基于六项经营活动需要不同的知识、需要不同的人员来担任。因而提出了以下要求。

（1）将专业性工作与事务性工作分开。在当时条件下，一般认为技术活动、会计活动、管理活动需要专业性知识，而其他活动属于事务性工作。专业性工作需要专业人士承担，因而法约尔呼吁发展商业教育，培养

① ［法］法约尔. 工业管理与一般管理［M］. 周安华，译. 北京：中国社会科学出版社，1982：1 - 2.

② 本刊特约评论员. 再问管理学——"管理学在中国"质疑［J］. 管理学报，2013，10（4）：469.

③ 张佳良，刘军. 法约尔与一般管理理论［J］. 管理学报，2016，11（6）：23 - 24.

④ 齐善鸿，李亮，张党珠. 从哲学的视角审视管理的本质——对《再问管理学——"管理学在中国"质疑》的回应［J］. 管理学报，2015，12（6）：781 - 788，822.

商业、财务和管理人才。

（2）将关于人、财、物的管理分开。人、财、物的管理分属不同的业务，具有不同的特点和规律，管理主要解决人的问题，会计主要解决财务问题，技术主要解决物的问题。

（3）将管理工作与技术工作分开。企业中技术工作的地位较早得到确立，100 年前管理的专业性和重要性尚未得到社会认可，经常要求工程师负责管理工作。法约尔把管理工作的地位提高到前所未有的高度。他在著作中分析了不同级别人员所需要的六项技能，认为部门经理及以上的人员管理技能比技术技能更重要，在大企业总经理一级，管理技能和技术技能的要求甚至达到60% 与10% 的比例，但是小型企业领导人，以及大型企业基层管理人员的技术能力还是最重要的。[①]

4.1.1.2 管理对象聚焦于人

"管理指的是协调和监管他人的工作活动从而使他们有效率、有效果地完成工作。"[②]"管理是社会组织中，为了实现预期的目标，以人为中心进行的协调活动。"[③] 社会中的任何组织都是由人组成的，管理的基本职能就是把组织中具有分工协作关系的人（组织成员）协同起来以达成分散的个人所达不到的目标。所谓管理的职能，无论是计划、组织、领导、指挥或控制，其直接对象都是"活生生"的人即组织成员，管理者（本身也是"人"）通过激发他们的能动性、积极性和创造性，在他们之间建立起合理的分工和协作关系，去实现组织的特定目标。因此，管理实际面对的不是什么"资源"，而是"人"，即现实的、活生生的、有情有感的、主体和群体意义上的人。[④] 管理研究的核心内容是对构成组织的基本要素——人进行分析与探讨。[⑤]

这样一来，管理学的研究就将人的研究视同于组织的研究，有了关于人的研究，例如组织行为学的研究，就不再单独对组织本身进行研究（作

① ［法］H. 法约尔. 工业管理与一般管理［M］. 周安华，等译. 北京：中国社会科学出版社，1982：9 - 13.

② ［美］斯蒂芬·P. 罗宾斯，玛丽·库尔特. 管理学［M］. 11 版. 李原，孙健敏，黄小勇，译. 北京：中国人民大学出版社，2012：8 - 9.

③ 周三多，陈传明，鲁明泓. 管理学——原理与方法［M］. 3 版. 上海：复旦大学出版社，1999：10 - 11.

④ 李宝元. 回归人本管理——百年管理史从"科学"到"人文"的发展趋势［J］. 郑州航空工业管理学院学报，2006，24（5）：90 - 94.

⑤ 曹祖毅，尹真真，谭力文. 回顾与展望：直面中国管理实践——基于"中国·实践·管理"论坛的探讨［J］. 管理学报，2015，12（3）：322.

为管理职能的组织是管理活动，而不是组织系统，尽管在组织职能研究中，也讨论组织模式，但是法约尔的组织概念是包括所有资源的系统①）。

4.1.1.3　管理环境排除在管理对象之外

我们从上面引述的观点不难推出：传统管理学的管理边界是清晰的、明确的，那就是管理者所在的组织。组织的边界就是管理的边界。罗宾斯指出，所有组织的共同特征是明确的目标、组成的人员、精细的结构。②因而组织的边界就是目标的边界、人员的边界、隶属机构。实际就是人、物、事权的边界，人员的归属、资产的归属、目标与任务的归属。超出边界的部分就是所谓环境。③"'外部环境'这个术语指的是组织之外能够对该组织的绩效产生影响的因素和力量"④。管理学通常以 PEST 模型（包括政治与法律环境、经济环境、技术环境、人口与社会文化环境）表达组织的环境。

对于组织边界的形成，经济学最常用的解释包括：古典经济学认为企业必须构建成能提供出售商品的分工协作体系；新制度经济学认为企业是交易成本与组织成本的平衡点；用一个长期契约代替多个短期契约。⑤换句话说，组织内部与组织外部具有不同的运行机制，组织外部是市场交易机制，组织内部是行政管理机制。市场机制是短期契约，行政管理机制是长期契约。

从系统理论解释，边界是物质、能量和信息传递的壁垒，或者阻力陡增区。这种壁垒的阻力并非对称。环境与组织虽然相互影响，但双向具有非对称性。环境影响组织的力量大，而组织影响环境的力量小。组织及其边界可根据管理可控性大小区分。组织内部由于存在产权关系而相对可控，组织外部环境很难控制或不可控。

---

① ［法］H. 法约尔. 工业管理与一般管理［M］. 周安华，等译. 北京：中国社会科学出版社，1982：61－62.

② ［美］斯蒂芬·P. 罗宾斯，玛丽·库尔特. 管理学［M］. 11 版. 李原，孙健敏，黄小勇，译. 北京：中国人民大学出版社，2012：7.

③ 有些学者并不区分组织和环境。例如哈罗德·孔茨认为："管理就是设计并保持一种良好的环境，使人在群体里高效率地完成既定目标的过程。"孔茨在这里所说的环境显然也包括组织。参见［美］哈罗德·孔茨，海因茨·韦里克. 管理学［M］. 10 版. 张晓君，译. 北京：经济科学出版社，1998：2；邢以群认为："一个组织的绩效受到各种因素的影响。组织环境就是指存在于一个组织内部和外部的影响组织业绩的各种力量和条件因素的总和。在这里，环境不仅包括组织外部环境，也包括组织内部环境。"参见邢以群. 管理学［M］. 4 版. 杭州：浙江大学出版社，2016：23.

④ ［美］斯蒂芬·P. 罗宾斯，玛丽·库尔特. 管理学［M］. 11 版. 李原，孙健敏，黄小勇，译. 北京：中国人民大学出版社，2012：43.

⑤ 郑海航. 企业改革论［M］. 北京：经济管理出版社，2014：43－48.

4.1.2 失败率高企需要重视管理对象

从创业的成功率、企业的寿命、运营企业的难度来看，高企不下的管理失败记录要求人们重视管理对象的研究。

4.1.2.1 创业成功率很低

创业者、政治家们、优秀 MBA、制片人、足球教练、大学校长、家长们一开始总是踌躇满志，设想通过自己的管理改变世界、创造纪录，或者望子成龙，建功立业。但是管理对象的复杂性常常超出个人想象，管理活动的成功率常常让人失望。

为了加快经济的转型升级，在政府的号召下，中国掀起了大众创业、万众创新的热潮。据中国青年报社会调查中心调查，"90后"对自主创业充满热情，他们把管理对象想得比较简单，由于受到创业者的鼓舞，就跃跃欲试，以为只要有创意、激情和资本，就可以收获成功。调查结果显示，"90后"考虑过创业的高达49.7%，高于"80后"的27.1%和"70后"的23.5%。在校大学生甚至有40.1%考虑选择休学创业；"90后"创业选择最高的行业是科技与互联网（35.7%）以及餐饮领域（30.1%）。然而社会上有61.2%的被访者并不看好"90后"创业，他们创业成功率实在太低，仅为2%~5%。在投资人眼中，年轻创业者容易遇到的问题包括缺乏长远考虑、缺乏管理经验等（见表4-1），他们能够获得天使投资创业基金的仅有21.3%，其创业的资金主要依靠父母提供（人数占58.1%），被人们戏称为替父母"烧钱"。①

表4-1　　　　　　投资人对于年轻创业者的担心（单选）

问题	缺乏长远考虑	缺乏管理经验	盲目跟风行业热点	缺乏规避风险意识	其他
占比（%）	33.5	22.7	19.2	12.6	7

据年轻盟调查报告可知，"90后"创业动机具有急功近利和不受约束的特点，50.3%的受访者选择"希望发家致富"，不过也有41.8%是"因为喜欢尝试新事物"；"90后"创业的直接原因第一位是"不喜欢被管理"，说白了就是喜欢自己当老板（见表4-2）。②

---

① 喻国明，杨雅. 中国青年发展报告（2018－2019）［M］. 北京：光明日报出版社，2022.

② 郝孟佳. "90后"大学生对休学创业兴趣不高［EB/OL］.（2015－03－16）. http://edu. people. com. cn/n/2015/0316/c1053－26698869. html.

表4-2			"90后"创业的直接动因（多选）			
原因	不喜欢做被管理者	掌握资源后易冲动	不喜欢正在做的工作	将爱好混同于市场需求	迫于赚钱压力	家庭等方面负担较小
占比（%）	46.5	38.6	38.3	36.5	16.8	26.1

有关研究表明，创业者年龄主要集中在25～35岁之间，占比达到75%。① 即便是在所谓不缺投资的"朝阳产业"，成功率也并不高，据业内人士称，中国80%以上的影视剧都是亏损的。

创新创造创意价值，变成事业需要经验和智慧。1992年出生的陈安妮于2016年创立"快看漫画"App，成功策划了《对不起，我只过1%的生活》微博营销，在不到24个小时内，微博转发量达到42万，快看漫画转载量突破30万。不久，快看漫画被指责未经原作者同意刊登他人原创漫画，在道歉中，陈安妮不时提到"疏忽、缺乏经验"等言辞。②

一位从德国回来的很有成就的工程师攒了一笔数额不小的资金，看到未来机器人的巨大市场前景，决定自己创业，原以为只要懂技术就行，结果先后投进去5000多万元，却一直没有成功，最后连维持自己生活都感到困难。③

4.1.2.2　企业平均寿命不长

哪个经营者不想让自己的企业长寿，然而冷酷的现实却是，能够持续经营几十年的企业比例不高，更不用说百年老店了。据美国《财富》杂志报道，美国大约62%的企业寿命不超过5年，高新科技产业只有10%活过5年，大企业平均不足40年，世界500强企业平均寿命为40～42年，1000强企业平均寿命为30年。④

不要说初创的小微企业，即便是人才济济的大企业，曾经显赫于世的跨国公司，从百年老店柯达、GM，到步入中年的诺基亚、摩托罗拉，再到雅虎，近些年申请破产保护，甚至无奈被人"吃"掉了。美国著名投行雷曼兄弟公司大量涉足不熟悉的住宅抵押债券和商业地产债券业务，于2008年金融危机中破产。1967年由金宇中创建的大宇集团，从劳动密集型产品的生产和出口起家，不到20年时间就发展为韩国重化工业翘楚。此时经营者头脑发热，盲目扩张，经营范围一度包括外贸、造船、重型装

① 马鸣萧. 创业者与创业企业战略管理 [M]. 西安：西安电子科技大学出版, 2017.
② 木子. "快看漫画"创始人陈安妮：我只过%的生活 [J]. 青少年与法, 2015.
③ 钱伟. 创业者为何一代比一代浮躁与功利 [N]. 电脑报, 2018-01-15 (03).
④ 储利民，徐艳梅，陈昭力. 组织生态视角下的产业变迁与企业成长 [J]. 商业时代, 2006 (23)：78-80.

备、汽车、电子、通信、建筑、化工、金融等，资产总额达到 650 亿美元，然而其背后是高额的债务。在亚洲金融危机冲击下，经营不善、资不抵债的大宇集团终于在 1999 年宣告破产。①

4.1.2.3　运营大企业何其难

成立于 1951 年的日本东京电力公司（以下简称东京电力）是集发电、输电和配电于一体的大型电力企业，总装机容量达 5 884 万千瓦，承担了日本近 1/6 的电力供应份额，是日本收入最高的电力公司，也是全球最大的民营核电商，工作人员有 5.2 万人。2011 年 3 月 11 日，日本本州岛海域发生地震和海啸，东京电力因处理核电站核泄漏事故不力，被判巨额赔偿而破产。②

1977～2007 年，该公司总计在 199 次核电站定期检查中，存在篡改数据、隐瞒安全隐患行为。此外，东京电力还隐瞒了多次核电站事故，没有按规定上报。2000 年 7 月和 11 月，原日本通产省资源能源厅就收到了来自东京电力内部的两起举报。内容是自 1987 年至 1995 年，东京电力在对其拥有的核电厂进行维修和检查的过程中，曾发现了一些反应堆管道有裂痕和其他结构损坏的情况，但该公司未根据有关法律规定向核安全管理当局报告，也未进行及时检修。为了节约成本，东京电力在发生严重事故前一直使用多年前已到报废期限的核能电站，3·11 地震后，东京电力迟迟不肯将海水注入该核电站，就是因为害怕注入海水后的该核电站会立即报废，结果导致严重后果。

经营者不一定是人工智能的专家，但需要从社会影响方面思考。人工智能到底能够给这个社会在未来，比如说五年到十五年的过程中，带来什么样的改变，哪些领域会因为人工智能技术而改变，哪些人工智能的技术到什么时候会变成一个什么样的状态，会进入一个实用的状态，还是进入一个不可控的状态。再比如说生物基因工程，你要去改变人的基因，会不会带来不可预知的后果，这个问题涉及价值观和伦理的问题。

4.1.2.4　各界管理都不易

管理失败或受挫，是环境的关系，还是管理者无法掌控管理对象呢？笔者认为，管理效果在很大程度上取决于管理者对管理对象的认知。《孙子·谋攻篇》指出："知彼知己，百战不殆；不知彼而知己，一胜一负；

①　韩国经济发展研究课题组. 韩国经济发展论（上册）［M］. 北京：社会科学文献出版社，1995.

②　廖海霞. 试论环境成本投入与企业可持续发展——基于日本核危机的回顾与反思［J］. 财会通讯：综合（中），2012（7）：3.

不知彼，知己，每战必殆。"① 因此，管理的成败在很大程度上取决于管理者对管理对象的认知和对管理对象的掌控能力。

4.1.3　管理实践需要新的视角

在智能互联时代，组织边界更加开放，人员"跨界"服务更加普遍，技术决策和管理决策更加纠缠，交易成本与组织成本发生很大变化，企业行为更加社会化，引发管理界的新思考：是否需要重新认识管理的对象、重新认识管理者与管理对象的关系、重新认识管理对象与管理环境的关系。

4.1.3.1　必须区分管理学对象与管理对象的概念

管理学的研究对象与管理实践的对象不是完全一致的。管理学界的一些争议常常因此而发生。

管理的对象是指管理实践的对象，是管理者必须把控的一个系统，是必须解决的一系列管理问题。它是一个客观存在，不在乎人们用什么视角观察和研究；管理学的对象是管理学界用相互约定的科学范式研究的管理现象，具有主观性。

人类实践对象和科学研究对象从来就具有差距。实践一般是跨学科的，可以是多学科的研究对象，例如，社会变革可以是管理学、政治学、经济学、历史学等学科共同的研究对象；战略是工商管理学、军事学的共同研究对象；营销是消费心理学、微观经济学、管理学的共同研究对象；人力资源管理是管理学、劳动经济学的共同研究对象；等等。但科学研究为了深入探索规律，只能限定事物某个方面的性质和运动。

实践发展与科学发展不一定同步，两者是相互影响和相互促进的关系。通常情况下是实践先于科学研究，例如医学的形成至少落后于疾病诊治实践千百年；但也有科学研究领先于实践的，例如量子物理学的发展领先于量子通信实践。

理论工作者先要为实践服务，不应拘泥于学科的界限；科学理论也不必死守传统，应该适时向前发展。科学随实践发展，科学研究对象会随着实践的发展而发展，例如传统医学的实践对象通常是指具有生命体征的人，是疾病的诊治。以后，医学的学科对象逐步发展，法医将已无生命体征的人体纳入研究对象、兽医的实践对象则是动物。早期医学主要研究人身心疾病的诊治，后来发展到预防研究、社会干预与伦理的研究，研究领

---

① 王建民. 孙子兵法谋攻篇 [M]. 北京：中国文史出版社，2005.

域不断扩大。

4.1.3.2 管理实践挑战传统管理学对象理论

（1）管理活动与技术活动、商业活动的深度交融。企业的经营活动可以归纳为技术活动、商业活动、公共关系活动和管理活动。[①]

①技术活动。技术活动是指企业从事的研究开发、设计、生产设施布局、生产加工、货品管理、账务和信息处理等活动。其共同特点是均属于处理物品和信息的活动，工作对象没有生命、完全处于被动从属地位。这类活动的成效取决于人们对自然科学和工程技术规律的掌握程度。

②商业活动。商业活动包括采购原辅材料、设备及其配件，或经营所需产成品；包括直接或间接融资，以及销售和收款。这些活动的共同特点是工作者交互活动的对象是企业外部不同的利益主体，它们处于与工作者相互合作、平等竞争地位，只能通过谈判完成交易。这类活动的成效不仅取决于对社会技术经济规律和法律的掌握，而且取决于人们对对方心理的把握和博弈技巧。

③公共关系活动。创办企业需要完成的注册登记、经营过程中需要完成的税务、政府要求的信息统计上报、为改善形象而向公众发布信息、为改善生存环境与社会各方面的日常沟通来往等，可统称为公共关系活动。这些活动的共同特点是工作者交互活动的对象是组织内外利益相关者，但是活动本身不具有交易性质。这类活动的成效既取决于工作者对社会经济规律、法律的掌握，也取决于企业的社会资产状况。

④管理活动。企业创办与经营需要完成市场预测、商业策划、人员招聘、组织、培训指导、激励监督、质量控制、销售收入的分配等任务，这些活动的共同特点是工作者涉及的是企业内部关系，可以利用手中的权力指挥员工。其工作成效既取决于对社会经济规律、法律的掌握，更取决于人文技能的水平。

随着智能互联对人类社会的加速渗透，管理与技术相互融合也日益加深。管理技术化倾向明显。当今世界，企业要想在业内长期立足，就必须用智能互联技术武装管理，包括大数据应用、产品设计及工艺辅助系统、ERP、集成化管理平台、精细化绩效考核及薪酬管理、精准营销技术、内外上下的协调通道、智能化风险控制体系，如此等等。信息化过程中，一些企业以技术部门为核心，结果效果不佳。实践证明，信息化必须由高层

---

① 黄津孚. 现代企业管理原理 [M]. 6 版. 北京：首都经济贸易大学出版社，2011：15 - 16.

领导统帅，以运营管理部门为核心，技术部门配合才能取得较好效果。

在科技进步日新月异的今天，对相关行业技术缺乏了解的任何人，都难以成为出色的管理者；对产业缺乏技术发展趋势洞见的人也难以成为一个成功的企业家。纵观近二三十年来创造奇迹的企业，从中国的华为、海尔、联想、阿里、百度、腾讯、小米，到美国的苹果、谷歌、脸书、亚马逊等，谁能说清楚是管理还是技术发挥了关键作用呢？统计一下这些企业的"掌门人"和高层领导，看看他们的知识背景也许就能证明笔者的判断。

（2）智能工具加入与管理者互动的队伍。传统管理学将管理对象聚焦于人，是因为管理产生于集体活动，集体活动的目标要依靠人的努力完成。人是生产力中最重要的因素，又是唯一能够与管理者互动的、最复杂的对象。

进入智能互联时代，智能设备可以完成原来只能由人完成的工作，甚至取代原来的管理职能。

据报道，全球最大的手机代工商富士康已在中国的工厂部署了 4 万台机器人，装备郑州、成都、昆山和嘉山的生产基地，仅在昆山工厂，富士康就已削减 6 万名员工。[①] 广东东莞长安镇诞生了当地首个无人工厂：每天 60 台机器手正日夜无休地打磨一个个手机中框结构件。它们被分成 10 条生产线，每条生产线由一条自动传送带上下料，这个过程不再需要任何操作工，每条线只有 3 名员工负责看线和检查。以前整个工厂需要 650 个人，现在生产相同的东西，只要 60 个人。[②]

在白领阶层，由机器人负责律师事务、选股业务，担任销售指导、医疗助理的报道屡见报端。

百度开发的语音识别系统可以帮助新入职的销售人员获取最佳实践经验。员工哪怕是第一天上班，在接听客户电话时，客户问一个问题，语音识别系统可以实时把客户的问题识别出来，并立即告知最优秀销售员的答复，员工只要看着念就行了。

在多数情况下，疑难危重症表现为全身性疾病。在常规的治疗模式下，患者通常一次只能得到一个科室的专家建议。而病情相对复杂的患者必须得到更加综合全面的评估，往往需要辗转多个科室或多家医院，

---

① 成素梅．人工智能的哲学问题［M］．上海：上海人民出版社，2019.
② 刁生富，程文，吴选红．智能＋与制造业转型研究［M］．广州：中山大学出版社，2023.

不得不经历重复检查和多次诊断。① 由 IBM 开发，并与美国癌症治疗领域的权威医院——纪念斯隆—凯特琳癌症中心共同"训练"出来的机器人沃森医生，在短短 2 个小时内，协助肿瘤专家为 20 多位患有胃癌、肺癌、直肠癌、结肠癌、乳腺癌和宫颈癌的患者提供了诊疗方案。② 与人类医生相比，沃森医生的诊疗效率令人惊叹。有了沃森医生的协助，人类医生的诊疗能力得到巨大提升。管理者不仅要继续直面自然人，还必须直面与智能设备的互动。

（3）管理边界日益模糊。智能互联对交易成本和组织成本产生了很大影响，事权、人权和产权由独享变成共享。许多企业通过智能互联技术解决比价、定价和经济核算难题，降低了交易成本，在组织内部采用市场机制，例如海尔的自主经营体制，以短期契约取代长期契约；与此同时，企业之间为应对市场的不确定，通过战略合作协议，将短期交易伙伴转变为长期契约关系。供应链节点企业共享资源。平台企业只求所用，不求所有。

在组织形成机制的作用下，组织边界模糊是必然的。具体表现包括三个方面。

（1）管理目标成为利益相关者的共同目标。例如在传统的战略模型中，消费者、供应商与企业是相互竞争的利益主体。在智能互联时代，价值链将它们结合在一起，共商改进产品、增加附加值的大计。尤其是平台型组织，例如阿里巴巴的管理目标与淘宝网上众多合法经营商户的目标是一致的，就是提升平台品牌价值，促进共同发展；在传统的产权关系下，出资人与雇员常常是相互竞争的利益主体，在智能互联时代，员工持股日益流行，企业渐渐变成所有企业成员的命运共同体。

（2）员工身份具有更大流动性。由于优秀人才短缺和网络化的便利，专业人才常常采用灵活用工、多点执业方式同时具有多个组织成员的身份。组织与其成员的关系由隶属关系变成伙伴关系。

（3）组织影响及管理权力外溢。企业对外部环境的干预、控制作用越来越大。管理的边界，有的是清楚的，例如国界、行政区划、家庭等。它们往往是义务和权力涉及的范围。具体到企业，从经济学角度来看，边际成本学说支持了行政机制的范围。但是，在智能互联时代，智能化、网络化改变了管理成本的边际，组织权力开始相互交叉和渗透；内部活动与外

① 胡春艳. 沃森医生来了！[N]. 中国青年报，2017 - 02 - 10.
② 王天一. 人工智能革命：历史、当下与未来 [M]. 北京：北京时代华文书局，2017.

部活动不再那么清楚，消费者及供应商参与开发，核心企业参与质量控制和人员培训，供应网链核心企业的环保标准强制推广到相关企业。企业鼓励用户提出需求，厂家利用智能制造系统生产个性化产品；用户在使用过程中可以提出产品改进意见，厂家不断更新软件提高产品性能。①

　　管理实践的以上变化，要求管理学界对管理对象的研究采用新的视角。

4.2　认识管理对象需要新视角

　　系统科学是 20 世纪思维科学最大的一项成就，智能互联是系统科学最辉煌的成果之一。管理学也从系统科学广泛受益。②"系统理论为研究社会组织及其管理提供了新的规范，系统方法有助于分析和综合复杂和动态的环境，它不仅研究系统及其超系统之间的相互作用，分系统之间的相互关系，并且还提出了了解协同的方法。这种概念体系使我们能够研究一个完全处于外界环境系统制约中的组织——个人、小群体动力和大群体现象。"③"不论哪一本管理著作，也不论哪一个从事实务的主管人员，都不应忽视系统方法。"④

　　要深刻理解智能互联背景下的管理对象，唯一的路径就是采用系统科学的原理，从复杂性、开放性和互动性的视角作深入的考察研究⑤。

4.2.1　复杂性视角

　　2000 年，英国著名理论物理学家斯蒂芬·威廉·霍金提出："我认为，下个世纪将是复杂性的世纪。"随着新一轮全球化、X 次科技革命⑥、意识形态融合与纷争、生态压力增大、各层次治理变革，企业的经济、技

　　① 马骏，王晓明. 产品智能化：改善生态环境的重要一步 [J]. 绿叶，2017 (8)：7.

　　② [美] 弗里蒙特·E. 卡斯特，詹姆斯·E. 罗森茨威克. 组织与管理 [M]. 李柱流，等译. 北京：中国社会科学出版社，1985：21 – 22.

　　③ 蔡虎堂，孙红斌. 现代企业管理中的新视野——系统思维在现代企业管理中的运用 [J]. 龙岩学院学报，2004，22 (4)：19 – 22.

　　④ 杨国良. 系统视角下高职校企合作办学耦合度的结构和效应研究 [J]. 教育与职业，2013 (12)：3.

　　⑤ [美] 哈罗德·孔茨，西里尔·奥唐奈，海因茨·韦里克. 管理学 [M]. 10 版. 黄砥石，陶文达，译. 北京：经济科学出版社，1987：29 – 30.

　　⑥ 学术界关于当前的科技革命有第三次、第四次、第五次等不同说法，因而采用 x 次代替.

术、社会、生态和治理活动越来越错综复杂，管理对象的复杂性特征越来越明显。

万物皆系统，根据其复杂性可以分为简单系统与复杂系统两大类。简单系统是指功能单一、结构和联系相对简单的系统，例如一支圆珠笔、一块电子表、一台发动机。复杂系统是指多功能、多目标、结构和联系比较复杂的系统，例如宇宙系统、气象系统、生物系统、人体生理心理系统、国民经济系统等。

简单系统的结构和联系一般具有线性特征，系统的性质和功能通常是各要素之和，因而比较容易分析、综合和掌控。复杂系统的结构和联系呈现非线性、功能的非加和性、非还原性，复杂系统通过分化、协同、振荡等还可形成自适应、自组织行为，一方面难以预测和掌控①，另一方面复杂系统又具有一定的自我修复能力。

作为管理活动的对象，其复杂程度有很大的差异性。例如组织一次春游和管理一个国家，差异之大是惊人的。但是对于多数企业，其系统性质是复杂的。而且随着智能互联时代的到来，作为管理对象的企业似乎越来越复杂。

企业具有多功能、多任务、多目标、多要素、多属性、大数据、多环境、多层次治理等特点，属于典型的复杂系统。

4.2.1.1 企业是多功能、多目标、多任务系统

企业具有五大功能：经济功能、科学技术功能、社会文化功能、生态维护功能、组织治理功能。企业的经济功能包括商品生产、价值增值、解决就业和为公共事业纳税；科学技术功能包括科学研究、推动技术进步，在实行市场经济体制的国家，企业是技术进步的主体；由于现代社会是一个企业化的社会，全社会70%~80%的劳动者在企业就业，因而企业承担着重要的社会文化功能，企业的职业道德对整个社会的道德水平有很大影响；生态维护功能包括对气候、空气、水源、植被、物种等生态的保护，可见对于生态维护的责任重大；企业的组织治理功能包括法律与道德约束、纪律和工作任务约束。

企业是由出资人、员工、经理人、消费者等利益相关者组成的小社会，不同利益主体的目标不全相同。企业面临的目标诉求包括投资者的增值目标、员工的生机及发展目标、管理者的事业成就目标、政府的就业和

---

① 余振苏. 复杂系统学新框架——融合量子与道的知识体系［M］. 北京：科学出版社，2012：13-16.

财政收入目标、消费者买到可心商品和服务的目标、社区福利改善的目标等。上述任何目标的失落，均会引起严重后果。出资人抛售股票、员工抗议、优秀管理人员流失、政府施压、消费者投诉等都是企业难以承受的压力。

工业化中后期，大部分商品供大于求，市场竞争迫使企业从事多品种乃至个性化生产，例如作为一家全球化服饰供应商，青岛红领集团面对全球客户不同民族、不同文化、不同形体的服装需求，历时十余载，才完成囊括设计流行元素的多种版型、工艺、款式、尺寸等海量数据的积累。如今在大数据的支持下，顾客可以在红领平台上进行 DIY 设计，满足超过百万亿种自由搭配组合，个性化设计需求覆盖率达到了 99.9%。[①]

4.2.1.2　多要素、多属性、大数据

大中型企业需要大量异质生产要素支持其经营活动。例如民营钢铁企业沙钢集团，2020 年拥有总资产 1 700 亿元，职工 4 万余名；年生产能力炼铁 2 900 万吨、炼钢 3 500 万吨、轧材 3 300 万吨；主导产品包括宽厚板、热轧卷板、不锈钢热轧和冷轧板、高速线材、大盘卷线材、带肋钢筋、特钢大棒材等 60 多个系列和 700 多个品种近 2 000 个规格。[②]

企业往往跨界经营因而具有多种行业属性，例如阿里巴巴电商业务，涉及天猫超市、阿里健康、盒马鲜生、跨境电商、互联网金融、视频网站、阿里影业、订票网站、高德地图、钉钉软件、饿了么外卖、飞猪旅行、阿里云、阿里妈妈、蜂鸟配送、菜鸟快递等，具有多种行业属性。

企业生产经营活动需要同时也产生大量数据，既是贵重资产，也是安全隐患。

4.2.1.3　多环境、多元价值观、多层次治理

企业受到外界政治法律环境、经济环境、社会文化环境、科技教育环境、自然地理环境的影响和制约。

国内著名管理学专家席酉民认为，当前网络和 UACC（不确定、模糊、复杂、快变）环境对组织结构提出了新挑战，组织生态需要进行网络化改造而产生新型网络化组织，它可以界定为价值导向、愿景驱动、基于网络支撑平台运作的生态系统。[③]

（1）从复杂系统的视角认识管理对象，仅有单一思维不行。企业是一

①　红领破题工业化效率制造个性化产品［N］. 青岛财经日报，2015 – 05 – 15.
②　中国企业联合会. 全国企业管理现代化创新成果［M］. 北京：企业管理出版社，2017.
③　李鹏飞，王磊. 新常态下的管理新挑战——"管理学在中国"2015 年会（第 8 届）述评［J］. 管理学报，2016，13（1）：33.

个由人—物—信息之间相互作用构成的复杂对象，其运动不完全是由其中的人决定的。例如，泰罗搞科学管理运动，就是研究人—机器—工具—物料的相互关系，离开了物，难以理解科学管理运动。超 Y 理论的研究，就是研究人—作业系统的相互关系。管理学家雷恩早在于 1979 年出版的著作中指出，计划活动已从一种高度自觉的、以指挥为中心的概念演变成为以现代工艺技术、复杂的辅助手段和在一个广泛系统中人—机相互作用的更广阔的理解丰富起来的概念。①

（2）从复杂系统的视角认识管理对象，追求单一目标不行。管理者必须学会协调平衡，坚守法律及道德底线。企业要盈利没有错，但是必须承担社会责任。对于百度这家上市公司而言，营收和利润是硬指标，其收入的主要来源就是广告。由于只重视广告投入，百度搜索相关关键词采用了竞价排名，对"莆田系"民营医院承包武警总队二医院对外作虚假宣传缺乏审查，误导患者进行高价无效治疗，该事件引起社会强烈反响，百度一个季度砍掉了 20 亿元的收入。②

（3）从复杂系统的视角认识管理对象，单一的专业知识不足以办理企业。开心网是以程炳皓为首的原新浪技术部的一班工程师创办的，由于开发了亲民的"偷菜游戏"，一度成为人们街头巷尾津津乐道的游戏平台，从中学生到办公室文员，一直到退休的老人一有空就上网玩"偷菜游戏"，但成功的创业公司一定会在快速发展的前夜及时补充管理团队，增加运营、产品、市场、人力资源（HR）等方面的高手，很可惜具有浓厚的工程师文化的开心网却一味追求完美的产品，缺乏战略远见和应变能力，不重视服务，不善于资本运作，结果不到两年就几乎从人们视野里消失了。③

（4）从复杂系统的视角认识管理对象，要求管理者善于学习，依靠团队。要做好多元（多维）管理的思想准备和知识准备，处理经济问题

① ［美］丹尼尔·A. 雷恩. 管理思想的演变［M］. 孙耀君，等译. 北京：中国社会科学出版社，1986：529 – 530. 除了少数几本，如 F. W. 泰勒的《科学管理原理》、H. 法约尔的《工业管理与一般管理》出版于 20 世纪初，大部分出版于 1960～1980 年. 按照其内容，研究管理学原理体系的有：C. J. 巴纳德的《经理人员的职能》、亨利·西斯克的《工业管理与组织》、弗里蒙特·E. 卡斯特/詹姆斯·E. 罗森茨威克的《组织与管理》、亨利·艾伯斯的《现代管理原理》、W. H. 纽曼/C. E. 萨默的《管理过程——概念、行为与实践》、哈罗德·孔茨/西里尔·奥唐奈/海因茨·韦里克的《管理学（第 7 版）》、E. E. 小亚当/R. J. 艾伯特的《生产与经营管理》、彼得·F. 杜拉克的《管理——任务、责任、实践》、M. 韦伯的《社会组织与经济组织理论》、J. G. 马奇/H. A. 西蒙的《组织》、L. 厄威克的《管理备要》等.

② 李彦宏接受央视采访：因医疗事件砍掉 20 亿收入［EB/OL］.（2016 – 09 – 04）. http:// finance. sina. com. cn/china/gncj/2016 – 09 – 04/doc – ifxvqctu6167537. shtml.

③ 纪中展. 开心网败走社交网络：工程师文化害死创业公司［N］. 创业邦，2014 – 02 – 14.

就必须懂一点市场、金融、经济、政策知识，做好应对经济波动的思想准备；处理技术问题，就必须懂一点自然科学、工程或信息工具的知识，做好应对落后技术被淘汰的思想准备；处理人的问题，就必须懂一点心理、社会和政治知识；处理竞争问题，就必须懂一点战略战术知识、法律知识，如此等等。

许多例子说明，尽管可以利用管理团队弥补管理者个人知识的不足，但是管理者经常被推向为不同决策方案必须表态的境地。

4.2.2　开放性视角

要淡化传统的组织边界观念，既要坚持对外开放，又要尝试对内开放。只要是能够为我所用的资源、企业必须分担的任务、能够调动的社会关系，都应纳入管理视野。

系统科学中的耗散结构理论认为，系统有序性取决于系统与外界物质和能量的交换。封闭系统将随着熵增而趋向"死亡"。因而管理必须淡化组织边界概念，坚持开放的原则。

传统的组织边界主要从产权归属、组织成员身份、分工合作的紧密程度确定，实际上是指法律认可的可控范围。在组织内，管理层可以直接确定目标、调度资源、分配任务、监督行为、分配利益，在组织外只能通过契约商定、有偿交易、宣传游说等间接手段为实现目标创造条件。而现代企业的边界日趋模糊，例如从事电子商务的平台型企业，边界就不那么清晰，提供平台服务的企业对入驻企业也负有监管责任。

企业与外界物质、能量、资金的交流决定企业效率。通过企业与外界物质、能量、资金的交流可以互通有无，共享贸易红利。同样的物质资源，加快流动就可以降低占用时间和成本，降低各种损耗，包括技术性折旧。

信息具有更为显著的时效性。信息开放可以发挥外部治理的作用，加强法律和道德监督，减少权力寻租，防止腐败。例如物资采购，通过公开招投标，可以减少权力寻租，降低采购成本，提升采购质量。

上市企业公开重要的重大经营信息，可以遏制通过关联交易实现利益输送的行为；干部任用前，通过公示公开征询相关信息，可以降低用人风险。

企业公开发布社会责任报告，可以加强社会各方面对企业在保证员工权益、节约资源、保护环境、履行纳税义务、对待公益事业的态度等方面的监督，树立良好企业公民的形象。

原来公众对核电安全保障怀有疑惧，日本青山核电站建立科普馆对外开放，欢迎附近居民参观，解除了公众疑虑，为自己创造了安定的环境。

一些企业对外开放自己的生产线，让消费者了解自己的投料、工艺和质量保证体系，提升消费者对其产品的信心，形成工业旅游景点，促进了销售。

信息和知识的流动、人员的流动、思想的交流决定组织的生命力、影响力。组织边界主要是强制性权力行使范围，但是企业的社会影响不限于行政权力的作用。企业公开自己的先进管理经验，提供给其他企业借鉴，可以推动经济发展和社会进步，同时也可以树立企业的良好形象。自改革开放以来，海尔、联想、宝钢、华为、小米的管理经验对于中国企业推进管理现代化、经营国际化、互联网＋等发挥了积极作用。

权利开放、利益分享，众筹、众包、股权分享也是一种开放，有助于分散风险，实现共赢共荣。

智能互联促进了组织的开放。企业应该因势利导，充分利用智能互联技术提高开放的质量。

4.2.3　互动性视角

这里所说的互动包含管理者与被管理者的互动、管理者与整个管理对象的互动、组织与环境的互动。

主流管理学虽然并不绝对否认管理者与被管理者的互动、组织与环境之间的互动，但是没有十分强调两者的互动作用。在实践中不少管理者往往表现出唯意志论，忽视管理对象的反作用而遭受重挫，或者因为环境决定论而表现出无所作为的消极行为。

4.2.3.1　管理者与被管理者的互动

早期管理深受上智下愚观的影响，因而管理是单向的。《哈佛商业评论》的创建者、哈佛商学院院长华莱士·多纳姆曾狂热地认为：受过良好教育的管理者——一个"新管理阶层"——是解决这个国家所有问题的钥匙，无论是大萧条、无能的政府还是社会动荡。

20世纪20年代玛丽·帕克·芙利特提出了"平等的力量"而不是"凌驾员工之上的力量""建设性对抗"和"双赢管理"的新管理理念。1937年，弗里茨·罗斯里斯伯格总结了霍桑实验成果，将组织描述为"社会系统"，他认为管理的职责是保持组织的均衡。20世纪50年代，麻省理工斯隆商学院的教授道格拉斯·麦格雷戈引用了亚伯拉罕·马斯洛的人本主义心理学理论和人类需求金字塔，创建了著名的 X 理论（认为人们天生是懒惰的，如果没有严密的监督，他们就会逃避责任）和 Y 理论（认为人们需要在工作中找到意义，如果他们的工作设计合理，他们就能作出正面的贡献）。对于针锋相对的 X 理论和 Y 理论，麦格雷戈评价为："它们是不同的世界观（对人性的信任），而不是管理战略。"①

第二次世界大战后管理思想者们的一个共同观点是要提高"生产中的人"的地位。他们认为，如果工人得到尊重，并且管理者依赖他们的自我激励、自己解决问题，那么工人的生产率将达到最高。不过，行为科学仍然强调管理者的行动，如何激励员工，如何选拔和培训员工等。②

实际上，管理是管理者与管理对象互动的过程，管理者在影响管理对象，管理对象也在影响管理者。盖洛普公司通过对数百万名雇员和数万名管理者调查后发现，对于雇员的生产率和忠诚，最重要的一个变量不是收入、福利或工作环境，而是雇员与其直接上司之间的关系状况。③ 因而，20 世纪 70 年代以后的"质量圈"运动、合理化建议运动以及 20 世纪 90 年代 GE 公司的拆除"天花板"运动，由于着眼上下互动，取得了更加突出的效果。

4.2.3.2 管理者与整个被管理对象的互动

管理活动客观上就是管理者与管理对象互动的过程。我们既要肯定管理过程中人的主观能动性，又要承认管理对象对管理要求的客观规定性。管理对象不是橡皮泥，包括人、财、物、信息，都有自身特殊性质和运行规律，不能够随心所欲地处置、塑造或改革。如果管理者不懂得它们的性质和运行规律，轻则付出高成本，重则导致灾难性后果。

大唐发电是一家国有大型企业，其煤化工项目耗时 10 年，投入 600 亿元未见效益。④ 大唐煤化工项目上马时，国内已经获批或者等待获批的煤制天然气项目，在技术工艺选择上均属于"摸着石头过河"，无论国内外，都没有多少成熟运行经验可循。更何况以电力为主业的大唐发电并不熟悉化工行业，加上工程管理缺乏预见，未能解决进京"最后一公里"的输气管线的协调；运行阶段将原来设计选用的 6 号煤种改为质地较差的 5

---

① 周学锋. 管理学 [M]. 合肥：安徽大学出版社，2012.

② [美] 斯蒂芬·P. 罗宾斯，玛丽·库尔特. 管理学 [M]. 11 版. 李原，孙健敏，黄小勇，译. 北京：中国人民大学出版社，2012：5-6.

③ 黄津孚，韩福明，解进强，张小红，何辉. "管理原理金字塔"——重构"主流管理学"体系的尝试 [C]. 中国管理现代化研究会，2015.

④ 陈鸿燕. 大唐发电煤化工项目巨亏调查：10 年砸下 600 亿元 [N]. 中国证券报，2014-09-10.

号煤种，造成气化炉内壁被严重腐蚀，设备频繁停车等，导致严重亏损。①

4.2.3.3　组织与环境的互动

俗话说"谋事在人，成事在天"。外部环境的力量是巨大的，单个组织难以抗拒，这就容易造成管理者听天由命的消极心态。

一些学者较早就认识到这个问题。美国管理学家纽曼在其著作中说："多年来，人们普遍把管理人员视为仅仅是适应其周围形势的人。企业家只是去适应他周围的时机和压力，这是对现代管理人员的一种不恰当的描述。一个有效的管理人员将远远不仅只是适应，他应是假积极的影响以促使某些事情的发生。管理人员应是一种动态的、富有革新精神的力量。"②有中国学者指出：当今管理面临的挑战已不同于法约尔时代。管理学界研究忽视了管理谋求组织效率和满意效果，总是和组织所处的时代和环境变化相联系，组织与环境的互动关系才是现代管理理论研究的重点。德鲁克对此早有觉察：企业总是将成功归结于自身努力，忘记了社会对自己的认可、理解、支持乃至宽容；学术界自觉不自觉地将研究对象和问题局限在一个封闭的系统中；立场与视角以自我为中心。认识企业应从企业所处总体环境和互动中加以把握③。

管理的目的是让组织有效达成目标。要在一个充满变数和博弈的环境中达成目标，我们绝不能完全被动地去适应环境，有时需要去改变。例如三十六计中有"围魏救赵"一招，就是调动对手实现目标，管理者面对的是一盘棋，不仅仅是自身组织。实际上，有时对手处于自己的掌控之下。

管理者如果能按照管理对象的性质和运行规律行事，处理好主观愿望与客观可能的关系，处理好合作与博弈的关系，就能够实现与管理对象的互动而获得良好的结果。

哈肯提出的协同论，认为由大量基本单元组成的系统存在着彼此协同作用，在序参数的主导作用下，基本单元的行为服从"伺服原理"。例如20世纪20～30年代美国著名的霍桑试验发现，继电器装配小组的工人的生产行为彼此协同，即所谓的自适应、自组织行为。

---

①　佚名. 技术创新到系统创新——大唐电信集团获全国企业管理现代化创新成果一等奖[J]. 管理学报，2013，10（11）：1583.

②　[美] W. H. 纽曼，小 C. E. 萨默. 管理过程——概念、行为与实践 [M]. 李柱流，等译. 北京：中国社会科学出版社，1995：8 - 9.

③　项国鹏，田广，汪一帆，等. 共议管理学（三）——对《再问管理学》的回应[J]. 管理学报，2013，10（11）：1583.

4.2.4 智能互联管理对象的系统模型

1979年，美国系统管理学派的代表人物卡斯特和罗森茨威克在《组织与管理：系统方法与权变方法》一书中提出了组织系统的一般模型。他们认为，任何一个组织都是由对应的环境超系统及内部五个分系统构成的。这五个分系统是：（1）目标与价值分系统，包括指导企业活动的理想、伦理和目标等；（2）技术分系统，是指将投入转换成产出的技术、装备、方法和设施；（3）社会心理分系统，包括人的行为与动机、地位与作用关系、群体动力以及影响网络；（4）结构分系统，主要是指职权模式、交往沟通和工作流程；（5）管理分系统，是计划、组织、控制及协调组织与环境的中枢。[①]

基于开放、互动、复杂系统的视角，企业是由五个具有不同功能的分系统构成的，是五个不同功能系统的集合（见图4-1）。

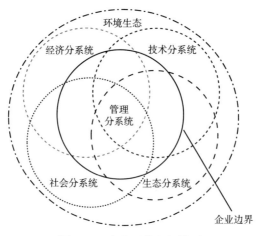

图4-1 企业系统剖析模型

（1）经济分系统。该系统提供商品生产和交换、企业自我求生和发展功能，包括市场研究、资源筹集、生产运营、销售服务等功能。

（2）技术分系统。该系统提供商品生产与经营管理的工具、方法手段、周边支持（厂房、场地、气候）等功能。

（3）社会分系统。该系统提供企业利益相关者合作交流与分享权益的平台，包括人口特征系统、社会（信仰、习俗）文化系统、义务权利系

---

① ［美］卡斯特，罗森茨韦克. 组织与管理：系统方法与权变方法［M］. 傅严，译. 北京：中国社会科学出版社，2000：141.

统、利益分配系统等。

（4）生态分系统。该系统提供企业生存发展内外环境、实现内外循环与进化和淘汰的功能，包括内部分工合作、商业合作竞争、宏观政治经济社会科技教育以及自然环境等。

（5）管理分系统。该系统提供企业设计、组建、运营、改善和处置的功能，包括计划、组织、激励、协调、控制、领导等。

该模型最大的特点在于，用生态系统视角将组织和环境融为一体进行讨论。其理论逻辑是：①组织边界是相对的。②组织内外不同部门之间的联系，实质上都是投入产出的联系，都具有生态系统的特征。组织本身就是一个生态系统，是一个更大生态系统的一部分，环境和组织之间的界限实质上是生态的层次关系。用生态系统统合组织与环境，能够更好体现企业与环境共兴衰的互动关系。③更好体现命运共同体的性质。将利益相关者、社会以及自然界纳入统一的生态系统，有助于强化管理者的社会责任意识和环保意识，促使企业统一制定可持续发展策略。

4.3 管理对象的系统视角——以企业为例

认识管理对象，主要是认识其系统功能属性、结构要素、运行规律以及评价标准，从而为设计、组建、运行调控、评价及改善提供依据。

4.3.1 从经济系统视角认识企业

4.3.1.1 企业的经济系统功能属性

（1）企业是从事经济活动的微观组织。人类的经济活动需要几乎全社会的配合，例如需要企业生产产品，需要政府制定有关经济活动的法律和进行监管，需要学校传授相关知识和培养相关人才。但是有些组织直接参与经济活动，有些组织是支持经济活动。企业是直接从事经济活动的组织。在直接从事经济活动的组织中，国家铁路局、国家邮政局是政经合一的机构，属于宏观经济组织；企业则是负责商品和服务生产的微观经济实体。

（2）企业是营利性商业机构。在市场经济体制中，企业是自主经营、自负盈亏的具有盈利目标的商品或服务提供者，需要通过商品和服务获取收入，以维持自身生存和发展之需。它区别于非营利性的公益机构，例如公立学校、公立医院和国有军工企业。

盈利来自产出与投入之差。为完成商品生产和价值实现、价值增值的功能，企业需要通过销售商品获取收入，需要筹集必要的经营资源包括人力资源、资金、各种物质资源、各种信息和技术资源等。需要将资源转换成商品，提供附加值。因而企业必须具备从资本市场融资、从人才市场招募、通过招标采购设备的功能，具备营销的功能，具备创造附加值的功能。

（3）企业是合乎法律规范具有独立法人地位的经济组织。它们有别于个体工商业者：企业必须要有固定的生产经营场所和合法的企业名称，而个体工商户可以不起字号名称，也可以没有固定的生产经营场所而流动经营；企业的投资者与经营者可以是不同的人，投资人可以委托或聘用他人管理企业事务，个体工商户的投资者与经营者是同一人；企业必须建立财务制度，进行会计核算，而个体工商户比较灵活，可以按照税务机关的要求建立账簿，如税务部门不作要求的，也可以不进行会计核算。

（4）企业也区别于没有独立法人地位的工厂、车间、班组等机构。工厂、车间、班组是企业的次级组织，它们不能直接与其他法人主体签订具有法律约束力的协议，它们的违约责任将由所属企业承担。

（5）企业是利益相关者的合作平台。除了个人独资企业，一般企业都是由出资人、员工、供应商以及提供公共服务的国家、社区等利益相关者共同提供资源、分享利益的合作平台。因而企业不是老板个人的，不是仅为满足某个利益主体私利的工具，企业要合理分配经营收入，激励利益相关者。

4.3.1.2　企业的经济系统结构要素

为实现企业的经济功能，该系统应包括以下要素。

（1）产品（有形产品、无形产品）。企业赖以生存的第一要素是可供销售的产品，包括有形的产品和无形的产品即服务。消费者喜欢到沃尔玛或者京东商城购物，就是因为这里有品种丰富的生活消费商品。美国苹果公司一度市值高达几千亿美元，是因为其拥有广为消费者追捧的 iPhone。

（2）资源、资产和资本。要提供商品和服务必须有资源。业务最简单的商贸企业也需要一定的资金，而制造业则需要资金、劳动力、原材料、设备和厂房，还需要一定的技术和市场信息。

（3）能力载体。企业需要技术、商业和管理三种能力去实现从资源到商品的转换。中国人都知道制造用于假牙的种植体市场很大，但是因为没有掌握能够用于与人骨长期结合担负咀嚼功能的特种材料生产技术，只能将市场拱手让给欧洲国家、美国与韩国。中国餐饮业不乏创建类似于麦当劳、肯德基等全国乃至全球连锁经营的企业的雄心，但由于未能解决中餐规模化、规范化生产的管理问题而至今少有成功案例。

（4）经营信息。如市场需求、价格、人员和设备状况、生产率、收益、成本信息等。

（5）企业家精神。市场存在不确定性，风险几乎是始终存在的。这就需要企业经营者具有创新意识和冒险精神，对市场供求、技术发展方向、政府政策等作出主观判断，并决定企业的业务定位和战略资源的配置。

4.3.1.3 企业经济系统的若干运行规律

企业的产生、发展和消亡，虽然有技术方面的因素，但首先是由经济规律决定的。一旦人口萎缩、市场需求不足或资源枯竭，企业一定会走下坡路。企业应当根据经济学规律，未雨绸缪，主动适应，主动变革，不要穷于应付。

经济学是相当活跃的学科体系，企业经营和管理涉及的经济学包括经济学（原理）①、产业经济学、金融学、制度经济学、信息经济学、行为经济学、管理经济学②等。笔者认为，企业管理人员尤其是大中型企业的高层，至少应该掌握以下基本经济规律。

（1）资源与市场的规律。

第一，资源有限属于常态。相对于人类不断增长的需求，同一时期大部分资源是不足的，包括土地、矿产、水、生物资源、人力资源及资金等。其结果是：组织和个人间竞争不可避免，严重时会导致战争；开发新资源是任何组织发展的机会，技术进步成为国家和企业发展的根本动力；有效配置和利用资源是管理的基本任务之一；价格成为竞争武器，因为购买者的资源也有限。

第二，供求关系及预期决定交易价格。价格是市场机制的核心，价格波动是市场的常态。价格决定企业成本和收益，因而价格是企业决策的重

---

① 美国著名经济学家曼昆归纳经济学的十大原理是：人们面临交替关系；某种东西的成本是为了得到它而放弃的东西（机会成本）；理性考虑边际量；人们会对激励作出反应；贸易能使每个人状况更好；市场通常是组织经济活动的一种好方法；政府有时可以改善市场结果；一国的生活水平取决于它生产物品和劳务的能力；当政府过度发行货币时物价会上升；社会面临通货膨胀与失业之间的交替关系。

② 其主要研究的内容包括：企业的起源、本质和效率边界；企业产权及其组织、经营机制；市场供求和生产，不同的市场（包括完全垄断、完全竞争、寡头垄断、垄断竞争等市场条件）下企业行为；成本和规模、产品组合决策；营销和定价、成本利润分析；企业投资及资本结构；企业发展机制，如并购、多元化、技术进步；企业的生命周期；政府与市场、企业；风险决策分析。参见陈佳贵，黄速建. 企业经济学［M］. 北京：经济科学出版社，1998.

要参数。价格主要是由两方面因素决定的：一是市场客观的现实的供求对比关系，供大于求则价格下降，供不应求则价格上升；二是人们对未来供求关系的心理预期，如果预期供大于求，就等待降价，如果预期供不应求，就愿意以更高价格购买，常常导致所谓的"泡沫"。

第三，不确定性及信息权力。商业生态环境、企业内部运营状态不断变化，有的可以预测，多数情况难以预测，充满了不确定性。信息的价值在于减少不确定性。因而信息不对称成为市场及企业内部行为主体的一种权力来源。企业和客户信息的不对称程度决定市场权力的偏移。在信息化时代，这种不对称程度正在下降，客户的商品选择及价格决定的权力正在提升。管理者与员工之间信息的不对称程度决定管理权力的偏移。随着信息化智能化的推进，组织内部的权力正在发生再分配。

第四，经济循环与经济波动。企业仅仅是宏观经济网链的一个环节，宏观经济系统必须形成生产（投资）—交换—消费的均衡循环，实现经济增长与人口增长、就业的均衡。由于自然生态、政治生态、经济生态、社会生态、科技教育生态的变数极多，经济系统的波动无法避免。有些经济波动呈现一定规律，呈现繁荣、衰退、萧条、复苏四阶段的正弦曲线，例如经济学家发现存在 3 ~ 4 年的"基钦周期"、大致为 9 ~ 10 年的"朱格拉周期"、平均长度为 20 年的"库兹涅茨"周期（也称建筑业周期）、50 ~ 60 年的"康德拉季耶夫"周期。但是，大部分波动缺乏规律性，例如谁也没有料到 2008 年出现的全球金融危机。

（2）经济效率规律。

第一，分工协作规律。经济发展的核心问题是提高劳动生产率，分工协作是提高劳动生产率的基本途径之一，这也是古典经济学到现代经济学的重要原理。分工不但可发挥而且可提升各经济主体的特长和优势；协作可实现优势互补，从而提高总体效率。

由于资源和能力的不平衡，国际分工、产业分工、价值链分工、部门分工、岗位分工是一种普遍现象，也是提高生产率的可选项。没有协作也就没有分工的可能和必要。没有协作，分工的优势无法体现。因而协作是管理更为重要的任务，封闭不可取，大而全小而全没有前途。符合公平原则的全球化、贸易自由是大势所趋，因为它有利于全人类的福利。

第二，投入—产出规律。经济体的功能和价值就体现在产出大于投入，即创造新价值，或者创造价值剩余。经济体能够创造的新价值，取决于投入、转换、产出三个环节。

没有投入就没有产出。正常情况下，要想创造更多价值就必须有更大的投入，但是决策的过程应该从产出开始，市场需要什么？需要多少？然后在高效转换基础上决定投入：投入什么？投入多少？何时何处投入？经济系统的效率就表现为同样的投入创造更多的价值。这个转换环节是决定劳动生产率的关键，既取决于科学技术的应用，又取决于经营决策与管理水平。

第三，边际效用和边际成本的变化规律。商品的需求价格取决于产品带来的边际效用（即每增加一单位的商品所获得的总效用增量），边际效用越大，消费者愿意支付的价格就越高。经济体连续消费某种商品所获得的效用常常呈现逐渐下降的趋势，即边际效用是逐渐减小的，这就是所谓的边际效用递减规律。

边际成本指的是每一单位新增生产的产品（或者购买的产品）带来的总成本的增量。在存在固定成本的前提下，边际成本一开始会随着规模的增加呈现递减的趋势，当达到一定规模以后，边际成本反而会呈现递增的态势。

经济体希望边际效用大于（或至少不小于）边际成本，因而需要研究最佳的生产规模。

（3）制度和运行规律。

第一，产权和治理。产权（包括所有权和使用权、收益权）影响经济效率。明晰产权有利于明确责任和权利，发挥监督和激励作用，从而提升资源的利用效率。由于存在资产归属和信息掌控与能力的分离，在一个经济组织中难免出现委托—代理关系，科学设计组织的治理机制，是解决效率低下、保障相关权益的重要途径。

第二，垄断和竞争。在市场经济中，按照产业和消费者的集中程度，可区分为垄断和竞争两个类型。垄断是在生产集中和资本集中高度发展的基础上，一个大企业或少数几个大企业对相应部门产品生产和销售的独占或联合控制。垄断导致消费者缺乏选择权，厂商失去改善经营提升效率的动力。市场竞争则能够推动技术进步与服务改善。但是过度竞争会导致边际收益不断下降，从而阻断创新。

第三，效率与公平。经济系统实现的目标包括效率与公平。这需要通过市场机制（"看不见的手"）与政府调控（"看得见的手"）相结合来实现。当市场失能或失灵时，例如出现垄断或竞争过度、财富过度集中而两极分化、通胀通缩或失业严重、战略产业缺乏国际竞争力等情况时，政府可以通过财政、税收、金融货币、市场监管、福利政策等手段进行调节干预。

4.3.1.4　企业经济系统的功能评价

（1）客户满意度、销售收入及其增长率。这是体现企业存在价值的直接指标。

（2）生产要素充足率。这是企业可持续经营的保证，如果缺乏必要的资金、原辅材料和能源、劳动力和信息知识，价值生产过程就可能中断。

（3）总资本产出率及要素产出率。这是衡量价值生产效率的主要指标。

（4）利润及经济增加值。这是衡量企业投入产出总体贡献的综合指标。

（5）社会责任贡献值。这是全面衡量企业创造经济价值的指标，例如纳税、碳排放减量、解决就业等。

（6）其他财务指标。例如资产负债比、资金周转率等。

4.3.2　从技术系统视角认识企业

4.3.2.1　企业技术系统的功能

技术是"人类在利用自然、改造自然的劳动过程中所掌握的各种活动方式、手段和方法的总和"。人类运用的技术按照其形态可归纳为三类。[①]

（1）经验形态的技术：主要是指经验、技能这些主观性的技术要素，它们依附于劳动者，主要通过实践掌握，不大容易转让。

（2）实体形态的技术：主要是指以生产工具为主要标志的客观性技术要素，如机器、仪表、传感器、化学试剂和催化剂等。

（3）知识形态的技术：主要是指以技术知识为象征的主体化技术要素，例如发明专利、生产工艺等。这些技术容易传播，可以转让。

企业技术系统的主要功能是通过各种工具和方法的运用，提升各项工作的效能，共同将各种资源转化为社会需要的商品和服务，完成使用价值和价值的生产与传递。其基本任务包括以下内容。

（1）研究开发与产品设计。运用各种科学原理完成技术构想，突破关键技术，完成功能设计、结构设计、外观设计。

（2）生产运营系统的规划设计。例如选址、生产及仓储、办公设施布局、工作地设计、供电供水道路等基础设施、环保设施。

（3）设备工具（硬件）系统的选用、设计制造、调试和维护保养。

（4）流程、工艺、方法（软件）系统的选用或开发、升级改进。

---

① 刘大椿．科学技术哲学导论［M］．北京：中国人民大学出版社，2005：332－342．

（5）人员培训。帮助员工获取和提升知识性、经验性技术。

技术是生产力的基础性因素，人类生产、交换离不开一定的知识和工具。即便是农业时代，劳动者也必须依靠农具，掌握农时，学会播种、施肥和灌溉。现代企业中技术系统发挥着越来越大的作用，不用说工业与建筑、农业与采矿、通信与运输、金融等技术比较密集的行业，即使是商业、服务业也离不开必要的工具和方法，例如超市需要条形码、POS 机，需要掌握商品包装、储存、运输结算的方法。目前，人类社会正进入网络化、数字化、智能化时代，技术系统的地位进一步上升，未来的企业将是人和智能设备协同合作，彼此难分伯仲的组织。

4.3.2.2 企业技术系统的要素

企业技术系统是由掌握知识和技能的人员、物品（包括原料、工具、能源、产品）、生产经营设施（建筑、设备）、信息知识载体等构成的功能系统。以农场技术系统为例，它包括以下六个要素。

（1）具有知识和技能的人员（man）。这是技术系统的核心。人是运用设备工具（拖拉机、测量工具）和方法（农业技术）根据环境（气候、地理等）对自然资源（土地）、原辅材料（种子、水、肥料等）进行种植、收获的主体。

（2）自然资源及原辅材料（materials）。经济学家们将土地和劳动比作财富之母和财富之父，可见自然资源之重要。被人们选择和广泛利用的土地、矿产、植物、水产、水力、风力、太阳能、生物能等，以及通过开发自然资源形成的石油、煤炭、钢铁、谷物、植物纤维等原辅材料，无一例外附着人类的知识，从而构成技术系统的另外一个重要因素。

（3）设备、工具（machine）。这是技术系统的基础性要素。从农业化时代的锄、镰、犁到工业化时代的拖拉机、收割机，再到信息化时代的智能化农业机械，无不凝聚着人类智慧，决定着技术系统的功能和效率。

（4）工艺、方法（method）。例如如何选种育种、如何灌溉施肥、如何加工储存农产品等，都涉及方法或者工艺，这是技术系统中的重要组成部分。

（5）信息与知识库（message）。其包括当下及未来的气候水文形势，以往积累的各种科技知识等。

（6）工作环境（manufactured sites）。有些加工、检测环节需要创造防尘减震、恒温恒湿、超净灭菌等工作环境，它们也是技术系统的一个重要组成部分。

4.3.2.3 企业技术系统的主要运行规律

（1）技术运用的刚性与精确性要求。技术系统与经济系统、社会系统、生态系统的一个显著差别是，技术系统的因果关系相对确定。例如相变与温度具有确定的因果关系，物料加热只有达到一定温度，才可能发生相变。因而，相对于经济科学、社会科学、生态科学，技术科学是相对精确的科学。例如产品质量标准、生产过程中的物理参数、化学配比等都有一定精确度的要求。

（2）技术与科学的相互依赖性。一方面，技术通常是科学原理的应用，例如机械加工技术主要是物理原理的应用，科学的进步会带动技术的发展，例如激光原理带动了激光加工、激光医疗、激光武器的开发；另一方面，科学的发展也依赖经验积累和技术进步，例如病理学依赖医疗经验的积累和显微技术的进步。

（3）技术功效的从属性。科学技术的功效取决于运用者的动机、知识和能力。技术是一把"双刃剑"。技术本身并没有社会属性，既可以用来造福，也可用以犯罪，完全取决于使用技术的人。善于驾驭技术者如鱼得水，不善驾驭技术者如临深渊。核技术可以发电，也可以制造大规模杀伤性武器。大数据开发得当可以创造财富，开发不当将面临无穷无尽的法律诉讼。

（4）技术进步不断加快，有时呈现跳跃式递进。有统计表明，19世纪技术更新周期为80～90年，20世纪50年代为15年，90年代为1～2年，进入21世纪，科学知识呈指数规律增长。以重大科研成果数、科技图书数量、科学杂志数量和学术论文数量作为评价指标，其增长呈指数比例关系。英特尔创始人之一戈登·摩尔预测，当价格不变时，集成电路上可容纳的元器件的数目，每隔18～24个月便会增加一倍，性能也将提升一倍。换言之，每一美元所能买到的电脑性能，将每隔18～24个月翻一倍以上。[①] 这个反映信息技术进步速度的规律被称为"摩尔定律"，已经得到实践的印证。在过去30年，技术进步呈现跳跃式的发展，例如信息产业领域就出现了微软的 Windows、高通的 CDMA、欧洲的 GSM、谷歌的 Android 操作系统等颠覆性技术，它们都在很大程度上改变了行业标准，确立了新的标准。[②]

（5）技术的高度分化、综合及集成化趋势。随着科学研究的深入，科

---

① 张亚非，段力. 集成电路制造技术 [M]. 上海：上海交通大学出版社，2018.
② 黄卫华. 华为铁军 [M]. 南京：江苏凤凰文艺出版社，2018.

学技术高度分化，各学科相互交叉渗透，出现综合应用和集成化发展的趋势。例如宇航技术就综合应用了发射动力、特种材料、精密测量、星际通信、自动控制、医学等上百种先进技术。

（6）科技成果价值转化规律。一项科学技术成果的价值转化，要先后经过产品化—工业化—市场化等阶段，管理者对技术创新遇到的困难要有客观的认识。一是产品化。科学研究主要探索新的物质、运动变化及其原理。技术开发要实现科学原理的物质化，完成工业设计，加工成功能化产品。例如对于单反相机而言，要完成各种机械、电子、光学零部件的设计，整体控制系统的设计，组装方案的设计和样品的制作。二是工业化。能够制造一两个样品，并不一定表示能够稳定地批量化生产消费者能够接受的产品，这里存在工艺装备技术、质量控制技术和成本控制问题。例如韩国虽然能够生产单反相机，但是质量不如日本稳定；德国单反相机生产技术先进，但是成本太高。三是市场化。即使能够工业化生产产品，还面临营销渠道及服务体系的建设、消费者的品牌认可。中国许多产品已经可以规模化生产，但是在国际市场上未能得到消费者认可，因而难成气候。

（7）网络化、社会化、数字化、智能化趋势。通过互联网，新技术迅速扩散和分享，社会化进程加快。出于效率的考量，信息的存储、传输、处理、显示出现不可逆转的数字化趋势。社会发展的根本原因在人类的智慧，制约人类智慧发挥的因素包括人类的智力、精力、寿命以及个性差异，人工智能技术正在逐步克服上述制约，结果形成大规模应用，推动技术进步不断加速（见图4-2）。

4.3.2.4 企业技术子系统的评价

评价企业技术分系统功能的主要指标包括以下方面。

（1）产品的功能和品质。这是衡量技术系统效能的基础性指标。

（2）新产品销售比例及开发周期。这是衡量企业不断满足顾客新需求、提升企业价值创造力的重要指标。

（3）技术的先进性、实用性与经济性。这是保证企业效率和竞争力的基础。

（4）运营系统的安全性及合法性。这是对技术系统适应市场、法规和其他使用条件的要求，是技术系统充分发挥作用的必要条件。技术系统应该可操控，将其可能的危害降到最低。

（5）员工的专业素质。例如员工是否掌握各自岗位要求的专业知识和技能，是否有承担更加复杂任务的发展潜力。

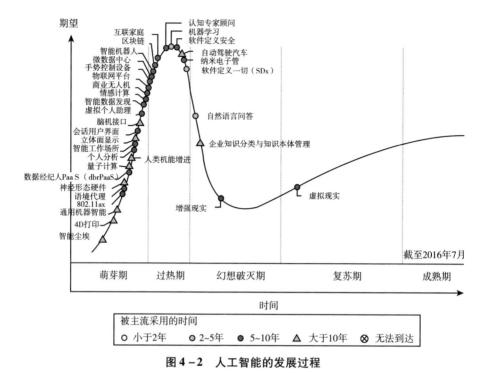

图 4 – 2   人工智能的发展过程

资料来源：Gartner 公司官网。

4.3.3 从社会系统视角认识企业

4.3.3.1 企业社会系统的功能

社会是以一定的生产活动为基础的相互联系的人类生活共同体。人是社会的主体。[1] 社会是由许多个体汇集而成的，有一定组织规则或纪律的，相互合作的群体。社会的本质是体现社会关系的文化和制度。

企业是为满足人的需要而建立的社会组织。企业的建立和经营离不开投资者、经理人、员工，乃至消费者、供应商、分销商、社区和政府部门等社会主体的合作，他们之间的责任和权利由制度所规定，他们的行为受相应的文化所支配。这些社会主体就构成了"企业社会"。

1937 年，弗里茨·罗斯里斯伯格（Fritz Roethlisberger）巧妙地总结了霍桑实验，他将组织描述为"社会系统"。他认为管理的职责是保持组织的均衡。企业作为社会系统的功能，就是构建能够满足组织成员合理需

---

① 夏征农，陈至立．辞海 [M]．6 版．上海：上海辞书出版社，2011：1989.

求，因而能有效合作的群体。①

4.3.3.2 企业社会分系统的要素

社会分系统的构成要素包括个体、群体等实体要素和角色、地位等关系要素。

（1）企业成员个体。狭义的企业成员是由企业正式员工、经营者和各级经理组成的；广义的企业成员包括所有投资者（上市公司有成千上万名小股东）、所有在企业工作的员工（包括派遣员工、临时用工），他们是有各自认知、利益、感情的活生生的个体。

（2）企业内部群体。若干存在相对稳定联系的个体组成一个个群体，其中包括部门、工作团队等正式群体，以及非正式群体如利益、文化群体等。

（3）组织结构。其包括企业纵向阶层的划分、横向分工协作关系以及沟通渠道。

（4）社会角色和地位。社会角色是指与人们的某种社会地位、身份相一致的一整套权利、义务的规范与行为模式，它是人们对具有特定身份的人的行为期望，它是构成社会群体或组织的基础。社会地位是人们在各种社会关系中的位置，它由阶级归属、职责（分工、责任）、政治倾向、经济状况、家庭背景、文化程度、生活方式、价值取向、组织角色和权力等多种因素决定。社会地位有些生而有之，有些取决于自身努力。

（5）集体认知。共识会增加组织稳定性和凝聚力，关键在于这些认知是否有利于企业发展。假如还坚持只有（体力）劳动者才是财富的创造者的集体认知，企业就没有发展希望了。

（6）以价值观为核心的企业文化。是客户第一的价值观，还是赚钱第一的价值观，决定企业小社会的风气和走向。

4.3.3.3 企业社会系统的若干运行规律

（1）复杂可变的人性。人的本性决定心理发展和行为的起点。古今中外对此进行了大量探讨。人性是一个复杂的生理心理系统，它包括各种需求欲望、认知以及对环境的反应模式，其形成机制是生物性和社会性的统一。生物性方面人格受遗传基因、生命周期、营养及生物节律的影响，社会性方面人格受家庭和社会的影响，这些结论不难从日常观察中求证。在利己和利他的结构方面，不同个体人性差异明显，有的"大公无私"，有的"极端自私"，但都属于少数。大部分人利己和利他动机兼有之，有的

① 曹达夫. 读《西方管理思想史》[J]. 中国劳动关系学院学报，1987（1）：2.

利己动机强些，有的利他动机强些，力求适应生存环境，统计学上这三类人大体呈现正态分布。人性不是一成不变的，是人们通过学习和激励不断修正的过程。在一定情景下，有的人变"善"了，有的人变"恶"了。所以，评价一个人不能一言以蔽之。

（2）人类个体行为规律。人类个体行为主要受需求、认知和环境三个方面的因素驱动或限制。

需求：需求是人类行为的原动力，是决定动机、目标和意志力的，最终决定行为指向和持久性的基础性因素。

认知：认知是将人们的需要和具体事物联系起来的"桥梁"，因此，是对某项事物产生积极性的"触媒"，是对组织目标产生积极性的前提。①价值观是个体对客观事物是非、善恶和重要性的一种认知倾向，是决定人们态度和支配人们行为的信念基础。

环境：行为是个性与环境的函数。② 环境本身与满足需要相联系，特别是工作环境；环境会形成一定的行为导向或压力。

（3）群体行为规律。群体间的相互作用、相互适应会对个人行为产生巨大影响。群体行为主要与群体规模和结构、群体规范、群体历史等因素有关。

研究表明，7人及以下的群体凝聚力更强，决策效率更高。随着群体规模的增大，由于关系趋向疏远，成员的满意度会下降。群体结构中，角色是一个主要参数。个人对自己的角色认知，和他人对自己的角色期待，影响着个人行为。心理契约是上下级之间、组织与个人之间角色期望的不成文规定或期待。当个体面临多个角色期待时，可能会出现角色冲突③。

群体规范就是群体成员共同接受的一些行为标准，包括绩效规范、形象规范和社交约定等。群体规范被接受后，可以成为以最少的外部控制影响群体成员行为的手段。由于个体成员害怕被孤立，当其态度和行为与群体中多数人不一致时，会产生巨大压力，为此可能违心地转变态度和行为，与群体保持一致，这一现象被称为从众现象，它既可以抑制

---

① 黄津孚. 现代企业管理原理［M］. 6版. 北京：首都经济贸易大学出版社，2011：141 – 144.

② 闫海峰，郭毅. 组织行为学［M］. 2版. 北京：高等教育出版社，2005：25 – 26.

③ ［美］斯蒂芬·罗宾斯，玛丽·库尔特. 管理学［M］. 11版. 李原，等译. 北京：中国人民大学出版社，2012.

个体的不良行为，也可能压制创造性或理性，甚至形成"群氓"的狂热行动。①

群体是否有凝聚力，与群体成员在一起的时间长短、群体成功的经验、加入群体的难度、群体规模与沟通、群体中核心人物的作用、外部威胁等多种因素有关。群体内与群体间的对抗性交往被称为冲突。按照冲突对群体绩效的影响，有建设性冲突与破坏性冲突之分。组织应当将建设性冲突保持在一定水平，而努力预防破坏性冲突的发生。

（4）组织行为规律。人们在正式组织中，通过长期的思想熏陶和组织约束，其价值观及行为有趋同的趋势，从而形成企业文化。由于分工、责任、地位的不同，企业内部会形成不同的利益群体，如企业中的技术人员、行政管理人员、销售人员、一线工人等，或不同的阶层，例如企业中投资者、经营者、管理层、一般员工等阶层。组织可分配的利益是有限的，为争取本群体本阶层更多的利益，有时会发生或明或暗的争夺，通过沟通、谈判、互相让步，或者激烈的冲突，最终实现相对平衡。

（5）领导行为规律。在群体及正式组织中，由于个人掌握某种正式权力，或者形成某种威望，其他人表现出对其服从、追随的行为，被称为领导现象或领导行为。

4.3.3.4 企业社会分系统的评价

企业社会分系统的功能是促成企业利益相关者合作并实现共赢目标。其评价指标包括以下方面。

（1）企业稳定性。这是对应混乱无序状态的指标，是建立在劳资关系、管理层和员工关系、企业与社区关系、政府关系、与媒体关系良性互动或相互包容的基础上的一种社会系统状态。系统内部利益群体和不同阶层之间虽有竞争但有规则，即使有矛盾冲突仍可控有度，危机事件发生率低。

（2）组织文化具有道德进步性。企业多数成员信仰从善、需求理性、相互尊重、敬业度高、关注集体、具有合作奋斗精神等。

（3）对优秀人才具有吸引力。企业在社会上具有正面形象，应聘者众多。优秀人才对企业忠诚度高，人才流失率低。

（4）组织成员满意度。企业成员物质和精神方面的合理需要得到满足，责权利关系相对公平公正，员工、投资者和经理人满意度较高。

---

① ［美］埃里克·霍弗. 狂热分子：码头工人哲学家的沉思录［M］. 梁永安，译. 桂林：广西师范大学出版社，2008.

（5）企业效率高。角色明确、责任明确、考核严格、赏罚分明、容易动员、态度积极。

4.3.4　从生态系统视角认识企业

4.3.4.1　企业生态圈

生态学是研究生物与环境之间相互关系及其作用机理的科学。从本质上来看，生态系统是指提供延续"物种群落"生命机制的体系。任何一个物种要延续生命，必须有提供维持生命的各种内外环境，包括持续的食物供应机制、将食物转化为生命能量的机制、适应环境变化的优胜劣汰进化机制等。

不仅人类社会的运行规律与生物世界有很多相似之处，而且人类社会其实还是生物世界、自然界的一部分。作为"小社会"的企业同样具有许多一般生态系统的性质。例如，与物种多样性对应，企业有采集开发原料的农业、矿业，有制造业，有交通运输业、金融和商业贸易等企业；与生物物种群落之间的相互依存性对应，企业之间也存在供应链、服务链、合作开发网等相互依存关系；与生物系统优胜劣汰进化机制相对应，企业在市场经济中同样存在相互竞争、优胜劣汰的现象；如此等等。

4.3.4.2　企业生态系统的功能及其结构要素

根据生态系统是提供延续"物种群落"生命机制的体系，企业生态系统的功能就是创造企业可持续经营以及优胜劣汰不断进化的环境，包括良好的自然环境、稳定的政治环境、透明的法律环境、比较完善的公共设施、公平的竞争环境、必要的经济资源环境、适应时代要求的制度和文化环境等。企业生态系统的结构要素包括以下几点。

（1）企业群落及规模：某个区域内自然界的生物在长期进化中，产生了物种的生态特性的分化，形成了生物群落结构。例如森林中既有高大喜阳的乔木，又有矮小耐阴的灌木，各得其所。群落物种越多，由合作竞争决定的生存条件越有可能得到改造。种群规模是某个区域同一物种的个体数量。规模过小，可能影响其繁衍和必要的竞争；规模过大，可能触碰生物容量的"天花板"。企业生态系统最关注的"物种"包括客户群、供应商、合作方、竞争企业、协调方、（限制）监管方。种群规模就是客户群、供应商、竞争企业等的规模。

（2）市场生态容量：生态容量是指生态系统所能支持的某些特定种群数量的限度。超过容量，就会出现过度竞争及生物枯萎和过早死亡。企业生态系统最关注的是市场容量和资源容量。例如某地区人口决定的消费能力，手机行业每年能够销售多少台，某个区域的水资源可以容纳多少人口，故宫每天能够接待多少顾客等。

（3）生态链接：每种生物食物链的链接越多，生存的空间越大。杂食性物种应对环境变化的能力较强。一个地区企业间链接越多，分工协作网络越发达，越有利于该地区经济的发展。中国周边不少国家劳动力成本更低，但还是有许多海外投资企业留在中国，因为中国有完整的产业链，有较大的市场容量。企业对外开放的程度越高，商业链接越健全，生存发展条件越好。如果一个企业有多种融资渠道、多个合格供应商、多个可用销售渠道、多个信息渠道，其经营空间就会宽松些。

（4）消纳及产出率。消纳率是指单个生物体平均消耗的食物，产出率是指单个生物体平均提供的食物（提供给食物链的需求方）及废物。对于企业生态系统，相当于企业的商品产出及单位产品的资源消耗、有害物质的排放。

4.3.4.3　企业生态系统若干运行规律

（1）生态容量及其修复能力决定生态平衡方向。人类正在为地球上生态失衡而苦恼。而生态平衡，正是维持种群多样化、保证人类正常生存环境的必要条件。生态平衡主要取决于生态容量及其修复能力。自然界一个种群所栖息环境的空间和资源是有限的，只能承载一定数量的生物，承载量接近饱和时，如果种群数量（密度）再增加，增长率则会下降乃至出现负值，使种群数量减少；而当种群数量（密度）减少到一定限度时，增长率会再度上升，最终使种群数量达到该环境允许的稳定水平。生态系统的代谢功能可保持生命所需的物质不断地循环再生。阳光提供的能量驱动着物质在生态系统中不停地循环流动，既包括环境中的物质循环、生物间的营养传递和生物与环境间的物质交换，也包括生命物质的合成与分解等物质形式的转换。这就是自然界的生态平衡运动。

自然界能够承载的人口也是有限的。人类消耗水平超过了自然界持续供应能力，如采伐、捕捞速度超过繁殖、生长速度，人类就会遭遇危机。在一定消费环境中，行业的生产规模也存在一定容量，超过这个容量，出现产能过剩，就可能危及某些企业，乃至整个行业。

（2）物种通过竞争优胜劣汰和分化。资源的有限性导致种群之间、种群内部生存和繁衍机会的竞争。例如，农田中杂草与农作物为争夺肥料的竞争，动物为争夺配偶互相撕咬。企业生态系统则充满了企业之间争夺市场、争夺资源、争夺话语权的竞争。企业内部也存在争夺预算、人才和管理权的竞争。自然界遵循优胜劣汰的"丛林法则"。通过竞争保留了适应能力强的物种和个体，使得种群生存能力得到提升。竞争还促进了物种生态特性的分化，使生物群落产生出一定的结构。市场经济体系中，企业间有序的竞争同样可以达到优胜劣汰、提高经济效率的效果。

（3）生命周期与遗传、变异、进化规律。生态系统中的生物个体具有生老病死的生命周期，从几个小时到上百年不等。生命周期也是保持生态平衡的一种机制。与生命周期相关联的现象包括遗传、变异和进化。遗传是为保持系统特性，使系统维持相对稳定；而变异使系统的演化、进化成为可能。生物进化是生物与环境交互作用的产物。生物在生活过程中不断地由环境输入并向其输出物质，而被生物改变的物质环境反过来又影响或选择生物，两者总是朝着相互适应的协同方向发展，即通常所说的正常的自然演替。

在企业生态系统中，企业个体同样存在生命周期。根据统计，企业绝大部分生命周期从几年到几十年不等。企业因为是人造系统，其遗传通常表现为领导人更替时，某些文化特质得到保留，学术界称之为"文化基因"；为了适应周围环境的动态变化和发展走向，企业必须调整经营思路，这就发生变异或变革；如果成功而持续采用更加先进的技术、制度和文化，这就是企业的进化。

（4）梅特卡夫定律。计算机网络先驱、3Com公司的创始人罗伯特·梅特卡夫提出，网络的价值与联网用户数的平方成正比。在企业生态系统中，存在互联网、物联网、车联网，将来还有能源互联网，以及将所有信息链接的"万联网"。随着网络节点的增多，数据的价值、资源共享的价值、协同的价值也将增加。

4.3.4.4 企业生态系统的功能评价

从支持企业可持续健康生存发展角度来看，评价企业生态系统的主要指标包括以下方面。

（1）多元化生态链网发育程度。在市场经济较发达的国家，多元化生态链网发育程度较高，容易获得配套服务支持。中国许多企业到欧美寻找发展机会，或建立分支机构，就是因为那里资本市场、技术市场、人才市场、中介服务比较发达。

（2）生态容量大小。生态容量主要是市场容量、资源容量。企业总是希望尽量靠近市场空间大、资源丰富、价格低廉的地区开展生产经营活动。改革开放前30年，中国之所以能够吸引那么多外商投资，原因就在于此。

（3）生态系统相对稳定性。生态风险应该可测可控。实际上有些系统相对稳定，有些则经常变化。例如自然生态，有些地区多发地震，有些地区相对稳定；有些地区气候变化无常，有些地区则相对有规律。政治生态，非洲有些地区政局不稳，动乱不止，而北欧、北美各国政局比较稳定。核心生态，垄断竞争行业相对稳定。相对稳定的生态系统风险较小。

（4）商业竞争的有序性。市场经济相对成熟的国家和地区，商业竞争规则明确，法制比较健全，相对公平有序。有些国家和地区，潜规则横行，往往出现劣币驱逐良币的现象。

4.3.5　从管理系统视角认识企业

4.3.5.1　企业管理系统的功能

企业是一个人造的、具有目的性的、处于受管理状态的系统。从开放的视角来看，企业管理系统包括内部管理与外部治理。外部治理包括政府、市场、社会舆论等力量，这里讨论的主要是内部管理系统。

学界有关管理的定义很多，笔者将管理定义为：管理是人们通过计划、组织、激励、协调、控制等手段，为集体活动配置资源、建立秩序、营造氛围，以达成预定目标的实践过程。

因而管理系统的功能可分为三个层次：终极功能是促进集体活动达成预定目标；社会功能是资源配置、建立秩序、营造氛围；技术功能是提供集体活动的计划、组织、激励、协调、控制手段。

4.3.5.2　企业管理系统要素

（1）目标及任务：管理目标是管理活动努力的方向和达到的目的，衡量一个组织目标常以效率和效果为尺度。管理的任务是配置资源、建立秩序、营造氛围。

（2）管理者：这是管理的主体，他们是承担管理责任、行使管理权力的组织成员。规模较大的组织有数量众多的管理人员，可分为高层管理者、中层管理者和基层管理者。

（3）组织及其成员：企业、各部门、各岗位员工。

（4）管理思想：价值观、经营理念、企业文化等。

（5）管理信息：企业内外生产经营所需要的各种信息，如市场、资源、国家法律政策、科技动态、员工情绪、生产进度、部门绩效等。

（6）管理方法与手段：规划与预算、制度与标准、流程与沟通协调渠道、行政权力、宣传教育、激励手段等。

4.3.5.3　企业管理系统运行规律

管理者至少应该掌握以下管理规律。

（1）计划及其实施规律。决策常常面临多项相互矛盾目标的选择，理性决策以"满意"为准则。目标的达成是在 PDCA 循环中实现的。

（2）组织规律。组织的凝聚力一方面产生于共同的目标、只有依靠集体才能完成的任务，以及合作的意愿；另一方面产生于管理者的权威性和联络能力。组织的生产力不但要依靠凝聚力，还需要制度、纪律的约束。

（3）协调规律。不同主体之间存在认知、利益、能力差异，需要通过沟通增进共识、通过协商平衡利益、通过接触产生情感、通过统一的计划和组织协调行动，才能实现有效合作共赢。

（4）人员激励规律。人们的积极性可以通过满足其需求、改变其认知、改善其环境予以调动，有效的激励还需要考虑个性差异，讲究策略运用与综合治理。

（5）管理控制规律。有效的管理控制以明确标准、及时检测与纠正为前提，以配套的机构人员、规章制度和技术手段为保证。

（6）坚持科学性与艺术性相结合的领导规律。管理一方面要坚持科学性，遵守某些普遍适用的规律，例如上述计划、组织、控制的规律；另一方面管理需要针对具体对象所处环境，特别是针对千差万别的人，需要一定灵活性和技巧，因此管理又是一门艺术。

4.3.5.4 治理系统的评价

企业要发展、社会要进步，就必须不断改进管理，为此要对企业的管理状况作出科学的评价，找出差距加以改进。

（1）管理的最终结果——效益。管理是有目的有目标的活动，管理水平的高低最直接的表现就是组织目标的实现状况。例如企业管理水平的高低直接表现就是企业盈利目标、市场目标、发展目标、社会形象目标的实现状况，更具体地说，就是经济效益、社会效益、环境效益目标的达成状况。目标没有实现，可能是目标不合适，或者是措施不落实，都是管理问题，当然客观环境的分析也是必不可少的。

管理者可以从财务报表、统计报表、社会评价获得相关数据，通过实际达成指标与目标值的比较评判管理的总体水平（见表 4-3）。

表 4-3　　　　　　　　　　　　管理状况评价表

指标	利润	资产增长	销售收入/市场占有率	社会声誉	环境影响
目标水平					
实际实现					
差距评价					

（2）管理的效果——组织运行状态。组织能否实现预定目标，经常会受环境的影响，但是在正常情况下，一个组织的资源配置是否合理、组织活动是否有序、组织氛围是否健康对组织目标的实现有决定性作用，因此，我们可以通过管理的效果，管理作用的发挥程度，即组织运行状态评价管理水平。资源配置不合理、组织活动无序或僵化、组织氛围压抑将直接影响组织绩效，找出这方面的问题就可以为改进管理指明方向。

①资源配置状况。考察资源配置的合理性，根据企业资源是否得到有效、充分利用，是否存在瓶颈或冗余，从而判定评价管理状况（见表4-4）。

表4-4 企业资源配置状况评价表

资源类别	实现指标	行业平均水平	行业先进水平	存在问题分析
资金	资金周转			
	存货			
	应收款			
物质、设备	设备利用率			
	材料利用率			
	能源利用率			
人力资源	工时利用率			
	人才结构比例			
	人才使用			
无形资产	特许权的运用			
	品牌建设与维护			
信息资源	情报提供			
	知识共享			

②工作秩序状况。考察组织内活动能否自动正常运转、指挥是否灵便、各部门各岗位配合是否默契，通过业务是否经常有冲突或者经常互相等待等方面评价管理水平。例如考察组织内各项制度、规程及其执行情况，工作现场6S执行情况，出勤及劳动纪律，会议内容及其效率，信息报表的传送质量等。

③组织氛围状况。重点考察组织氛围是否有利于组织内外合作，是否具有激励性。可以通过考察该组织倡导的价值观、考察管理层以及员工的工作态度、考察他们对待客户的态度等加以评判。

获取管理效果的信息来源，不能仅仅局限于财务报表和统计报表、宣传材料，必须到现场观测，与管理人员和员工进行访谈，例如通过他们崇尚的人物可以间接判断其价值观，通过参加调度会、观察公共食堂和厕所可以判断员工关系、组织秩序和工作作风，如此等等。

（3）管理运作——管理职能的履行状况。管理效果是管理职能运作质量的反映，改进管理必须通过改进管理操作解决。因此评价管理职能的履行状况可以为提高管理水平直接提供运作建议。可以参照的指标见表4-5。

表4-5   管理职能履行状况评价表

管理职能	评价指标	实际操作状况
计划	目的性、预见性、指导性、可行性、配套性	
组织	功能、效率、稳定性、适应性、激励性、协调性	
激励	方向性、全方位、长效性、激励成本	
协调	目标底线、合力与活力、统一与制衡、收益与成本	
控制	全面性、及时性、适度性、层次性、全员性、综合性	

了解管理职能履行状况，需要收集更多信息，需要查阅计划文档、组织图表、规章制度、统计报表、会议记录，还需要通过访谈、问卷调查等加以核实。

谭华杰认为，"90后"和"00后"非常有意思，他特别看好这一代人。因为他发现，他们并不会把所谓的简单金钱收入，或者在一个组织当中的权力放在特别重要的位置。① 对他们来说更重要的是什么？是自由，是对自我的认可。面对这样一个时代，如果我们还用原来那种支配性的、依附性的组织和人的关系去对待他们，恐怕无法从他们那里获得回应。如果我们不能为他们提供真正符合预期的新的组织方式，他们就会自己组织起来，成立这样的组织，并且在未来的市场当中击败我们。

---

① 邓凡. 透视城市综合体［M］. 北京：中国经济出版社，2012.

第5章　智能互联时代的管理活动

工业化时代的管理哲学特点是自利价值观主导下的丛林法则，虽依赖社会协作，更强调市场竞争。智能互联时代的管理哲学是共赢价值观主导下的生态平衡，虽要利用市场竞争机制，更强调合作生存、包容发展。面对新一轮科技革命、产业革命、生活方式的革命，面对巨大机遇和挑战，企业的战略和计划方法、商业模式、组织体制、运营方式、管理职能等各项管理活动正在发生全面而深刻的变革。

5.1　战略快速化

根据新机遇、新挑战，企业纷纷围绕智能互联新技术、新应用制定新的发展战略。其特点是看准大方向就果断投资、迅速行动，不再按部就班追求"完美"，意在布局战略制高点，获取新的增长点和价值新来源，意图取胜于快，突出表现为"三抢""一速"：抢入智能互联关键产业、抢先布局智能互联应用消费大市场、抢占转型升级制高点，迅速决策和行动。

5.1.1　抢入智能互联关键产业

智能互联关键产业，包括智能互联基础设施如互联通道建设、关键技术如人工智能以及应用终端如智能手机。

5.1.1.1　抢入互联通道建设

近年来，围绕智能互联，投入建设车联网、物联网的企业越来越多。美欧日韩将车联网产业作为发展重点，车联网是这一飞速发展市场的最大领域之一，咨询公司安永估计，到2025年，联网汽车市场产生的收入预计将达到250亿美元。① 车联网产业将迎来良好的发展环境。车联网是

---

① 相关信息来自速途研究院发布的《2014年中国车联网市场分析报告》。

将车辆与一切事物相连接的新一代信息通信技术，已经成为全球核心战略。

美国一直是世界第一汽车大国，在自动驾驶领域拥有全方位的主导地位。2016 年 9 月开始，美国交通部陆续发布《自动驾驶》（1.0~4.0），其中 2020 年 1 月发布的《自动驾驶 4.0》指出，要确保美国在自动驾驶技术领域的领先地位，促进自动驾驶技术安全地融入地面运输系统中。2020 年 3 月发布的《ITS 战略规划 2020-2025》中也提出要应用 5G、AI、无人驾驶等新技术，推动自动驾驶技术集成到道路交通系统，加速 ITS 智能交通系统部署，确保人员、货物运输更加安全高效。

欧盟在智能交通系统战略框架的指导下开展自动驾驶技术合作，并通过立法保障自动驾驶产业发展，提出 2020 年通过云计算、LoT、大数据和 V2X 推动网联自动驾驶发展，2022 年网联自动驾驶实现与大数据平台开放数据交互，2025 年实现下一代 V2X 提升 L4 自动驾驶能力的目标。

日本在 2020 年 4 月正式实施《道路运输车辆法》修正案以促进自动驾驶技术在日本的商业化。韩国于 2019 年加入自动驾驶基础设施建设大本营，提出 2027 年建成自动驾驶相关通信、高精度地图、交通管制、道路等基础设施，确保自动驾驶车辆可商用行驶。

中国组建了车联网产业发展专项委员会负责组织制定车联网发展规划、政策和措施，协调解决车联网发展重大问题。2018 年制定了《车联网产业发展行动计划》，明确提出 2020 年实现车联网产业跨行业融合。2020 年发布了《智能汽车创新发展战略》，明确到 2025 年车用无线通信网络实现区域覆盖，《关于推动 5G 加快发展的通知》指出促进"5G + 车联网"协同发展，推动将车联网纳入国家新型信息基础设施建设工程，2021 年《5G 应用"扬帆"行动计划（2021-2023）》推动车联网技术设施与 5G 网络协同建设。

2014 年 10 月，德国电信与中国移动签署合作协议，于 2015 年共同建设一个能让汽车接入互联网、播放在线音乐并相互通信的网络，在中国市场上提供一个 4G 平台，服务于联网汽车。微软等公司在寻求把车辆变为"轮子上的智能手机"，而保险公司也开始在汽车上安装"黑匣子"。从苹果到 Orange，很多科技、电信集团都希望抓住"机器对机器互联网通信"即物联网需求激增将带来的商机。物联网能让从冰箱到心脏监测器的各种产品相互连通，更有效地执行任务。[1]

---

① 安迪·沙曼. 德国电信联手中国移动投资车联网［N］. 金融时报，2014-10-11.

5.1.1.2　抢入智能互联关键技术

美国的谷歌、亚马逊、脸书、微软以及中国的百度、阿里、腾讯这七大科技巨头就像七个黑洞，奋力吸纳 AI 的技术、人才、数据。

在人工智能领域，英特尔通过一系列并购，整合人工智能领域的产品和相关技术。例如收购人工智能公司 Saf‒fronTechnology、视觉处理芯片初创厂商 Movidius 公司，以及专注于人工智能解决方案的初创企业 Nervana System，以便提供覆盖数据中心、物联网设备及软件框架的端到端解决方案产品组合，并与业界领先公司建立联盟，成立英特尔 Nervana 人工智能委员会从而构建涉及人工智能技术提升的生态。2017 年 1 月 18 日，英特尔宣布将建设基于物联网和云计算技术响应式零售平台——英特尔 RRRP，并在之后五年通过这个新的平台在零售领域投资 1 亿美元。这是半导体行业巨擘在智能互联时代提高传统行业创新能力的又一次尝试。[1]

作为信息技术行业的风向标企业——英特尔认为人类正在迎来一个万物智能互联并连接到云的世界，科技的变革使超过 500 亿台智能互联的"物"（从手表、手机，到家用电器、汽车等互联设备）通过 5G 连接到云。这些互联设备将产生海量数据，通过数据的实时获取和分析将释放出无可估量的价值，从而改变现在的医疗、工厂和城市，更将全面升级人类的生活体验。要实现这样的体验，必须具备实时的数据分析能力，以提供洞察、催生创新并为我们的生活带来全新服务。为此，英特尔必须重塑计算力带给人们全新体验而获得先机。作为转型的一部分，英特尔在人工智能、无人驾驶、5G、虚拟现实、体育、机器人、精准医疗等领域加大布局。[2]

随着智能互联时代新技术的不断涌现，算力和网络日益融合，2022 年 3 月，中国信息通信研究院、中国移动、华为等 16 家单位联合发起成立了算网融合产业及标准推进委员会，推动计算与网络技术的深度融合，构建繁荣健康的算网产业生态。在东数西算场景下，将针对大数据处理、科学计算、重点行业温冷数据存储、人工智能模拟悬链推理等开展东数西存、东数西训、东数西渲的应用孵化；在社会算力并网场景下，将联合超算、智算等社会算力并网验证；在云边端协同场景下，打造算网融合创新

---

① 中国发展研究基金会. 人工智能在医疗健康领域的应用［M］. 北京：中国发展出版社，2021.

② 李清娟. 人工智能与产业变革［M］. 上海：上海财经出版社，2020.

技术方案，探索算网大脑雏形，深入车联网自动驾驶、超边缘生产现场、XR 文娱、公共安全等特色行业场景，配合智能化技术，实现不同要素间的高效协同。

5.1.1.3 抢入智能互联终端

智能手机是智能互联最重要的终端，不仅苹果、三星坚守其阵地，近年来华为和中兴通讯从通信设备制造行业、联想从微机行业、海尔从家电行业、谷歌从互联网行业纷纷进入手机行业。

曾几何时，鉴于移动互联终端广阔的应用前景，特别是物联网、车联网加入以后，作为工程机械的龙头企业，三一重工、格力电器也投资开发专用手机提前布局万联网。

2013 年国际消费电子展（CES）上索尼首次展示了电视、手机、平板电脑统一的操作界面，并展示创新的"onetouch"（一键式）功能，即只要按一下按钮，索尼手机内的图片、音乐等娱乐内容就能在电视、平板电脑上播放。

5.1.2 布局智能互联消费市场

通过智能互联能够聚集市场、共享优质资源，迅速扩大规模，优化资源配置，提高服务水平、降低运行成本；企业纷纷投资布局教育、医疗、高科技农业、互联网金融、智能家居、智慧城市、智能交通、网络游戏等大市场。

5.1.2.1 智能医疗

百度、阿里、腾讯（BAT）充当了我国智能医疗的领头羊。百度侧重于获得数据，为人工智能 AI 的大数据医疗应用包括疾病防控、临床研究、医疗诊断决策、医疗资源调度、家庭远程医疗等方方面面开拓市场。

2013 年 6 月，百度医前智能问诊平台"百度健康"上线，依托百度知道专家资源和病例问答内容，以及好大夫在线、39 健康网、寻医问药网、有问必答网、育儿网、中国育婴网、宝宝树 7 家医疗健康类网站的数据，帮助用户在就医前通过百度构建的病例库初步了解病情，避免盲目就医或延误就医。[1]

2014 年，百度开放其百度大数据引擎，开始接入各行各业的信息系统，利用大数据工厂和百度大脑进行数据加工整理，如接入北京市的卫生信息系统；另外，通过移动医疗健康平台和智能穿戴设备记录人们的健康数据，如其 Dulife 智能穿戴产品。百度医疗大脑将结合百度在大数据领域

---

① 孙金立，周平. 中国智慧医疗健康发展报告 2015 ［M］. 北京：北京邮电大学出版社，2016.

的经验和技术手段，支持从个人健康管理到大医疗、大数据研究，直至公共卫生政策管理等不同层级的健康决策。2014年7月，由北京市相关部门倡导，百度牵头，整合了上游智能健康设备厂商和下游个人健康服务机构平台的北京市"祥云工程"重点项目——"北京健康云"正式发布，成为全球范围内首家落地的智能健康管理项目，百度健康云成为"北京健康云"计划的一部分。2014年10月，百度推出医生在线咨询服务。2015年1月28日，百度上线百度医生App，全面进军移动医疗O2O。

2019年6月，百度健康医典项目正式启动。它是百度健康基于《"健康中国2030"规划纲要》发起的权威健康知识科普公益项目，联合海内外顶级医疗资源共建权威医学健康科普平台，依托用户需求大数据，通过文字、视频、长图、问答等多种载体，为用户提供权威准确、丰富全面、通俗易懂的健康科普知识，直达百度全平台，让用户便捷地获取可靠的健康知识。目前，百度健康医典已经和1 500多位行业顶级权威医学专家和200多个行业顶级权威机构达成合作，词条日均浏览量超过2 000万条。在不断夯实内容权威性的基础上，百度健康医典还在持续进行长图、专题、3D视频等多元科普形式的创新探索。

百度健康问医生是百度健康推出的7×24小时在线问诊服务平台，目前已有超过十万名公立医院执业医生在线解答用户咨询，除了百度健康直连的医生，平安好医生、京东健康等市面上主要的在线问诊产品都已接入了百度健康问医生平台，为用户提供覆盖最广、匹配最精准的线上问诊咨询服务，平均响应时间为2分钟。新冠疫情期间，百度健康问医生已累计为全球网友提供在线医疗咨询服务超过2亿次，单日咨询峰值超过200万次，已成为国内主要的在线问诊服务平台。

阿里巴巴围绕移动支付开展合作，打造在线医疗平台和医药电商平台生态圈，从医药电商切入市场，先后投资了寻医问药网、华康全景网等医疗平台。2015年1月，阿里健康与卫宁软件签署战略合作协议，整合支付平台和卫宁风控引擎，共同打造以医生多点执业和医院有效联动为代表的云医院建设。此举直指医院背后的处方药，利于阿里抢占电子处方流量入口。不久，阿里健康推动的北京军区总医院电子处方（社会化供应）上线，进入阿里健康App，点击"我的处方"，就会出现"医院认证"，输入就诊卡号或者社保卡号就能同步该医院的电子处方，然后就能在平台上进行询价购买。2015年4月，阿里健康宣布与迪安诊断达成战略合作框架协议，引入第三方检查/检验中心。阿里健康推出药品安全识别功能，用户利用阿里健康App，可以通过扫描电子监管码来快速查询每一盒药品的

"身份"，其中包括使用方法、从出厂到流通各环节的流转情况。

2020 年 11 月 1 日，由阿里巴巴携手浙大一院共同打造的"未来医院"信息系统在浙大一院总部一期上线，这也是全国首个基于云架构的智慧医院信息系统。由此，浙大一院成为首家正式迈入云计算时代的智慧医院。2021 年 8 月 23 日，阿里健康已在医鹿 App + 支付宝医疗健康频道搭建线上线下一体化的医疗健康服务体系，小鹿中医的加入有望使阿里健康成为最完善的互联网中西医协同服务平台。①

2014 年，腾讯开始在医疗健康上进行布局，覆盖软硬件、移动及 PC。腾讯上线微医疗支持微信挂号，利用通信社交领域的优势，建立病患与医生之间的链接，从流量入口切入市场。2014 年 9 月，腾讯投资以"药品数据，技术服务"为商业模式，以制药公司、医疗器械公司、医院和生物技术公司为主要客户，已经积累 400 余万名注册会员（其中执业医生达 200 万名，占我国医生总数 70% 以上）的"丁香园"。医生在丁香园上可以获得大量医疗数据及技术服务。此外，腾讯还先后投资于挂号网、健康元等医药机构。②

2018 年 3 月，银川京东互联网医院获得医疗机构执业许可证，公司可向在线问诊和处方续签服务的用户开具处方。2019 年 1 月，首笔京东互联网亿元宿迁分院上线，2019 年 5 月，京东健康正式独立运营，逐渐形成了 B2B + B2C + O2O 的业务模式，建立了"京东家医""药京通""家医守护星"等核心子品牌和产品。2019 年 11 月，京东健康完成 10 亿美元 A 轮融资，2020 年 8 月完成 58 亿美元 B 轮融资，B 轮投资方为高瓴资本，投后估值已接近 200 亿美元。高瓴资本旗下的高济医疗是国内最大的医药连锁公司，通过线上和线下整合布局，把自己的线下药店和京东的线上平台打通，在未来有望实现双赢。③

2021 年 3 月 29 日，京东健康发布了 2020 全年业绩公告。数据显示，京东健康 2020 年总收入为 193.8 亿元，同比增长 78.8%。公司 2017 ~ 2019 年净利润分别为 2.1 亿元、2.5 亿元、3.4 亿元，盈利能力持续增长，2020 年达到盈利 7.5 亿元，同比增长 117.7%。

从其业务结构来看，京东健康零售药房业务撑起了企业整体营收。2020 年，京东健康医药和健康产品销售收入为 168 亿元，同比增长 77.8%，营收占比达 86.5%；而市场、广告及其他服务收入仅有 26 亿元，同比增长

---

①②③　孙金立，周平．中国智慧医疗健康发展报告［M］．北京：北京邮电大学出版社，2016.

85.7%，占比达 13.5%。[①]

5.1.2.2　智能家居

企业界普遍认为智能家居是未来的"风口"，快速增长的市场吸引众多国内外大公司布局智能家居领域。

智能家居是物联网应用中的朝阳产业，家居生活正在不断走向智能化。人工智能、5G、物联网和云计算技术正式成为引领家居智能化的核心技术。其中，AI 是智能家居的基础基因，生物识别技术是在智能家居领域应用最广泛的技术，成连接入口的介质；视觉识别技术主要应用在摄像头上，如室内摄像头、室外门铃、智能门锁等；语音语义识别技术主要应用在智能手机、智能平板、智能音箱等硬件上；指纹识别技术主要运用在智能门锁、控制面板、智能平板上；等等。

5G 为智能家居落地提供了网络通信保障和安全防护保障，在室内，用户走到哪里，智能家居都能有效地感知，随之作出适合人们需求的控制，并做到及时断开设备，防止资源浪费。在室外，用户离家或者熟睡时，安全防护系统会自动开启，系统能够轻松实现对所有安全问题的控制。

物联网是智能家居落地的核心技术，促成完备的管理操作系统。"物联"的核心是利用通信网络链接所有硬件，便于家庭信息交互和传输。对内，在整体的家庭网络操作系统下，对相应的硬件和模块下达命令从而实现家庭电子硬件的检测与控制。对外，家居系统需要一个媒介平台进行对外通信，实现"内部"与"外部"的通信交流，满足远程控制、检测和信息交换的需求，这个媒介通常是智能手机、智能手表、iPad 等。

云计算技术为智能家居提供大量的信息存储及处理。云计算作为巨量信息的处理平台，能够使智能家居的智能功能增多，设备响应速度变得更加快捷。每个执行指令的响应速度平均为 1～2 秒。云计算能够整合一切可以整合的计算资源、存储资源，来共同处理全球化智能家居业务的请求，并通过按需使用方式灵活扩展相应的计算、存储资源，联合物联网资源，作为智能家居领域的重要支撑平台。

在 2000 年前后，国外顶尖科技企业如苹果、IBM、谷歌、亚马逊、三星等就把战略延伸至智能家居领域，并产出安防等领域的智能软件和硬件产品，搭建平台构建生态，以此巩固在市场的影响力，并希望主导智能家居产业。如亚马逊推出的智能设备 Echo，用户可以通过 Alexa 语音助手对

---

① 孙金立，周平. 中国智慧医疗健康发展报告 [M]. 北京：北京邮电大学出版社，2016.

接入的智能设备进行声控操作，从而控制人们的智能家居。谷歌以 32 亿美金收购智能温控设备制造商 Nest LabsInc；三星收购 Smart Things 加强其智能家居平台建设。①

在国内市场，各大传统家电巨头、互联网、安防、家电企业等都开始进军智能家居领域。目前我国智能家居市场由互联网巨头 BAT 牵头，华为、京东、小米紧随其后；传统家电企业海尔、美的、格力、海信、TCL 等"大咖"相继入局；网络通信平台电信、移动、广电等运营商也纷纷加入分一杯羹。百度收购初创企业渡鸦科技有限责任公司，任命其创始人吕骋为百度智能家居硬件总经理，升级原度秘团队为度秘事业部，由其负责人景鲲担任总经理。这两个部门分别聚焦人工智能的硬件和软件两个方面。② 小米投资包括美的、绿米、紫米等众多智能家居生态圈企业。360 宣布建立开放式平台，与海尔、老板、奥克斯、咚咚音响等数十家品牌企业合作，建立智能家居生态链。京东也开始把大量家电类产品接入到其智能云系统组成智能家庭套装组合。

柔性化产线叠加定制化设计。海尔的全套定制家电瞄准个性化需求，采用在线定制、F2C 模式，为客户量身打造合适的家电产品。小米从一开始就强调用户的参与感，让用户参与到设计中，小米开办的产品论坛，其流量 10 倍于同行网站，日活跃用户数 100 万人，日发帖量 30 万条。MIUI 的很多功能都是受论坛启发，越来越多的产品功能支持互联网，并具有一定的智能程度。③

5.1.2.3 智能互联出行

根据全球城市化面临的困境、新一代追求个性化及舒适化出行的趋势，2016 年 3 月 16 日，宝马在慕尼黑公布了其面向未来的最新战略——第一战略。该战略的核心是利用创新技术，整合智能互联科技，打造绿色交通，提升客户体验。内容包括新能源汽车、车联网和自动驾驶。宝马更宣布与科技大厂 Intel、Mobileye 携手，共同在自动驾驶科技上进行研发。在新能源汽车方面，宝马将在未来十年内推出一款代表未来交通出行趋势的车型 BMWiNEXT，这款车将结合全新的自动驾驶和数字互联、新一代电动出行方式、轻量化车身，以及全新的内部设计。④

---

① ［美］拉塞尔·沃克. 从大数据到巨额利润［M］. 王正林，译. 广州：广东人民出版社出版，2019.

② 万物生长万物互联她从电影荧幕走到现实生活［N］. 创投先锋，2017-02-23.

③ 雷军. 小米高速增长的管理秘诀［J］. 现代营销：经营版，2017（1）：46.

④ 刘丽鸣，宝马. 智能互联之全球战略布局［J］. 汽车纵横，2016（9）：4.

5.1.2.4 以智能互联技术抢占转型升级制高点

传统制造业、零售、旅游、房地产、中介服务等行业纷纷以智能互联技术实现转型升级。

（1）智能产品。例如家电制造商纷纷推出升级版的智能电视、智能冰箱、智能空调、智能洗衣机、智能电饭锅等智能家电；谷歌、三星、高通等厂商均已经推出智能眼镜、智能手表等可穿戴产品，它们从交互方式以及用户体验方面为用户带来新鲜感；此外，智能电表、智能马桶、智能门锁、智能电灯、智能安防设备等智能化产品层出不穷。

（2）智能制造。为提高效率、降低成本，制造业纷纷开发应用智能机器人，直到建设无人工厂。近年来，珠三角地区"机器代人"先在家电制造业中大规模展开，而后电子信息产业、纺织服装等行业也紧跟其后。据业内统计，珠三角工业机器人使用量年均增速达30%，有些行业甚至达60%。① 例如箭牌卫寓、东鹏卫寓、新明珠卫浴等卫浴龙头企业引进了有记忆能力的喷釉机器人，在"师傅"工人操作一遍后，"徒弟"摇臂型机器人记住了整个操作流程，开始丝毫不差地模仿"师傅"的动作，为面前的马桶喷釉。据新鹏机器人相关负责人介绍，一台喷釉机器人的工作量抵得上8名工人，且釉料的浪费量和出现废品的概率均远低于人工喷釉。② 早在2015年，美的集团已经使用800台机器人，效率提升15%以上。2017年，美的集团完成对全球领先的机器人制造企业——德国库卡的收购，努力开拓服务机器人蓝海，带动美的集团向传感器、人工智能、智慧家居业务延伸，打造智慧家居集成系统化、生态链能力，从而实现从大规模低成本的传统家电企业向全球化科技型企业转变。③ 2022年美的集团第三季度财报显示，美的集团的机器人使用密度已超过440台/万人，并将在未来两年内进一步加大投入以实现700台/万人的目标，将推进库卡在中国的本土化运营，加大对产品开发应用的投入，以及对核心部件、软件系统的研发创新，聚焦研究开发、供应链管理、卓越运营和数字化等方面，加速打造机器人及工业自动化业务的核心竞争力。

（3）互联网＋。经过媒体的长期操作，特别是政府的号召，互联网＋

---

① 打造"世界工厂"升级版还要迈过几道坎［EB/OL］.（2015 – 08 – 21）. http://it. peo-ple. com. cn/n/2015/0821/c1009 – 27497329. htm.

② 机器人席卷珠三角　国内机器人需培育核心技术［EB/OL］.（2015 – 08 – 09）. http://finance. china. com. cn/industry/hotnews/20150809/3277412. shtml.

③ 洪仕斌. 美的"转行"：引领中国企业进入全球化战略纵深［N］. 产业经济观察，2017 – 03 – 12.

已经形成各行各业的热潮，即使像房地产这样的传统行业也不甘落后。万达、方兴、世茂、新城、宝龙、龙湖、嘉凯城几乎所有的商业地产开发商都投资开发电商平台。2013年底，嘉凯城商业地产管理公司开发了一款微信服务号软件，通过该微信服务号，客户可以购买各种商品、预约餐饮和其他各类体验消费，不仅可通过O2O从线下为自建的"城市客厅"吸引人流，还能借助电商平台辐射周围半小时车程的所有居民。通过为商场导入客流，可以提升商场的租金效益。新城地产除了发展电商平台，还建立了大数据管理系统，帮助他们有效地筛选消费者，并结合消费习惯，重点向"大客户"会员推送促销信息，增加对他们的直接销售。①

5.1.3 大数据技术应用于计划

传统的预测和决策更多地采用连续性思维、相似性思维和量级较低的结构性数据，智能互联不仅提供了海量数据，而且提供了智能分析工具，从而日益采用相关性思维和大数据提高预测与决策的质量。

企业开始将数据作为生存和发展的战略性资源及核心驱动要素，逐步提升数据的管理水平以及生产经营全流程的数据化程度。目前，大数据技术的应用已经涉及金融、电力、物流、交通、公共服务等许多行业。

5.1.3.1 提升数据积累和决策应用意识

山东红领集团总裁张蕴蓝以企业转型升级为例，介绍了大数据在企业服装定制方面起到的重要作用。依赖于传统的经验和机制定制服装成本非常高，非常难以复制，结果变成只有少数人在那儿享受的奢侈品。如何把个性化融入到生产中，用工业化手段和效率制造个性化的产品呢？公司从2003年开始研究生产数据，量级达到上百万万亿，当时安排约50位IT工程师，后来增加到100多位，数据库反复验证，先后推翻3次，历时13年，投资3亿元，直到真正地实现了跟市场终端的融合，实现了传统服装企业真正的转型升级和行业内的弯道超车。②

智能化产品在制造和使用过程中产生了大数据。例如海尔的空调智能制造生产线上有1.2万个传感器，每秒钟采集1.5万条信息，每天产生3.2G的数据。对用户来说，每一笔订单实时可视，对工厂来说，每个生产环节都实时监控、提前预警、记录在案。再如，不同地区海尔空调用户

---

① 杨羚强. 商业地产做电商：短板明显尚难盈利［N］. （2014 - 12 - 12）. http://house. people. com. cn/n/2014/1212/c164220 - 26195280. html.

② 张学进. "创二代"张蕴蓝的"互联网+"转型［J］. 决策，2016（7）：70 - 72.

的使用习惯、使用方式、设备健康状况等数据都通过网络进入了厂家的服务器，为厂家优化服务提供了重要信息。①

据有关部门抽样调查，通过对样本企业数据开发利用方面的指标分析发现，目前已有约70%的企业开始综合运用信息化、网络化手段开展决策支持的相关应用，近一半的企业主要对合同、收入、成本、利润等与财务直接相关的方面开展决策支持应用，客户价值和信用、产品盈利和市场趋势、研发生产与经营管理的集成运营等方面的决策也成为以数据为支撑的决策支持的重点关注方面，也有部分企业在企业预测预警、风险管控以及信誉建设等方面开展了决策支持的相关应用。②

5.1.3.2 预测与决策的大数据应用

在大数据应用方面，百度拥有全国最大的消费者行为数据库，基于这些用户行为数据和多维分析工具，百度可以帮助企业准确定位消费者的地域分布、消费偏好等，从而开辟出全新的收入增长点。通过互联网传输和存储的大数据，已成为重要的战略资产，将带来巨大的商业价值，驱动众多服务业企业不断加大资源投入。

沃尔玛是最早开始投资和部署大数据应用的传统企业巨头之一，不但率先开展大数据应用，还设立大数据实验室开展相关的研发，并进行了一系列的收购，包括 3 亿美元收购 Kosmix（沃尔玛实验室前身）、One Riot、Small Society、Social Calenda、Set Direction、Grabble 等多家中小型创业公司。这些创业公司无一例外地要么精于数据挖掘和各种算法，要么在移动社交领域有其专长，这些都是沃尔玛全面开展社交媒体和移动应用大数据分析的铺垫。例如 Kosmix 的一个独特优势是能够对实时数据流中的关系进行搜索并分析，让企业对消费者个体的了解前所未有地深入。该公司掌握了极为准确的文本语义分析技术，例如当消费者发了一条推文："I enjoyed Salt."Kosmix 能够判断出这条推文与安吉丽娜·朱莉主演的一部影片有关，而与"食盐"无关。通过对社交媒体进行语义分析，Kosmix 能够分析出用户、话题、位置和产品之间的关系。③

他们还采用了许多奇特的数据收集技术，例如在服装人体假模的眼睛里安装摄像头，通过图像识别技术判断顾客的停留时间、目光关注热区、高矮胖瘦，甚至消费者是否怀孕。沃尔玛还通过先进的大数据预测分析技

① 马骏，王晓明. 产品智能化：改善生态环境的重要一步［J］. 绿叶，2017（8）：7.

② 中国两化融合服务联盟，用友网络科技股份有限公司，工业和信息化部电子科学技术情报研究所. 中国企业互联网化转型发展报告［R］. 2015.

③ 孙泠. 数据黄金 那些把数据玩成资产的玩家们［J］. IT 经理世界，2012（9）：2.

术发现两个电子产品连锁店 Source 和 Carlie Brown 的顾客购买意向正在向高档产品转移，并及时调整了两家店的库存，一举将销售业绩提升了40%。大数据分析技术使得沃尔玛能够实时对市场动态作出积极响应①。

Kosmix 正在建设一个巨型知识库——社交基因库（social genome）。这个巨大的知识库能捕获关于用户、事件、话题、产品、位置和组织等实体的各种关系和信息。通过分析用户的社交媒体活动，社交基因库能向用户推荐他们感兴趣的产品和活动。例如，通过公开的社交数据，包括 Twitter 和 Facebook 留言墙上的话题热点，沃尔玛的分店能有针对性地进行线上和线下的产品推荐活动，针对用户需求进行提前备货。

通过社交媒体分析来提高运营效率和销售收入，技术上面临一大难题：Twitter 信息、Facebook 帖子和博客等信息产生的数据流速度很快，传统的 Map - Reduce 和 Hadoop 框架等大数据解决方案都无法对这些"快数据"进行及时有效的分析。为此，沃尔玛实验室自行开发了一个解决方案——Muppet，能够通过大规模服务器集群和 Hadoop 及其他开源工具以极高的速度处理"快数据"流，每天能同时处理来自 Twitter、Facebook、Foursquare 等社交媒体的大数据和快数据，量级达到数以十亿计。例如，基于 Four Square 的签到数据，Muppet 能实时分析哪家店在黑色星期五（感恩节后一天，是美国最大的购物节日）的客流量最大。通过社交基因库和"快数据"分析技术，沃尔玛不但能够追踪社交媒体中对地点、用户和产品的提及信息，从而提高其选货和备货的准确性，还能分析产品、用户、品牌之间的关联，进行有针对性的线上和线下店面的产品推荐，为顾客提供全新的消费体验。②

在金融行业，大数据应用促进了交易形式的多样化，提升了运营效率与精准性，进一步激发了以芝麻信用为代表的个人信用体系不断完善，推动了在线金融模式推陈出新；在医疗卫生领域，大数据技术能够更好地帮助政府和企业高效地进行医药研发、疾病诊疗、公共卫生管理、居民健康管理、健康危险因素分析等；在交通领域，大数据技术成绩斐然，更精确的智能导航、更高效的交通控制已经实现，为智能交通管理规划、决策、运营、服务等提供有力支持也逐步走进现实。

5.1.3.3 关联发展

一个美国人预测，在互联网的冲击下，在未来的十年时间，城市的白

---

① 张文. 沃尔玛："吃螃蟹者"亦喜亦忧［J］. 新商务周刊，2013（23）：3.

② 刘也. 沃尔玛掘金"快数据"［J］. 全国商情，2013（7X）：1.

领会减少 50%，办公楼的空间会发生怎样的变化呢？由于网上购物的影响，对商业的空间冲击有多大？对行业的影响属于什么级别？怎么办？①

万达最早做住宅地产，发现竞争很激烈，就转去做商业地产，开发万达广场，并且在多个城市复制。后来发现商业地产是一个典型的重资产行业，一个万达广场少则投入几十亿元，多则上百亿元，融资成本又很高，对此有没有新的发展思路呢？结果发现商业广场要吸引人流，一个办法就是开电影院，而中国的电影院线还不是特别发达，于是就投资了全球排名第二的院线——美国的 AMC，然后又扩展到电影产业的更上游，投资美国电影制片公司传奇影业，在青岛投资了影城，投资了电影制作，去给院线提供内容，希望在中国造出一个"东方好莱坞"，从而走向了文化创意产业，使其在文化创意产业方面的业务收入已经超过整个集团的 50%。②

2010 年以后，宝洁公司发起了一场涉及战略、流程、组织架构、研究开发、营销等方面的系统变革。该公司在 80 多个国家（地区）开展业务，有 300 多个品牌，每天接触 42 亿个顾客，2012 财年营业收入达 840 亿美元。③

2010 年，宝洁大中华区组建全新的电子商务团队，开始探索大数据营销，至今已经贯穿产品研发、上市、社会化媒体传播等全生命周期。例如，玉兰油（OLAY）一款男士护肤品上市前，团队先考虑男士最喜欢什么东西、最关心的问题是什么，传统的方法是要通过问卷调查调研一至数个月。现在通过大数据挖掘，20 000 万份问卷一分钟搞定。数据分析发现，控油、收缩毛孔、祛痘是男士洁面最关心的 3 个需求，这成为开发团队的工作依据。整个决策过程大大加快了。

为了营造一种环境，一种重视数据，充分利用数据，用数据加快沟通、决策和行动的文化，宝洁不断优化、再造公司的组织和流程。例如，选择品牌代言人。以往按照惯例先准备一份一线明星代言的采购名单，然后圈定若干候选人，依据代言价格，组织调查问卷分析，再做小范围的分析，最后确定代言人。现在的流程是宝洁把一份拟定的 20 人候选名单交给第三方运营商，说明该产品的目标消费群体，例如锁定 1985 年以后出生的年轻人。代理商据此先找到符合描述的目标群体，在社会化媒体和网络上研究他们最关注的明星有何特征，采用分析工具在几个亿的数量级样

① 蔡佳馨. 网络经济环境构建下房地产营销策略改变探讨 [J]. 居舍，2019 (15).
② 李亚男，杜浩. 文化创意产业营销与传播 [M]. 保定：河北大学出版社，2014.
③ 赵建凯. 宝洁：数字化重塑 [J]. 中国品牌，2013 (11)：74 – 77.

本中确定几十个符合该特征的明星。然后考量这些明星在社会化媒体上的影响力、传播力，再考察喜欢这些明星的人群所在地域、所处年龄、兴趣点分布，考量这些人群是否符合宝洁的期望。结果发现，这些"85后"喜欢的明星不是那些一线大牌明星，而是一些热播情景剧中的演员，或卫视综艺节目的主持人。根据筛选出来的名单增加了10个左右的候选人。该流程是由消费者来决定谁当代言人，颠覆了原来由公司认定代言人让消费者接受的思路。①

2011年宝洁还改变了传统的矩阵式组织架构，将数字营销的业务（包括内容、品牌精神、品牌优越性、产品特性等软性沟通）统一划归传播与公关部。

宝洁信息决策方案部门（IDS）通过商业分析决策系统运用数据分析和预测模型，从公司内部90多个大的基础业务流程中，包括生产线、销售人员、销售渠道的超市和门店实时收集、整理出来数据，将各个品牌在不同地区、消费群中的销售情况和未来一周，甚至一个月的走势，以图表的形式展示出来，并分析销售形势变化的种种原因。在会议室，有一个巨大的实时显示系统，可以根据需要以图形或表格用不同颜色呈现一个季度内的经营数据，并深入到各个地区（如中国区、某个省）某个月、某一周的数据。

过去业务主管们讨论 What（过去经营怎么样?）、Why（为什么会这样?）、How（下一步怎么做?）、What（达成什么目标?），时间分配是70%、20%和10%（最后的两项）。现在变成了10%、30% ~40%、50% ~60%。据测算，IDS在过去几年中，让公司高管和员工获得实时访问的数据增加了7倍，帮助公司节约成本超过9亿美元。②

5.1.4 主导快速决策迅速行动

全球化以及互联网催生了新的竞争格局。由于信息流通加快，模仿缩短了创新的收获期，商品与服务的同质化日益严重，而消费者可供选择的余地大大增加，于是差异化成为企业生存发展的可行之路，推动了经济的转型，大众消费向小众消费、个性化消费转变。规模经济向速度经济转变，诚如美国著名企业家比尔·盖茨所言："如果说80年代是注重质量的年代，90年代是注重设计的年代，那么21世纪头10年就是注

① 赵建凯，顾琳琳. 营销：全数字化驱动 [J]. IT 经理世界，2013（18）：4.
② 赵建凯. 宝洁：数字化重塑 [J]. 中国品牌，2013（11）：74－77.

重速度的时代。"必须借助于协同智能提升快速满足消费者需求的核心竞争力。①

5.1.4.1 谷歌的速度取胜论*

为应对瞬息万变的市场和技术进步，必须加快决策和行动的速度，必须放弃工业化时代那种按部就班、上下反复磋商、计划到细节再付之行动的方法，而将决策权下沉，让最了解用户需求和技术发展趋势的一线人员提供解决方案，并授权他们组织实施。

亚马逊创始人杰夫·贝佐斯认为："以前人们会花 30% 的时间打造优质服务，70% 的时间大张旗鼓地宣传。但是现在情况正好相反。"②

工业化时代开发一个产品成本太高，用户可选余地小，因而只要产品过得去，营销是决定市场份额的关键。而在智能互联时代，各种要素便宜了，通过设定数字模型和 3D 打印，就可以在线进行市场测试，新产品开发成本显著下降了，加上客户可在网上获得各种信息，产品可选余地加大，因而产品为王、速度取胜的时代已经到来。

1998 年谢尔盖和拉里创建了谷歌公司，当时两人都没有接受过任何商业方面的正式培训，也没有任何相关经验，但他们并没有把这一点当作负担。两位创始人一直秉承几条基本原则，其中首要的就是聚焦用户。他们坚信，如果谷歌能够提供优质服务，那么资金问题就能迎刃而解；如果两人一心专注于打造全球最棒的搜索引擎，那么成功就是迟早的事。

谢尔盖和拉里创造出一款伟大的搜索引擎并提供其他优质服务的计划其实非常简单：尽可能多地聘请有才华的软件工程师，给他们自由发挥的空间。

两位创始人对谷歌的管理方式也很简单，通过沟通让大家齐心协力向同一个大方向前进。通过与小范围工程师团队进行非正式的谈话，以及每周五下午举办的人人都可畅所欲言的"TGIF"（Thank God, It's Friday，"感谢上帝，今天是星期五"）大会与大家对话。在工作方式上不会多加干预。③

多年以来，谷歌管理公司资源的首选工具竟然只是一张电子表格，这张表格上列出谷歌最重要的 100 个项目，多数项目按照优先顺序从 1 到 5

① 黄津孚，张小红. 企业管理发展阶段研究——正从系统化时期进入智能化时期. 首都经济贸易大学学报，2014（01）：97－103

*② ［美］埃里克·施密特. 重新定义公司——谷歌是如何运营的［M］. 靳婷婷，陈序，何晔，译. 北京：中信出版集团，2015：Ⅳ－Ⅹ.

③ 靳婷婷. 谷歌如何闯天下［J］. 新一代，2016（8）：1.

排列，但也有一部分项目被归为"新/最新"和"臭鼬工厂"（skunk works）两类以供大家浏览，并在半个季度一次的会议上讨论。这些半季度会议用来进行公司近况沟通、资源分配和头脑风暴。公司不做更长远的计划，如果有更重要的想法出现，工程师们会整理出思路，并对表格作出调整。

由于公司所处的新兴行业日新月异，还要随时抵御微软这样的科技大鳄的侵袭，在谷歌，员工得到充分授权，所以必须一以贯之地保持产品的高质量。要在产品品质上追求卓越，最佳的途径不是靠缜密的商业计划，而是要尽可能物色最顶尖的工程师，这里所说的"工程师"并非通常意义上的工程技术人员，而是杰出的程序员和系统设计师，他们除了具有技术方面的资深经验，很多人还具备敏锐的商业头脑，在创意上也是才思泉涌。谢尔盖和拉里给了这些工程师非同寻常的自由和权力，给他们空间让他们尽情发挥。

谷歌有一支叫作 Google（x）的团队，专门负责谷歌一些最有雄心的产品研发。他们只用了 90 分钟就研发出谷歌眼镜的最初模型，这是一款可穿戴的移动计算机，重量与一副太阳镜无异。虽然初版模型尚显粗糙，但产品背后"耳听为虚眼见为实"的意图却足以打动人心。

为了将谷歌从互联网搜索和广告业务主力的宝座上挤下来，微软不惜投入近 110 亿美元巨资。但是因为谷歌准备得太充分，依靠高效且高回报的广告系统提供的财力，依靠迅速迭代的技术创新，基础设施的更新一日千里，他们不断改进搜索引擎，提高搜索速度，开发更多语言，添加谷歌地图，优化地域搜索功能，优化界面以方便用户使体验更佳，还增加了图片、图书、视频网站（YouTube）、购物数据以及所有能找到的信息，并推出了 Gmail 邮箱和 Docs 等应用程序，所有程序都可在线使用。结果使微软的 MSNSearch、WindowsLive、Bing 等项目，以及收购的网络广告公司 aQuantlve 无法突出其优势。甚至连由微软称霸的领域——浏览器，谷歌也勇于拓展，从问世的第一天起，谷歌浏览器就一直在速度和安全系数上占据着首位。

5.1.4.2　特斯拉的"时机"战略*

特斯拉选择的进入战略，是以某个狭窄的业务范围为战略起点，集中全部资源和能力，先成为当地市场冠军，不断改进创新并扩展地域市场，最终成为全球市场的冠军。

---

* 康荣平. 更精准地驾驭"风口"——快产业与快战略［J］. 北大商业评论，2016（2）：34－43.

比尔·格罗斯在总结自己创办的100多家企业的经验时，认为获取成功的五要素是：好主意、团队、商业模式、融资、时机，其中第一位要素是"时机"。

21世纪以来，环保和能源问题日益成为全球关注重点。2001年丰田在全球市场推出电混动力汽车——普锐斯，并逐渐获得市场好评。

特斯拉于2009年推出首款电动跑车，进入了尚属空白的高端电动车市场；2010年从美国政府获得4.65亿美元的新能源政策贷款。这些时间节点都预示着美国电动车市场进入了一个快速发展期。

特斯拉选择的目标是高端小众市场——以技术发烧友、绿色环保者、各行业成功人士为主要目标。围绕这个目标市场需求，特斯拉使用了碳纤维、铝合金流线型车体、锂电池、17英寸屏的移动互联终端等产品要素，使之成为一款高端时尚的产品。

特斯拉采取技术集成的战略，用最短的时间推出了具备新奇体验的产品，颠覆了行业的结构设计。传统的汽车巨头丰田、通用等开发电动车，都采取研发专用电池的路线，设计成200~300块大型电池的电池组。特斯拉大胆采用7 000多块市场上成熟的笔记本电脑用的小型电池，通过研发攻克电池连接、温度控制系统来解决相关难题，并由此形成了关键技术和壁垒。

特斯拉突破常规的线下销售模式，直接在网上卖车，并辅以"苹果式"销售体验店。另外在仪表盘位置安装17英寸显示屏，既是行驶数据的显示屏，又是移动互联的终端。该终端上可提供行车路线导航、充电桩位置，以及饭馆、银行寻址等多种服务；另外还为用户提供了极致的售后服务，包括电池免费更换、上门维修及基本软件免费升级等。这些服务都是在移动互联的支持下完成的。

结果，售价3.5万美元的特斯拉Model3在短短三天内，接到的订单已经达到27.6万辆，特斯拉门店前排队交1 000美元定金的人络绎不绝，有人早上6点45分就去排队，结果发现前面还有100多人等着。关键是，就算交了定金也还得两年才能拿到车，而且特斯拉是出了名的"拖延症"患者，用户常常要等待更久的时间，最后车的价格也会比预期高。[1]

---

① 李鸿诚. 共享经济："双创"背景下的共享模式创新［M］. 北京：企业管理出版社，2020.

5.2 模式创新化

商业模式就是创造价值和实现价值的模式，在智能互联思维及技术支持下，近年来出现了不少新的商业模式，包括服务增值模式、线上线下结合模式、免费模式等，让许多企业通过创新商业模式脱颖而出。

5.2.1 服务增值模式

传统制造业主要依靠销售产品实现其价值，产品交易具有一次性，随着工业产品功能趋同化，利润越来越薄。为此，许多工业企业通过智能互联创新生产性服务，拓展价值创造新空间。

通过多年努力，通用技术集团沈阳机床股份有限公司（以下简称沈阳机床）研究开发的全球首创的智能互联数控机床"i5"被推向市场①，该机床在加工产品的同时也生产可以通过互联网实时传送的数据，从而成为一个可以连接存储和分析大数据云平台的智能终端，解决成本核算、远程操控等问题，而且能够提供生产任务调配、远程工艺支持、产品定制和机床租赁等一系列服务。②"i5"数控机床目前的主要销售市场，不是被外国数控系统主导的大用户，而是主要分布在江浙地区和珠三角一带数百家民营企业。在经济不甚景气的情况下，很多民营企业不愿意冒风险购置机床设备，于是沈阳机床采取租赁模式，制造企业可以在有订单的时候租赁机床进行生产，行情不好时可以退还机床，转向其他行业。沈阳机床可通过网络对售出数控机床生命周期全过程实施监控，可以了解所有纳入平台的机床是正在使用还是处于停机状态、在加工什么、加工进度如何、质量如何、有没有问题、什么时候需要维修保养。维护智能化通过图形诊断、远程诊断等功能，帮助用户快速排除故障，减少用户停机时间；管理智能化通过多视窗智能系统（windows intelligent system，WIS）平台等互联网应用，帮助用户对车间状态、工单进度、资源消耗等信息进行管理与分析，向用户实时传递和交流机床加工信息，从而实实在在地为用户创造价值。

---

① "i5"是该企业对其开发的系统的命名，其字义来自 5 个英文单词——industry（工业）、information（信息）、internet（互联网）、intelligence（智慧）和 integration（集成）的第一个字母。

② 路风，王晨．在"东北塌陷"核心区，中国工业发生了革命性事件！[J]．瞭望，2016.

沈阳机床根据用户实际使用机床时间收取费用，受到用户的极大欢迎。①

5.2.2 线上 + 线下（O2O）模式

随着互联网、电子商务的发展，信息和实物之间、线上和线下之间的联系变得愈加紧密，O2O 将线下商务的机会与互联网技术结合在一起，让互联网成为线下交易的前台，同时起到推广的作用。

工业化时代价值生产和价值实现的特点是：厂商根据自己判断，在实体工厂和实体渠道完成商品的生产和销售。在智能互联时代，企业不但可以利用互联网宣传和销售自己的商品，而且可以通过与用户互动，了解其需求，改进其产品。既可扩大影响和销量、降低成本，又改善了服务。这就是电子商务迅速发展的原因。

花样年公司董事局主席潘军认为："线上企业的管理难度其实是最小的，比如说它要推一个游戏服务，可能只需要一个团队十多名员工就能作出新的东西。但是在传统行业，线下企业要推一项新产品或者新服务，往往需要组织上万名员工去协同完成，管理难度远高于线上企业。"② 但是包括美国戴尔、中国小米在内的网络营销的实践经验表明，单纯依靠线上运营也存在问题。许多商品需要消费者亲身体验，鞋子只有穿到脚上才能感觉舒服还是不舒服，衣服只有穿到自己身上才能感觉漂亮还是不漂亮。苹果公司在各国大城市繁华地段开设体验店，对于扩大影响和促进销售发挥了很大的作用。消费者不但可以试用手机、iPad 和电脑，直接咨询相关技术问题，而且会感受到"果粉"表现出来的热切氛围而触发购买欲望。因而线上线下相结合成为当前大家比较认同的商业模式。

除了早期践行 O2O 的苏宁，一号店和美味 77 网等向消费者提供生鲜肉品、水果和蔬菜，并提供 24 小时内送货上门服务，后来发展起来了大众点评网、聚美优品、美团网、唯品会、美团买菜、叮当快药等。电子商务巨头如京东等也积极在中国大城市中搭建冷链配送体系。苏浙汇在上海青浦经济开发区购买 50 亩土地，建立规模庞大的中央厨房，正在探索通过 O2O 打通供应链，解决满足不同菜系、不同口味顾客需要的商业模式，并已初见成效。中国餐饮和旅游行业的 O2O 应用已开展得相当蓬勃，并且已经扩展到住房与汽车服务。汽车买家可以在线上付定金或全款，然后

① 李鸿诚. 共享经济："双创"背景下的共享模式创新 [M]. 北京：企业管理出版社，2020.

② 区家彦. 房地产加互联网万达最新估值 3 000 亿元 [N]. 每日经济新闻，2014 - 12 - 12.

到经销商店面结清余款和提车。①

2015 年，叮当快药作为一款 O2O 模式下的医药健康类的互联网平台正式上线，是帮助药店为人民提供生活便利的第三方平台。叮当快药坚持以消费者为主，实行垂直一体化战略，包括自营药店、专业药剂师、自建配送、线上医院、药企联盟，真正做到多频道、全时间、全场景地为消费者解决健康的快需求、真问题。叮当快药可以根据所合作药店可辐射的最远距离和实际路况的边界设置电子围栏，从而科学、准确地规划配送范围。在中心区域内提供 24×7 的服务，并向用户作出 28 分钟内配送上门的承诺。不仅如此，叮当快药已经和 200 家著名的制药公司一起搭建了"FSC（factory service customer）药企联盟健康服务工程"，这种新模式将与传统医药企业联合起来，通过整合行业资源，集中采购联盟成员的原材料、辅助材料、包装材料等，从产业链条的上游使得药物成本减少，从而进一步降低药品价格，切实实现优质产品直达工厂，减轻百姓用药负担和压力。②

为了发挥 O2O 的协同优势，越来越多的互联网巨头选择直接入股或收购线下企业。腾讯控股宣布斥资 15 亿港元入股物流地产商华南城，持有后者 11.55% 的股权。阿里巴巴也宣布斥资 53.7 亿港元入股百货零售商银泰商业，后来持股比例不少于 25%。③

目前，开展医药 O2O 的主要平台是美团、饿了么，还有在 B2C 模式基础之上发展起来的京东健康、阿里健康、平安好医生以及百度医药等。从市场份额来看，第一名是京东健康，占据了 30.4% 的市场份额。之后的是阿里健康，占据了 26.8% 的市场份额。如今阿里健康、京东健康均已成功上市，与它们相比，叮当快药的发展速度还是比较缓慢的。在医药电商平台中，阿里健康、美团、京东健康使用率均在 30% 以上，处于第一梯队；而叮当快药、健客网紧随其后，为第二梯队；1 药网、好药师等产品使用率较低，处于第三梯队。④

5.2.3 终身免费模式

终身免费是智能互联时代被企业广泛采用的商业模式，特别是网络公

① 赵英. 百名优秀创业女性风采录［M］. 上海：文汇出版社，2011.
② 周先云，刘徽，孙兴力. 医药市场营销技术［M］. 武汉：华中科技大学出版社，2016.
③ 区家彦. 房地产加互联网万达最新估值 3 000 亿元［N］. 每日经济新闻，2014－12－12.
④ 杨杰，张昌倩，冯清清. 数字经济时代公司股权实用指南［M］. 北京：机械工业出版社，2022.

司、软件公司。免费的实质是"以丰补歉"，原来是农业经营的思路，面对气候的不确定性，配置不同的作物，例如抗旱与耐涝作物，保证有一定收成；之后被运用到工商业，成为常用的一种促销方式，例如免费品尝或试用、买二送一、买试纸送血糖仪等，其特点是一次性、阶段性、低价值免费。智能互联时代的免费具有不同特点，最突出的就是"终身免费"，例如免费邮箱；有时免费提供商品的价值可观，例如免费手机。这种免费的目的是增强消费粘性，发现高价值的用户，其技术经济基础是消费及收入的多层次结构，信息（知识）产品的边际成本随规模递减趋零。

实现免费模式的价值生产策略利用了消费的多层次结构和收入的多层次结构，例如邮箱业务和杀毒软件以高端客户补助低端客户、搜索服务以媒体广告客户补助免费读者、手机业务以后续使用费用抵偿前期购买费用、网络游戏业务以后期收入抵偿前期赠送软件费用、腾讯用从运营商获取的流量分成补贴免费使用微信的支出等。

终身免费模式对消费者具有极大的诱惑力，对竞争者具有巨大的冲击力，因而成为智能互联时代的一个竞争策略。1991 年成立的瑞星电脑科技开发部，因开发出 PC 机用硬件防病毒卡，使北京瑞星科技股份有限公司（以下简称瑞星），于 1993 年在 200 多个竞争对手中脱颖而出，其防病毒卡日销量近 1 000 套，毛利润达到 20 多万元，对于刚刚起步的中国软件业，这是一个令人震撼的记录。1998 年北京瑞星科技股份有限公司正式成立，把瑞星杀毒软件当作原始设备置入电脑中，借用联想、方正等知名公司的信任赢得用户。通过这种"寄生"的方式，瑞星不但免费打了广告，还极大地提高了市场占有率。1999 年，CIH 病毒首次在全球大爆发，瑞星成为国内第一个解决 CIH 病毒的杀毒软件，从而奠定了瑞星在杀毒软件界的霸主地位。2008 年奇虎 360 打出免费的口号进军杀毒软件市场，随后又捆绑拓展出了浏览器、网址导航和搜索等产品，迅速占领了杀毒软件市场的半壁江山。而包括瑞星在内的所有杀毒软件厂商仍带着老大哥式的傲慢，抗拒免费。当年瑞星收入减半，2009 年再次减半，甚至出现亏损。2010 年 11 月，金山宣布永久免费。4 个月后，瑞星认识到大势已去，只能宣布旗下所有个人杀毒软件将永久免费。同一年，移动互联网快速发展，奇虎 360 迅速建立以手机安全为核心，应用分发平台、移动搜索、手机硬件等软硬结合的移动生态布局。瑞星却再次错失转型的良机。2015 年 7 月统计表明，不论是用户、营业收入、利润，瑞星已经被 360 远远甩在后面，在软件市场几乎销声匿迹。①

5.2.4　社群经济模式

社群经济是指一群有共同兴趣、认知、价值观的用户在一起互动、交流、协作、感染，对产品品牌本身产生反哺的价值关系。这种建立在产品与粉丝群体之间的情感信任 + 价值反哺，共同作用形成自运转、自循环的范围经济系统。产品与消费者之间不再是单纯功能上的连接，消费者开始在产品功能之上附着诸如口碑、文化、格调、魅力人格等灵魂性的东西，从而建立情感上的无缝信任。②

小米也从粉丝经济过渡到社群经济。在创立之初，小米就定位于"走群众路线"，通过为用户营造参与感，打造"100 个梦想的赞助商"并借助社会化媒体形成了早期种子用户爆发。早期做 MIUI 时，雷军要不花钱将 MIUI 做到 100 万名用户。于是通过论坛做口碑，找资深用户，最后选了 100 位超级用户，参与 MIUI 的设计、研发、反应，也就是小米所谓的"100 个梦想的赞助商"。雷军每天会抽出一小时回复微博上的评论。每个工程师每天要回复 150 个帖子。而且在每一个帖子后面，都会有一个状态，显示这个建议被采纳的程度以及解决问题的工程师 ID，这给了用户被重视的感觉。中期小米还积极地与"米粉"交朋友。在用户投诉或不高兴的时候，客服有权根据自己的判断，自行赠送贴膜或其他小配件。小米还会赋予用户权利——成立"荣誉开发组"，让他们试用未发布的开发版，甚至参与绝密产品的开发，给了用户极大的荣誉感和认同感，让他们投入更大的激情参与产品的升级。③

此外还有线下的小米"同城会"，跟用户交朋友，让"发烧友"最先体验产品等。这极大地增加了用户的粘性和参与感。除了营造参与感，米粉节也是小米回馈众多"米粉"的节日。小米会在此阶段发布全新产品，以及往期产品大促销，利用极其诱人的促销折扣吸引粉丝疯抢产品，创造了一个又一个销售奇迹。2016 年米粉节，小米网总销售额突破 18.7 亿元，累计参与人数 4683 万人，游戏参与 10.2 亿次。④

麦肯锡 iConsumer2015 中国数字消费者调查⑤覆盖了中国不同级别城

①　黄圣淘. 新融合 [M]. 北京：企业管理出版社，2020.
②　柳华芳. 社群经济，改变中国的下一场互联网革命 [J]. 宁波经济：财经视点，2015 (5)：1.
③　雷军. 小米高速增长的管理秘诀 [J]. 现代营销：经营版，2017 (1)：46.
④　相关信息自小米社区内小米官方号发布内容中查询得到.
⑤　麦肯锡. 中国数字消费者调查报告：对选择和变化日益强烈的渴望 [R]. 2015.

市以及广大农村地区共计约 6.3 亿名互联网用户，对其行为和意愿进行了深入的调查与挖掘。QQ 和微信这类社交服务平台不仅为中国 5 亿名社交网络用户提供了通信和娱乐功能，同时还在很大程度上影响着他们的行为。调查显示，社交网络用户更多地使用网络购物（比使用社交网络之前增加 38%）。社交和购物行为穿插交织，导致中国购物者把朋友的推荐（无论是线上还是线下推荐）作为其网购时最重要的考量因素。2014 年，数千家商户将中国流行的直销模式移植到移动平台上，通过建立半私密的 50～100 人组成的微信群，向朋友和朋友的朋友销售从有机蔬菜到最新时装等各类商品。

社群是商家连接用户的最短途径和最经济方式。有社交的地方就有人群，有人群的地方就有市场，早期的社群经济以兴趣为中心形成松散的组织形式，由于缺乏无缝的连接，很少有人能够通过社群获得经济上的成功。

BBS 是最早期简单高效，形成区域、兴趣、组织等社群的模型，myspace 和百度贴吧经过 saas 模式将 BBS 进行分布式运营，把 BBS 式社群模式推向了历史的高峰。豆瓣的相对开放性和自由性让很多兴趣人群沉淀下来了，可是规模不大，不足以推动社群经济的崛起。人人网基于同学的社交网络出现后，掀起了社交网络的高潮，汇聚了全国的大学生群体，但也没有创造出企业参与的产品模式和生态。微博的出现是社群经济走出"蛋壳"的关键事件。社群经济已经衍生出分享经济（UBER）、粉丝经济（小米）、C2B（团购、众筹），社群经济要求企业组织自身社群化。QQ、微博、微信让人们感受到了互联网的力量和魔力，微信群、公众号、今日头条、微博、贴吧、直播等成为改变中国未来的新经济模式。

5.3 组织扁透化

组织是协作体制，是实现计划的社会载体。人们经常说，计划赶不上变化，其原因如下：一是计划本身的问题，计划对未来的变化及应对措施考虑不周；二是组织缺乏效率，反应迟滞。在复杂而多变的生态环境下，企业因应计划需要灵活的组织体制加以保证。传统的企业组织是根据大规模标准化生产、专业化分工协作需要建立的，在管理者精力限制其管理跨度的情况下，形成了金字塔的科层型、集权式、正规化的组织体制。

智能互联提供了高效沟通协调的工具，大大延伸了管理者的触角，提升了管理者的管理跨度，为适应复杂多变的生态环境，企业组织发生了深刻变化，主要表现为平台化、扁平化、柔性化、社群化和透明化。

5.3.1 平台型组织

工业化时代的组织是一个集中配置资源以达成统一目标的功能群体，例如生产汽车的工业企业集中人财物要素，分配给下属车间、部门，然后统一出售汽车；百货商店统一采购货品，然后配置到服装、鞋帽、箱包、首饰、照相器材、电器等部门出售，获取收益；银行吸收存款、集中资金然后配置到不同部门发放贷款，获取利差等。

智能互联时代出现各种各样的平台型组织。概括地说，平台商业模式是指连接两个（或更多）特定群体，为他们提供互动机制，满足所有群体的需求，并巧妙地从中盈利的商业模式。[①] 笔者认为，平台既是一种商业模式，又是一种新型体制。互动社群是体，运行规则是制。一个平台能够顺利运行，能够发展，就仰仗这两个要素，即社群的发展和规则的完善。[②]

平台型组织的特点是只提供基础设施，吸引和整合社会资源，满足社会需要，并不占有和直接配置这些资源，不进入企业的资产账目。这种组织形式早在智能互联时代以前就存在，例如大卖场就是连接买方和卖方两个群体的平台，企业通过提供场地收取费用。

智能互联时代的平台型组织，例如电子商务平台、App、网络约车等，与工业化时代的平台相比，其突出特点是群体聚合的载体不再是像大卖场那样的实体平台，而是现代化的信息网络平台，由于信息平台容量大、建设成本低，平台上的商业主体常常可以直接互动，因而越来越被人们选择使用。

（1）电子商务平台，主要起到提供渠道、撮合需求和供给的作用，并具有制定交易规则，监督物流、资金流和信息流的责任与功能，其利润来源是服务费用。

有位创业者于2011年在一家购物中心租店面卖油画，当时他30%的收入必须用来支付租金，后来他关掉了店面，专门在淘宝上卖画，2014年其销售额翻了一番，只需用16%的收入维护他在阿里巴巴的网店。虽然

---

① 陈威如，余卓轩. 平台战略——正在席卷全球的商业模式革命［M］. 北京：中信出版社，2013：7 – 8.

② 徐敏. 论互联网金融创新战略［J］. 中国金融电脑，2013.

激烈的竞争压低了淘宝上商品的售价，但商户可以通过提高销量赚钱①。仅"双十一"阿里电商交易额，2012 年为 191 亿元，2013 年为 350 亿元，2014 年为 571 亿元，2015 年为 912 亿元，2016 年为 1 207 亿元，2017 年为 1 682 亿元，2018 年为 2 135 亿元，2019 年为 2 684 亿元，2020 年为 4 982 亿元，2021 年为 5 403 亿元，其成为名副其实的一个全球性的购物嘉年华。②

第一，电商平台还应用于旅游行业：继携程、艺龙等在线旅游平台之后，2006 年 10 月途牛网成立，鉴于携程、艺龙等在渠道、产品资源等方面的竞争壁垒，途牛网决定只做旅游路线并对这一细分市场深耕细作，应用互联网优势整合旅游产业链，通过呼叫中心与业务运营体系服务客户。他们先是花费了半年时间树立了一个国内最全面的景点库，紧接着做了两个产品，即"路线图"和"拼盘"，致力于打造国内"驴友"交换的一个公共社区，逐步明确以后的运营模式：将国内众多旅行社的旅游线路集中在一起并且分类管理，让游客们通过访问途牛网了解感兴趣的旅游线路，或者向途牛网的客服咨询，最后在途牛网完成预订。当游客与各旅行社签署合同时，途牛网可以获得旅行社反馈的 3% ~7% 的佣金。为了扩展自身知名度，2007 年途牛网投入总预算的过半开展网络竞价排名营销，第一年就取得了超过百万元的赢利，客源中有 60% ~70% 是冲着竞价排名而来的，2008 年竞价排名营销为途牛网带来的赢利接近千万元。为了提高顾客满意度，途牛网把更大心思花在产品和服务上，力求让客户最简略、最便利地找到适合的路线，增强网络数据的实时更新，确保客户可以清晰看到所有旅游路线的订单数量、最新订单、热点订单、老客户评价等，以此为自己的出行作参考。同时针对旅游产品鱼龙混杂的情形，途牛网制定了回访制度，对所有订单进行逐个回访，确保服务质量，所有的回访记载公开透明地显示在网站上，分 5 项内容依据客户的评价进行打分，并最终盘算出每个产品的满意度，便于跟踪晋升质量以及便利后续客户选择。根据数据，客户的总体满意度到达了 95%。截至 2020 年 12 月，途牛网已建立了 30 多家境内外自营地接社。③

第二，电商平台应用于网络金融：通过互联网等电子终端发布筹款项

---

① 查尔斯·克洛弗. 阿里巴巴：中国电商拓荒者 [N]. 金融时报, 2014 – 03 – 26.

② 陈小芳, 朱孝立. 新编电子商务教程 [M]. 4 版. 合肥：中国科学技术大学出版社, 2022.

③ 石泽杰. 营销战略升级与模式创新 开创企业价值营销新时代 [M]. 北京：中国经济出版社, 2013.

目，通过社交网络与"多数人资助少数人"的思路募集资金的众筹模式，日益成为项目融资的重要方式。

（2）App 平台。将一定硬件设备作为功能载体和基础构架，吸引其他合作者通过深度开发应用软件，实现价值增值，利润来源是收益分成。

例如，百度的个性化新闻推送系统，能翻译 17 种语言，包括 180 多个翻译方向的百度翻译 App。腾讯开发的微信城市服务平台已经面向全国开放，涉及公安、交管、医疗、教育、住房、气象、生活缴费、文化生活等 27 个领域 3 000 项服务，服务用户超过 2.58 亿名，这同样是一个非常成功的平台战略个案。

苹果公司是 App 表现最为成功的企业，公司建立了应用软件平台，首款 AppStore 于 2008 年 7 月 10 日面世，当时仅有 500 款应用软件上线，2014 年通过 Apple 平台应用数量已超过 120 万款，下载量突破 750 亿次，苹果在 AppStore 上获利超过 500 亿美元，其中 150 亿美元作为分成支付给了软件开发者。[1] 截至 2021 年，苹果在 AppStore 上获利超过 2 600 亿美元，其中 600 亿美元作为分成支付给了软件开发者。[2]

5.3.2 社群化组织

传统组织的成员身份清楚、分工职责明确、合作契约清楚。在智能互联时代，出现了利用社会冗余人才资源，组织成员机动，自愿结合、自由流动的社群化组织形态。许多国家允许医生、教师、律师等多点执业，从而形成了全职医生与兼职医生并存的医院、全职教师与兼职教师兼容的大学、全职律师与兼职律师合作的事务所。这些都属于社群式组织。通过智能互联手段，社群化组织不但极有吸引力，而且极具生产力。

一次，某大学 Linux 服务器突然遭受黑客攻击，20 多个来自不同公司、住在不同时区、从未谋面的 Linux 社群成员合作，只用了 29 个小时就找出了安全漏洞并成功阻截了黑客攻击，完成了一项即使近距离办公也需要数周甚至数月才能完成的工作。没有人授权开展或领导这次行动，参与者谁都没有得到任何报酬，可他们就是自愿走到一起并肩作战。[3]

2014 年万科提出要实现战略转型，当时针对小朋友假期报辅导班的困难，确定一个叫作户外营地的业务。户外营地主要做两个主题：一个是

① 王秋实. 运营商应用商店，以互联网的姿态做互联网的事［EB/OL］.（2014-11-17）. http://www.miit.gov.cn/n11293472/n11293832/n15214847/n15218234/16261853.html.

② 戴瑾，刘志翔. 芯片风云［M］. 北京：中国科学技术出版社，2022.

③ 胡泳. 网络悄然改变管理模式［J］. 企业文化，2010（11）：3.

运动主题，另一个是探索主题。运动主题是通过滑雪、航海、帆船、攀岩、登山、马术等一系列的假期户外训练，希望能够培养孩子对一项运动、一项技能的爱好，成为他整个成长过程中为自己骄傲的一个理由。探索营地有点像大家看到的真人秀节目，一帮小朋友会变成一个团队，给他们一个任务，让他们自己去决定分工，去决定如何一起去完成这个任务。公司会有一个顾问跟着，只是在中间观察，观察每个小朋友在团队中，在讨论、合作时的行为特点，并不直接帮他们做任何事，也不会对他们商量的事给出任何意见，但在进入操作阶段时，要确保他们的安全，在探索营结束之后，顾问会给家长出一份报告，其内容包括两个部分：一方面是对小朋友天赋特征的分析——你的孩子在哪些方面表现出优于正常同龄孩子的地方，在哪些地方略有不足，这会成为其选择职业、选择人生方向的一个参考；另一方面是后天习得性的一些特征的体现，这会告诉家长你的孩子在哪些方面表现出超越同龄孩子的地方，在哪些方面有所不足，而这些习得性的差异可能来自学校，也可能来自家长对他的影响，通过这个报告来提醒家长在跟孩子相处时可能要作出一些修正。①

公司这项业务的销售极其顺利，户外营地没有打过一分钱的广告，仅仅通过微信朋友圈这个传播渠道，就取得了每梯度 3.7 倍的传播率。只要有一个家长参加过公司的户外营地，在朋友圈上秀一下，就会带来第二季 3.7 个客户，想一想 3.7 的 10 次方，是个不小的数字。但是公司遇到了报名太多而产能上不去的瓶颈，不得不去控制微信传播的范围，根本原因是招不到这么多的教练和顾问。因为无论是教练还是顾问，自己做一个工作室，只要有几个比较忠诚的客户，就可以让自己过得很好，为什么还要到你这里来上班，为什么要朝九晚五受到约束，而且把他创造的相当一部分价值交给公司呢？②

为了解决这个问题，公司想了很多办法。例如他们关注到滑雪教练和航海教练，因为气候因素，他们每年都有半年时间是闲着的，因此搞了一个培训让他们兼业，培训滑雪教练去考航海的资格证书，也培训航海教练考滑雪的资格证书，但效果很一般。原因是，教练觉得自己有半年的假期也挺好。最好的解决办法是，公司抛弃原来的固有制度，把企业从雇佣员工的方式改成一个平台。在这个平台上，所有的教练、顾问进入之后，就能够获得规模效应，能够赋予他更多机会和资源，同时，他并没有失去自

---

① 李志军，冯宗智，高翔. 社会化企业［M］. 北京：机械工业出版社，2013：96－97.

② 王诗才. 高级财务管理：理论与案例［M］. 武汉：华中科技大学出版社，2021.

己独立创业所能得到的那些好处，从而把这个业务做成一个集体创业的平台。①

小米成功的核心原因在于超强的团队。雷军坚持必须和聪明人一起共事。技术一流、有战斗力、有热情做一件事情的聪明人作出的产品注定是一流的。为了挖到聪明人，雷军不惜一切代价。前半年花了至少80%的时间找人，7个合伙牛人，3个本地加5个海归，全是技术背景，平均年龄42岁，经验极其丰富，分别来自金山、谷歌、摩托罗拉、微软等，土洋结合，理念一致，大都管过超过几百人的团队，充满创业热情。②

每天花费一半以上的时间来招募人才，前100名员工中每名员工入职都由雷军亲自见面并沟通。当时，招募优秀的硬件工程师尤其困难。有一次，一个非常资深和出色的硬件工程师被请来小米公司面试，他没有创业的决心，对小米的前途也有些怀疑，几个合伙人轮流和他交流，整整12个小时，打动了他，最后工程师说："好吧，我已经体力不支了，还是答应你们算了！"③

小米坚持全员6×12小时工作将近三年。维系这样的工作，从来没有实行过打卡制度，而且也没有施行公司范围内的关键绩效指标（KPI）考核制度。小米强调你要把别人的事当成第一件事，强调责任感。比如我的代码写完了，一定要别的工程师检查一下，别的工程师再忙，也必须第一时间先检查我的代码，然后再做他自己的事情。其他公司可能有一个晋升制度，大家都会为了晋升做事情，会导致价值的扭曲，为了创新而创新，不一定是为用户创新。其他公司对工程师强调的是把技术做好，在小米不一样，它要求工程师把这个事情做好，工程师必须要对用户价值负责。④

小米产品全部由电商销售，依据社群经济，采用社群化组织，与"米粉"交朋友，依靠"米粉"的口碑营销，减少了营销费用。采取用户深度参与的"体验经济"模式，从合伙人、产品经理到研发工程师，每天都拿出时间与用户QQ互动；每周五发布MIUI系统更新包，次周二回顾用户反馈，并如此迭代更新坚持至今。⑤

小米学习的是海底捞的企业文化，把交朋友变成一种全员行为，赋予一线权力。做朋友的心理就是，如果你的朋友来找你帮忙，你当然是能解

① 谭华杰. 企业边界消失了，企业"溶解"于社会，人"溶解"与组织［N］. 华夏基石e洞察，2016－12－04.

②③④⑤ 雷军. 小米高速增长的管理秘诀［J］. 现代营销：经营版，2017（1）：46.

决就立刻解决，解决不了也要想办法帮他解决。比如，用户投诉或不满意时，客服有权根据自己的判断，赠送贴膜或其他小配件。又如，曾有用户打来电话说，自己买小米是为了送客户，客户拿到手机还要去自己贴膜，这太麻烦了。于是在配送之前，小米的客服在订单上加注了送贴膜一个，这位用户很快感受到了小米的贴心。再比如，小米在微博客服上有个规定：15分钟快速响应。还专门开发了一个客服平台。不管是用户的建议还是吐槽，很快就有小米的人员进行回复和解答。从董事长开始，每天会花一个小时的时间回复微博上的评论。包括所有工程师，是否按时回复论坛上的帖子是工作考核的重要指标。为了让工程师拥有产品经理思维，公司从一开始就要求所有员工，对于在朋友使用小米手机过程中遇到任何问题，无论是硬件还是软件，无论是使用方法或技巧的问题，还是产品本身出现了漏洞，都要以解决问题的思路去帮助朋友。甚至要求所有工程师通过论坛、微博和QQ等渠道和用户直接取得联系。小米还让工程师们直面每一段代码成果在用户面前的反馈，当一项新开发的功能发布后，工程师们马上就会看到用户的反馈。小米甚至要求工程师参加和粉丝线下聚会的活动。小米副总裁洪锋说："这样的活动让工程师知道他做的东西在服务谁，他感受到了用户不仅仅是一个数字，是一张张脸，是一个实实在在的人物。当这些工程师觉得他写程序不是为了小米公司写，是为了他的粉丝在做一件工作的时候，这种价值实现是很重要的。"①

5.3.3 扁平化组织

大企业由于人数多，限于管理跨度，必然增加管理部门和管理层次，为了协调各个部门和各个层次的工作，就要发更多的文件，召开更多的会议，这就是人们通常说的繁文缛节。尽管这样，企业上下左右的沟通不但难以改善，而且管理效率越来越低。

在智能互联时代，由于通过互联网方便沟通，通过计算机可以代替管理人员完成程序性工作和常规性决策，因而可以精简管理队伍，增大管理幅度，减少管理层次，实现扁平化、精干化，提升管理效率。

例如，海尔的组织架构就是三个层次：一级经营体、二级经营体、三级经营体。

一级经营体：按照功能分为研究开发、制造、营销三类。其中负责研究开发的一级经营体被称为型号经营体，如三门冰箱经营体、对开门冰箱

---

① 雷军. 小米高速增长的管理秘诀［J］. 现代营销：经营版，2017（1）：46.

经营体、六门冰箱经营体等；负责营销的一级经营体被称为市场经营体，如江苏昆山经营体、南郊县经营体等；负责制造的一级经营体被称为线体经营体，如冰箱经营体、空调经营体等。

二级经营体：在海尔被称为平台经营体，相当于原来的职能科室，负责为一线经营体提供资源和专业的服务支持，如专项研发、质量控制、仓储运输服务等。

三级经营体：在海尔被称为战略经营体，是海尔的经营层。他们负责制定战略方向和发现新的市场机会，同时为经营体配置资源，包括人力资源、资产资金、信息等，帮助一线经营体达成目标。

中国在很长时间是产品稀缺、粗放经营，做很多却很累。一周工作7天，一天恨不得工作12个小时，还是干不好。结果就认为员工不够好，就搞培训、搞运动、洗脑。但从来没有考虑如何把事情做少。小米的信仰是好产品、快速度，管理必须简单。少做事，管理扁平化，才能把事情做到极致，才能快速。基于小米相信优秀的人本身就有很强的驱动力和自我管理能力，因而坚持组织扁平化。[1]

小米是一个有2 500多名员工的企业，组织架构基本上也就三级：七个核心创始人—部门leader—员工，也就是说七个核心创始人组成的高层，事业和职能部门、项目团队组成的部门，底下就是员工。而且控制团队规模，稍微大一点就拆分成小团队。[2]

从小米的办公布局就能看出这种组织结构：一层产品、一层营销、一层硬件、一层电商，每层由一名创始人坐镇，能"一竿子插到底"地执行。大家互不干涉，都希望能够在各自分管的领域给力，一起把这个事情做好。除了七个创始人有职位，其他人都没有职位，都是工程师，晋升的唯一奖励就是涨薪。不需要你考虑太多杂事和杂念，没有什么团队利益，一心在事情上。

这样的管理制度减少了层级之间互相汇报浪费的时间。2500多人的队伍，除每周一的1小时公司级例会之外很少开会，也没什么季度总结会、半年总结会。成立3年多，7个合伙人只开过3次集体大会。例如2012年815电商大战，策划、设计、开发、供应链这一流程仅用了不到24小时准备，上线后微博转发量近10万次，销售量近20万台，成效非常显著。[3]

① 雷军. 小米的HR之道［J］. 现代企业文化（上旬），2014（7）：60 – 61.

②③ 汪籽伶. 小米公司的组织结构管理模式以及用人之道［J］. 知识经济，2017（3）：106 – 107.

5.3.4　透明化组织

智能互联时代企业的产品和技术、商业和管理模式、财务和人员状况、高层决策以及员工认知日益变得透明。这是为什么呢？这是由以下几股力量推动的。

首先是宏观治理的要求。各国为了保护消费者的权益，政府要求公开产品重要信息，而且通过 IT 技术留下可以追溯的痕迹；为了保护投资者的权益，政府强制要求公众公司公开披露财务信息，隐瞒作假者将被惩治，而通过资本市场融资已经成为大多数企业的愿望；为了满足员工民主化的要求，许多国家要求规模较大，特别是国家控股企业"厂务公开"。

其次是企业发展的要求。企业为了提升品牌价值、改善公关形象，吸引消费者和优秀人才，他们通过各种媒体努力展现自身的靓丽业绩、管理经验和"美颜秀体"，全球几万家知名企业每年都公开发布社会责任报告；中国企业联合会为了推动管理现代化，鼓励企业参与管理创新成果评选，仅国家级、省级和行业级的申报企业每年数以万计，整个申报、评选、公示流程都在互联网上进行；为了调动员工积极性，越来越多的企业高层主动与员工共商企业发展大计，并经常通过博客、电子邮件等新媒体与员工沟通互动。

最后是科技发展、市场经济要素流动、相互竞争和媒体挖掘传播的结果。产权交易和人才流动导致企业的核心技术和商业秘密半公开化；只要你属于"另类"，无论你是表现优异的独角兽，还是弄虚作假的产业链，很快就会被媒体曝光。更可怕的是，在高科技下，企业快要接近在市场"裸跑"了。例如 Orbital Insight 认为，可以通过卫星影像搜寻世界各地，获得近乎实时的有用情报。他们开发出的神经网络找到了中国的 2001 个储油罐，而之前发现的储油罐只有 500 个。通过测量这些油罐投射的阴影长度就能够定期估计石油消费模式。利用卫星影像来记录美国商店外停车位的使用情况，从而可以很好地估计客流量。或者还可以生成热量地图来估计全世界的作物产量。通过对社交媒体和公共信息板的情绪分析来了解客户对公司的观感。客户不满度飙升是非常强烈的卖出信号。①

《孙子兵法·谋攻篇》中有句格言："上下同欲者胜。"如何让上下同欲，如何让企业上下有共同的愿景目标，前提是上下沟通良好，对自身处境以及基本对策有共识。传统的沟通渠道效率低，造成信息不对称、协商

---

① 约翰·桑希尔. 用大数据技术挖掘投资信息［N］. 金融时报，2017 – 03 – 27.

不通畅、目标不一致。

从 2001 年开始，IBM 就组织全球 30 万名员工展开"创新大讨论"，鼓励所有员工去发现创新机会，加快内部协作解决问题。2003 年的"价值观大讨论"是公司近 100 年来第一次有机会重新定义公司核心价值观；2004 年"创新大讨论"的主题是如何落实公司核心价值观，如何推动增长和创新，通过头脑风暴法，产生了 191 个务实创意，然后又通过讨论筛选出最佳创意，公司高层承诺实施排名前 35 位的创意，包括精简运营流程、每年节约数千小时工作时间、简化业务部门之间的财务和销售流程等；在 2006 年大讨论中，公司召集来自 104 个国家（地区）和 67 家客户公司的 15 万人，结果公司推动了 15 项新业务，投入的种子资金达 1 亿美元。①

小米有一个理念，就是要和员工一起分享利益，通过透明的利益分享机制尽可能多地分享利益。小米刚成立的时候，就推行了全员持股、全员投资的计划。小米最初的 56 个员工，自掏腰包总共投资了 1 100 万美元——均摊下来每人投资约 20 万美元。② 公司给了他们足够的回报，一是工资，二是在期权上有很大的上升空间，而且每年公司还有一些内部回购。虽然团队做事确实有时候压力很大，但大家会觉得有很强的满足感，很多用户会极力追捧他。

5.4　运营集成化

企业的目标是通过运营实现的，从订单计划、产品设计开始，包括研发、采购、生产、营销、储运、售后服务、质量管理、成本控制等环节。工业化时代的运营管理是专业化的模式，每个环节有一个专业化部门负责管理。

智能互联时代利用技术实现了集成化的运营管理，企业广泛实行了多业务一站式服务、技商管系统集成、价值链并行联动，提升了运营效率，改善了用户体验。

5.4.1　多业务"一站式"集成服务

随着经营环境复杂性的不断增加，业务运营也日益复杂，企业需要通

---

① 李志军，冯宗智，高翔著. 社会化企业［M］. 北京：机械工业出版社，2013：98 - 99.
② 雷军. 小米的 HR 之道［J］. 现代企业文化（上旬），2014（7）：60 - 61.

过更优质、多元的数据，综合协调地利用分析工具与先进技术，全方位了解企业运营的各个环节。例如化工企业恒力集团，为应对不断上升的人力与能耗成本挑战，恒力集团借助数字孪生等数字技术不断深化制造智能化。恒力石化自主研发工业互联网平台通过建立"用数据说话、用数据决策、用数据管理、用数据创新"的机制，重点从工艺流程管控和重大设备管理两个方面入手，初步实现了生产过程中全要素智能感知互联、高效数据集成、智能协作与共融，并通过生产线数字孪生系统，实现了生产线孪生对象数据同步与交换，打造生产管控智能化体系。①

北汽新能源为解决由工学矛盾导致的员工成长问题，自 2016 年初正式上线了员工电子化学习平台。该平台按照岗位序列，为不同类型的员工推送本岗位最具价值的电子化课程，不断上线大量来自中欧商学院、腾讯、网易、多贝等多家教育网站的视频资源、海量的学习资源。该平台可打通 PC 端、手机端、微信端等应用，满足任何人在任何时间、任何地点的学习要求。培训方式全部采用无纸化办公，所有报名签到、反馈评价均可扫码一键解决，强大的系统后台即时输出数据，分析学员学习行为，大数据化的培训管理，让公司对员工的能力发展尽在掌握。②

据统计，1990～2006 年，人口只有 5 700 万人的英国，报纸读者就减少了 500 多万人。2009 年 12 月 14 日，《卫报》登陆苹果手机，为苹果手机用户提供收费的新闻服务。随后各大报纸纷纷在智能手机亮相，《泰晤士报》推出了 iPhone 版本；2010 年 8 月 13 日，美国《华尔街日报》登陆英国的苹果应用商店；英国《每日电讯报》经过一段时间的观望之后，终于在 2010 年 9 月推出其 iPhone 免费应用程序；两家免费报纸《伦敦旗帜报》《地铁报》以及另外一家大报《独立报》，也都先后登陆了苹果手机应用商店。经过近些年电子化的实践，英国的报人们感觉仅仅办个网络版，仍无法挽救报业的颓势。在智能互联时代，只有借助新兴的电子媒介平台，以受众需求为出发点，借助受众的社会关系、本地信息需求及其所占有的移动互联技术，报业才能找到新的出路。于是，他们借助智能手机终端，除了为读者提供传统纸质的文字、图片和其他静止符号，还可以增加动画、声音、影片及其他多媒体效果。智能手机报像是一个可读内容的"仓库"，例如《泰晤士报》智能手机版的首页呈现各个板块（新闻、观

① 曲井泉. 数字孪生项目在恒力石化正式上线，恒力集团官网，2020 年 12 月.
② 中国企业联合会创新办公室. 新能源汽车企业基于组织创新力的生态化、数字化战略实施［R］. 北京新能源汽车股份有限公司管理现代化成果，2017.

点、商业、财富、体育、生活、艺术）头条及其他重要内容，交由读者根据兴趣选择，并可以直接将自己喜欢的页面通过电子邮件、推特等方式转发给好友；报业公司还可以发挥"推送"功能，及时把新消息传递给用户，提醒他们查看。以《泰晤士报》为例，它在2012年3月23日下午7点53分推送了一条新消息给用户，"廉价酒精导致城镇中心陷入混乱——特蕾莎·梅如是说"，用户点击后即可查看。一般而言，《泰晤士报》每天向用户推送的次数接近十次。在互动性和读者的反馈环节上，只要读者在智能手机上进行注册，便可以轻松地留言，表达自己对新闻的感受和看法，或者转发到自己的社交网站主页上，与自己的好友分享阅读体验。在改善读者体验的基础上，报业公司正在借助智能手机的应用平台，探索订阅、发行、广告等收入来源多元化，实现新的盈利模式。[①]

5.4.2　技术—管理—商业的系统集成

在信息化的初期，企业技术部门、商务部门、管理部门各自推动计算机应用，引进不同的IT系统和通信标准，形成一个个信息孤岛。随着智能互联的推进，企业通过各种信息的数模转换，建立统一的通信标准，将产品、工程、制造等技术管理系统和采购、营销、税务、法务等商业管理系统以及生产计划、质量控制、预算管理、成本核算、人力资源管理等系统打通，形成企业统一的数字化集成经营管理平台，使资源达到充分共享，实现集中、高效、便利的管理。

北汽新能源公司自2012年上线推行企业资源管理系统（ERP）后，陆续分步骤设计实施了制造执行系统（MES）、仓库管理系统（WMS）、供应商关系管理系统（SRM）、质量管理系统（QMS），涉及财务、生产、物流、采购、质量管理等相关业务流程，随后又引入了物联网及移动设备，如应用电子拣选系统及PAD、手持PDA等智能终端设备支持业务操作，2015年3月开发部署了产品开发管理系统（PDM），并完成了支持用户服务请求处理，如咨询、投诉的呼叫中心和支持销售管理团队、大客户管理团队、经销商等协同完成批量销售、零售、车辆维修等业务的DMS上线和推行。逐步建成的信息化集成管理体系为企业业务流程的不断优化和完善、经营效益的提升提供了有力保障。[②]

---

①　张磊，左登基.迎接智能互联时代：英国报业的新革命［J］.青年记者，2012（10）：15-16.

②　中国企业联合会.全国企业管理现代化创新成果［M］.北京：企业管理出版社，2018.

5.4.3 价值链节点并行联动

2007年，中航工业第一飞机设计研究院承担了我国运－20大型运输机研制任务。大型运输机由数百万个零部件组成，涉及航空、新材料、精密加工、高性能计算、先进机电等高精尖产业和技术领域，研制任务相当艰巨。

传统的飞机研制是基于二维图纸的串行研制模式，该模式中二维图纸是设计和制造的主要依据，通常采用厂、所分工协作的组织模式。设计所内部多个专业之间独立工作，设计图纸发放给制造厂后才能开始工艺设计及生产准备。整个研制流程难以实现多个要素的协同，整个研制过程的信息表达、传递和管控效率低下难以保证一致性，成本和质量不受控。

该研究院突破传统的研制模式，针对大型运输机跨地域、多企业、多专业联合研制的需要，将基于模型的设计MBD标准、工程项目管控协同、总体方案设计协同、全机关联设计协同、设计制造研制协同、设计试飞验证协同和综合保障服务协同等管理创新方法纳入大型运输机的研制链中，形成支撑大型运输机研制的"一个基础，六个协同"集成管理模式，统一技术标准，建立全过程管控体系，解决参研单位水平参差不齐、零部件标准千差万别、售后与服务保障边界不清晰、管理机制不健全等问题，

研究院以并行工程方法为指导，开展协同业务流程，包括项目管控、构型控制、方案迭代、产品设计、数据发放、生产问题管控等方面的全面梳理和定义；坚持"统一IT架构"和"统一IT治理"的总体思路，按照大型运输机研制全生命周期各阶段核心业务需求，充分考虑全价值链、全产业链的协同，加强顶层设计，精心构建支撑全域协同研制平台框架，保证大型运输机数字化研发规范、有效、协调推进，奠定了信息化应用的基础；建立全三维设计标准，全流程贯通零部件数据信息；成立涵盖总体、结构、系统、信息化和标准的IPT团队，开展关联设计标准体系攻关，从骨架模型分类、骨架模型元素定义、成熟度定义等方面建立完整的关联设计标准规范，对骨架模型构建及接口发布、成熟度控制的并行设计、上下游更改传递等业务过程定义标准化的作业流程，建立起在线关联设计模式下新的研制规范和研制纪律；采用先进的关联设计方法，实现设计更改信息100%传递，推动整个设计上下游之间更改的"联动"，使得上游更改能够自动驱动下游更改过程；通过金航网构建一院六厂网络协同平台，使得大运研制六家主要机体研制单位跨企业、跨地域互联互通，建立大型运输机研制数据审签、发放、更改等流程控制和基于试制问题记录和处理流

程等，使飞机研制过程实现精细化管理。

通过实施设计制造协同，缩短了制造准备周期，加快了设计制造沟通协调，规范了生产问题闭环流程，大大缩短了飞机产品的研制周期。经过 6 年多的持续努力，实现飞机设计制造从传统的真实物理空间向虚拟空间延伸，用同类飞机一半的周期时间，成功研制出我国历史上吨位最大、最先进的大型运输机，于 2013 年实现首飞，使中国跻身世界上少数可以自主研发 200 吨级大型运输飞机的国家之列，为实现强军梦、中国梦作出了重大贡献。[①]

5.5　控制精益化

智能互联为精益经营提供了有效的工具，对企业经营的各个阶段包括研发设计、采购、生产、营销的质量、成本、进度实行全程精细化管控。

5.5.1　智能互联的集团管控[*]

对于大型发电企业而言，其核心业务是电力生产运行，其关键资源是电力燃料和资金，因此加强集团管控的关键是实施关键要素的集约化管理，加强生产、燃料和资金的管控。中国大唐集团运用互联网＋、大数据、云计算等现代技术，建立生产、燃料、资金调度中心，推动核心业务和关键资源管理实现纵向贯通、横向协同，有效提升集团管控能力、提高经济效益和管理效率、防范经营管理风险。

（1）实施生产运行集约监控。为提高对电力生产的"在线"管控能力，实现电力生产的早期预警、实时诊断、远期预测和设备全生命周期性能优化，中国大唐运用先进的信息技术及设计理念，建立覆盖三级生产经营主体，涵盖电力、煤炭等主要生产业务领域，安全可靠、实时高效、信息畅通的生产调度中心。生产调度中心包括企业生产实时数据中心、实时监控平台和生产管理平台三大部分，涵盖实时数据监控、机组耗能诊断、环保在线监测、机组实时对标分析四项核心技术，实现过程监控、生产管理和经营支撑三大功能。

---

① 中国企业联合会创新办公室. 大型运输机全三维数字化网络协同研发管理［R］. 中航工业第一飞机设计研究院管理现代化成果，2016.

＊ 中国企业联合会. 全国企业管理现代化创新成果［M］. 北京：企业管理出版社，2010.

推行实时数据监控。开发建设实时监控系统，实现发电资产、机组实时运行状态及运行方式变化、主要运行参数的在线监视，机组出力状况的实时掌握，机组运行参数的实时监视，主要指标历史趋势、发电量变化及历史趋势、非电资产、设备运行状态、安全可靠程度、生产连续性、重要岗点部位的实时可视化监控。

开展机组能耗诊断。开发建设机组能耗诊断分析系统，根据不同工艺与机组参数运用智能算法建立诊断模型，将工艺系统及设备运行状态的实时监测数据输入智能模型，从而得到当前机组能耗状况。该系统具有自学计算分析功能，利用基于大数据分析的置信度逼近理论等高级数学分析算法，从设备多年的运行状态的海量历史/实时数据中，自动分析出设备正常的运行规律，得出历史数据和参数间的统计关联关系，以此为基础建立设备的机械模型或效能模型。通过利用模式识别技术将实时数据接入模型进行计算分析，实时监视设备运行状态，捕捉设备早期异常征兆，实现设备运行健康度监测、劣化趋势跟踪及设备故障早期预警。根据机组设备监测信息，工作人员制定合理的点检路线，减少点检工作的盲目性，提升点检效率。针对关键设备异常预警信息，系统根据已有故障库进行智能故障诊断；将故障诊断的处理过程传输到外围生产管理系统，实现信息共享，避免信息孤岛现象的产生；系统根据预警信息、诊断信息生成工作人员关注的报表，并集成到其他外围信息系统。

实施环保在线监测。建设环保污染物排放实时自动监测平台，建立覆盖三级责任主体的生产在线监控系统，自动实现各级间的数据共享和数据交换，按照测点特性，分周期（每周期＜1分钟）自动采集生产实时数据中的33个环保指标，在中国大唐总部服务器进行统一存储、集中监测和分析。

开展机组实时对标。通过对发电机组生产数据的分析计算，并对比近年同类具有先进水平的中国、美国、日本、德国等主要国家的发电标杆机组的发电量、发电能源消耗率、厂用电率、电厂效率等指标，了解机组情况，指导基层企业优化运行工作，实现对节能减排工作的全程管控、优化指导，促进节能减排工作有序开展。将基层火电企业的运行数据通过远程访问的方式链接到集团生产调度中心，实现在线对标分析，提升实时系统对指标分析、分类对标能力。

生产调度中心实现了对生产全过程的在线监控、分析和预警，并能够满足政府部门的安全、环保监管要求，是中国大唐开展"优化运行、确保安全、降本增效"的重要平台与抓手，是集团总部监测、管控生产现场的窗口，为安全生产的可控、在控提供了支撑，对于提高集团管控能力，提升企业管理效率，促进"价值思维，效益导向"理念的落实，具有重要意义。

（2）实施燃料集约管控：为有效控制燃料采购成本、降低燃料供应风险、提高燃料配置效率、发挥规模采购效应，中国大唐运用现代信息技术，建立燃料调度中心，对燃料实施集约化配置。燃料调度中心包括基层企业的燃料实时采集统计系统、燃料运营监督与分析系统、科学配煤掺烧管理系统、省级公司的区域燃料市场信息统计分析系统，以及集团公司的燃料阳光采购平台五大功能模块，集中管控系统所有火电企业燃料。通过燃料调度中心，实现采购、优化配置、燃料使用、过程管控等关键环节的闭环集约管控。[①]

加强燃料集中采购。为发挥规模效应，在条件具备的区域（如内蒙古地区）推动实施燃料集中采购，提高议价能力。开发需求预测模型和配煤掺烧技术，指导各区域集中采购或批量采购，降低集团整体成本，充分发挥集团化规模采购优势、协同优势。

实施燃料优化配置。结合电厂分布情况，利用大数据分析技术，建立区域中转配送基地、实施区域联合储备，增强供应链的调剂能力，引入低价资源调控区域内煤炭资源，提高燃料资源的优化配置效率。

实施科学配煤掺烧。根据电厂负荷水平及锅炉燃煤需求，在满足锅炉安全燃烧和污染物排放达标的前提下，在精确检测各类煤种的成分、发热值、燃烧特性以及硫、灰分等污染物含量的基础上，"肥瘦搭配"，合理掺和多个煤种入炉燃烧，实现燃料成本最低。

（3）实施全过程数字化管控：大唐集团以"业务驱动财务"为原则，以"价值链管控"为手段，基于统一的燃料调度中心，实施燃料计划、采购、结算、付款、成本核算、统计与报表、燃油管理等全过程的规范化数字化管理，提升各个环节的效率效益。在梳理燃料管理相关标准、流程的基础上，搭建入厂验收监管系统、数字化煤场、数字化标准化验室、统计分析与综合查询、系统管理等十余个子系统，实现对实物燃料从采购入厂到入炉燃用全过程的精益远程管理。燃料调度中心实现了多主体复杂多样环境下的燃料集中采购和优化配置，实现了多煤种高效分级利用，实现了集团化燃料"采制化存"一体化，推动了全集团所有火电企业实现燃料规

---

① 佚名. 中国大唐集团公司创新驱动促进转型升级产研合作催生发展活力［J］. 中国科技产业，2017（1）：3.

范化、标准化、智慧化闭环管控，发挥了"显微镜"和"望远镜"的作用，有效提高了燃料供应保障能力、控制了燃料供应成本、降低了燃料供应风险。

（4）实施资金集约化运作：针对资金分散运作模式下效益不能充分发挥、风险不能有效监控等突出问题，中国大唐运用现代信息技术，建立覆盖全部经营单位，包含账户管理、资金预算、定向支付和预警四大模块，实现账户监控、资金监控、预算监控、资金配置、金融信息、统计分析、图形展示七项功能的资金调度中心，实现对资金的集约管控。

（5）加强银行账户集中监控。通过资金调度中心，在线集中监控管理集团系统各经营单位所有银行账户，精简账户数量、优化账户结构、提高账户使用效率，及时清理闲置账户，为资金集中管理使用和统一调度奠定基础，并且有效防控各类经营、财经纪律乃至廉政风险，有效提高运营管理效率。

（6）强化资金预算管控。将集团公司预算管理相关规定固化到资金调度中心的预算模块，通过与全面预算管理对接，实现严格按照财务预算审批系统各单位资金预算。预算执行中，从严审核各项预算调整，确保资金收支在预算范围内正常运行，实现资金调度闭环管理。

（7）提升资金使用效益。在全面掌握企业系统整体资金预算的基础上，合理预测未来需求，有效发挥企业财务公司资金池的安全平衡、统筹运作、高效调配作用，充分发挥资金集中调度运作效益。

提升决策支撑能力。通过资金调度中心集成集团资金运行信息，实现数据的归集、统计、分析功能，实现过程管控的可视化，为经营决策提供参考依据。

严格资金风险防控。严格定向支付管理，精心设计预警要件，强化支付预警处置功能，做到实时反馈，及时处理。

资金调度中心实现了资金流实时监控、智能识别、可视化动态感知，解决了每年 2 万亿元资金流的在线监控问题，发挥了"保险箱"和"蓄水池"的作用，风险得到有效防控，大幅提升了集团资金的集约化管理水平和风险防控能力。

5.5.2　智能互联的风险管控

在食药企业食品安全风险管控方面，蒙牛集团（以下简称蒙牛）为了保证牛奶质量，控制成本，运用大数据管理平台，指导各牧场改善饲养环境、合理饲喂、改善牛群结构、规范挤奶流程，并可以追踪每一批产品的奶源和物流过程。

在高危作业人身安全的风险管控方面，皖北煤电集团不但为每个矿井装置了监测设备，还为每个下井矿工和管理人员配备了 GPS[①] 定位设备，管理部门能够实时观察每个工作面的作业情况，一旦发生危情或事故，能够准确找到员工所在位置，及时予以救援。

典型案例：金融企业管控信用风险。[②]

作为拥有 4.32 亿名个人客户和 437.5 万名公司客户的国际领先的大型商业银行，中国工商银行（以下简称工商银行）近年来一直推动建立最安全银行，通过建设新型外部欺诈风险控制体系，协助客户防范外部欺诈的侵害，提升对客户利益的保障能力，履行社会责任，树立最受尊敬银行的形象。

据工商银行统计，与 2007 年相比，2020 年全行外部欺诈风险事件数量增长率超过 200%。

目前国际先进同业如汇丰银行（HSBC）、花旗银行（CITIBANK）、加拿大皇家银行（RBC）等均已通过建立欺诈风险管理体系，在削减管理成本、抑制欺诈损失等方面取得了显著成效。

工商银行已经建立了集事前防范、事中预警控制、事后统计分析于一体、覆盖风险前、中、后阶段的外部欺诈风险控制全流程体系（见图 5 – 1）。具体包括以下方面。

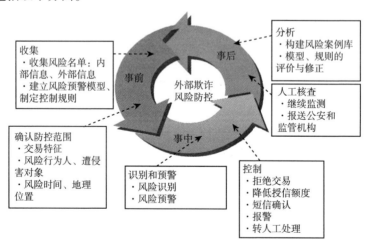

图 5 – 1　外部欺诈风险防控流程体系

---

①　GPS 即全球定位系统。

②　Jo H，Kim H，Park K. Corporate Environmental Responsibility and Firm Performance in the Financial Services Sector [J]. Journal of Business Ethics，2014，131（2）：257 – 284.

事前——广泛收集来自银行内部和政府部门、社会单位、专业机构、银行同业提供的外部欺诈风险事件和信息数据并录入风险管理系统，建立系统与各业务管理系统的对接；风险管理专业团队和专家根据风险事件的特点确定防控要点（如账户特征和交易特征，风险行为人和易遭侵害客户的行为特征，风险高发时间、营业场所位置等），并据此建立风险预警模型和控制规则。

事中——风险管理系统在业务办理过程中进行实时或准实时批量筛查，通过风险模型判断识别客户和业务是否存在欺诈风险。如符合模型特征即向业务经办人员提示预警。一般性风险由系统自动根据业务控制规则对业务作审批通过或拒绝交易；严重风险或符合复杂规则的转人工处理。

事后——综合事前、事中风险信息和处置结果，构建风险案例库，并对预警模型和控制规则进行评价修正；对于事中环节转来的待人工核查事件，由风险管理和业务团队分析后采取降低授信额度、调低客户服务等级或继续监测、报送公安部门和监管机构等措施。

中国工商银行在没有现有经验可供借鉴的基础上，克服重重困难，坚持自主创新，历时 1 年半，投入上百人的专业研发力量，于 2013 初在国内外银行同业中率先建成并投产了全功能外部欺诈风险管理控制平台（以下简称欺诈风险防控平台）。

自 2013 年 10 月欺诈风险防控平台与转账、汇款业务交易对接应用以来，通过对每一笔由工商银行柜面汇出的资金交易内容与外部欺诈风险信息库作比对筛查，至 2014 年 9 月末，共触发风险预警信息 3 600 余次，经业务核查成功堵截电信诈骗事件近 3 000 起，共为客户避免欺诈受损 6 800 万元人民币，并多次成功防堵涉案百万元以上的重大诈骗犯罪，引起社会热烈反响，赢得广泛赞誉。

为了应对严峻复杂的外部欺诈风险形势，工商银行不断探索建立新型风险管控体系，2016 年启动企业级反欺诈管理平台建设，目前已建成"信息共享、技术共用、欺诈共防、步调共同"的企业级反欺诈管理平台，实现覆盖全集团、全产品、全渠道的欺诈风险事前、事中、事后全流程管理，助力构建自动化、智能化、高效率的集团反欺诈工作体系，维护客户资金安全、营造良好金融生态。

工商银行企业级反欺诈管理平台依托先进的大数据及人工智能技术，实现各业务领域风险事件、特征、名单、策略、模型的挖掘整合，通过流数据处理、大数据分析、机器学习建模、知识图谱分析等能力，面向客户提供事前申请反欺诈、事中交易反欺诈和事后风险监控等全方位反欺诈智能服务，建立了"一点出险，全面布控"的交叉布控机制。该平台具备数据夯实、灵活部署、高效识别、柔性干预、智能防控的特点。①

（1）数据夯实，整合建成企业级反欺诈信息库。基于大数据技术，企业级反欺诈管理平台按客户维度集成整合了行内外近百类风险数据，形成上亿级海量风险数据库，通过平台化管理和标准化输出，实现风险信息在全行范围的共享共用，形成了"名单库""风险事件库"和"特征库"三大反欺诈信息库。②

集团反欺诈名单库在整合分散于行内各专业的黑灰名单的基础上，进一步引入涵盖各政府职能部门、社会公信体系、国内外银行同业、国际反欺诈组织、互联网大数据公司的各类风险名单，同时，通过对客户交易、资产、欺诈事件等历史数据的挖掘，形成了首次还款违约、养卡客户等特色风险名单。目前已收集107类风险名单，数据规模已超3 000万条，有效防止风险传染和复现。③

集团风险事件库基于统一的欺诈事件分类和认定标准，已采集纳入信用卡、电子银行、借记卡、三方支付等专业的既遂和未遂欺诈事件480万余条，及时反映欺诈形势，也作为风控模型训练的基础。④

欺诈风险特征由风险数据统一转化形成，通过将事件、名单等风险信息，按客户、账户、设备、交易等进行分类整合转化，实现风险特征对原始风险数据信息价值的替代。集团反欺诈特征库现已纳入1 600余个欺诈风险特征，支撑以风险特征为基础的反欺诈规则模型应用体系，支持实现风控策略的快速部署。

（2）灵活部署，支持风险模型、风险服务的灵活配置部署，适应产品快速创新需要。为快速应对外部欺诈风险的变化，企业级反欺诈管理平台实现了基于自然语言的可视化模型灵活挖掘和即时布控，依托企业级反欺诈信息库，业务人员可随时根据最新的风险形势在线挖掘部署模型，将模型上线时间从数月缩短到即时。大幅提升了风险管理人员对欺诈热点的响应速度，前瞻性评估和揭示新兴业务存在的外部欺诈风险情况，有效管控产品快速创新过程中出现的新型欺诈风险。同时，系统通过将风险服务标准化，实现风险服务灵活部署，基于工商银行 PaaS 云平台，系统将风险服务进行封装，提供了一种标准、可伸缩的风险服务，可将风险服务前移，嵌入各业务流程，保障服务灵活度高、耦合

---

①②③④　李金浩. 筑欺诈风险防火墙，护客户资金安全——工商银行企业级反欺诈管理平台建设成果［J］. 中国金融电脑，2020（1）：30 – 32.

性低。

（3）高效识别，提供毫秒级、高并发的实时反欺诈风险防控能力。企业级反欺诈管理平台应用流式计算技术和弹性可扩展系统架构，支持数据高速计算和多机协同处理，可从每秒上万笔金融交易中实时识别出欺诈交易，有效应对双十一购物节、商城秒杀活动等短时间、高并发交易的业务场景。平台能提供 7×24 小时不间断服务，每日可处理 1 亿笔交易，且99% 以上交易的整体欺诈判断耗时控制在 20 毫秒内，为客户提供"无感知"的实时欺诈防控。同时，通过"黑名单定点清除 + 风险监控模型"互为补充的风控模式，用"精准打击"的事中风险自动预警模式代替传统的"撒网捕鱼"式监控风险预警和人工事后干预，在业务办理流程中加装一道高科技的"防火墙"。

（4）柔性干预，提供丰富多样的风险决策支持，支持对风险的柔性干预。企业级反欺诈管理平台致力于打造风险和体验相平衡的柔性防控模式，根据不同渠道特点、业务和风险类型，建立分级干预策略，对于中低风险，采用增强身份验证等柔性干预策略，提升客户体验；对于高风险交易，采用终止支付等干预策略，确保客户资金安全。[①]

（5）智能防控，应用人工智能技术打造全流程欺诈防控体系。近年来，随着人工智能技术的发展，系统在智能化方面进一步拓展，结合工商银行专家团队多年业务经验，研发了覆盖事前、事中和事后的智能高效的AI 风险防控模型（见图 5-2）。

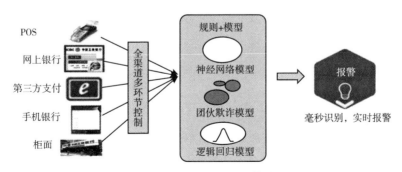

图 5-2　AI 风险防控模型

系统依托工商银行自主研发的人工智能平台，应用各类多维客户特征

————————

① 李金浩. 筑欺诈风险防火墙，护客户资金安全——工商银行企业级反欺诈管理平台建设成果［J］. 中国金融电脑，2020（1）：30-32.

及丰富的风险基础数据，基于神经网络、逻辑回归、梯度提升决策树（GBDT）、随机森林等算法，构建反欺诈智能模型。相较于传统规则模型，智能模型具备以下优势：

模型特征体系更加细致完善，风险刻画及识别能力更强。以 B2C 交易反欺诈模型为例，模型从应用客户、商户、交易、行为信息中提炼了 700 余个基础特征，通过离散化、特征组合、时序拼接等操作，最终形成超高维的离散特征空间应用在智能模型中，最终智能模型的风险准确率较传统模型可提升 1 倍多。

风险的量化能力更精准，以申请反欺诈评分模型为例，以信用卡申请表、征信、行内资产等信息为基础，应用逻辑回归算法和 GBDT 算法，预测申请人发生首次还款违约欺诈概率，实现申请人欺诈风险的量化，模型 KS 值达 45%。应用模型自学习机制以及冠军挑战模式，确保模型效能不断提升强化。

在团伙欺诈防控方面，基于图计算技术，构建客户关系知识图谱，并使用图算法，实现对申请人信息趋同、异地申请占比高的可疑团伙的有效甄别，识别预警信用卡申请中的团伙欺诈风险。

目前，企业级反欺诈管理平台提供的事前申请反欺诈、事中交易反欺诈和事后风险监控等全方位反欺诈服务已广泛应用于集团的信贷、信用卡、私人银行、电子银行、个人金融、普惠金融等各个业务领域。在支付风险防控方面，覆盖个金、信用卡、电子银行、融 e 购等产品和渠道。在信贷风险方面，协助客户经理完成客户准入、尽职调查等工作。结合业务办理流程提供预警服务，有效防范资产损失。

企业级反欺诈管理平台助力工商银行欺诈损失率常年低于同业水平，自投产应用以来，持续守护客户利益，已成功避免损失 31.2 亿元，其中预警并拦截欺诈申请 522.65 万笔，避免损失 26 亿元；保护客户交易 300 多亿笔，并实时阻断 11.4 万余笔欺诈交易，避免损失 5.2 亿元。在信用卡交易反欺诈领域效果显著，2019 年第二季度工商银行境内信用卡交易欺诈损失率为 0.03BP，较银联最新公布的行业平均值低 0.01BP。凭借着突出创新的设计理念及防控效果，平台先后荣获 VISA 国际组织颁发的亚太地区最佳风险控制奖、中国企业联合会共同颁发的国家级企业管理创新领域的最高奖——全国企业管理现代化创新成果一等奖、银行业网络金融创新奖、最佳消费金融风控奖以及金融行业科技创新突出贡献奖——开发创新贡献奖等一系列奖项。

5.5.3　智能互联的质量—成本—进度管控

很多公司采用先进传感器技术，采集运营数据，在质量管理、成本控制、进度管控方面取得了显著的成效。例如全球快时尚服饰商 Zara 因在两周内完成新品开发和交付而闻名。该公司旗下的 2 000 多家门店中，已经有 700 多家将可重复使用的射频识别 RFID 标签加在每一件衣物上。仅需 10 名员工挥动装在衣架上的小型手持电脑，就可以在两三个小时内完成一家门店的库存更新，以更快响应消费者偏好并降低供应链成本。过去这项工作需要 40 个员工努力至少 5 个小时才能完成。2012 年淘宝"双11"活动只有 20% 的业务量在云上完成，2013 年则达到了 75%。2013 年淘宝和天猫 80% 以上网店的进销存管理系统都已迁移至"聚石塔"的云服务平台。[①]

互联网与传统产业加速融合，给工程机械行业改变传统的竞争模式带来了重大机遇。中联重科股份有限公司（以下简称中联重科）是一家主要从事建筑工程、能源工程、环境工程、交通工程等基础设施建设所需重大高新技术装备的研发制造的全球化企业。中联重科借助信息化手段与互联网思维，以数据为核心，驱动技术、业务流程、组织结构各要素的互动创新，形成网络化、数字化、智能化的研发制造协同体系和运营体系。企业基于 GPS 大数据的挖掘，对销售的混凝土机械车辆工况的数据实时监控和分析，为市场、研发、风险、质量、售后服务等部门开展工作时间分析、方量分析、里程分析、油耗分析、搅拌车工作时间及利用率对比分析等提供支撑，促进市场预测能力的提升，同时利用短信、手机 App 以及桌面系统等多种方式对客户进行信息推送，提供 GPS 应用增值服务，配合售后服务维护保养增强客户关怀，让客户在监控、调度方面更直观，降低了运营成本。[②]

（1）启动基于移动互联网和大数据的工程机械价值链端到端智慧营销服务平台。面对工程机械行业需求下滑、产能过剩和同质化竞争的现状，提出了"产品在网上、数据在云上、服务在掌上"的制造业与互联网融合发展战略推动营销模式变革。中联重科聚焦于远程智能运维服务领域，采用"整体规划、分步推进"的方式，利用先进的互联网、移动互联网、工业互联网、人工智能、大数据、增强现实（AR）等信息技术，通过三阶段完成

① 工业和信息化部电信研究院. 云计算白皮书 [S]. 2014.
② 中联重科相关内容由笔者自企业官网信息或相关报道信息中整理得到。

营销模式创新。

一是通过互联网技术重构搭建工程机械财业管一体化营销平台。通过对 LTC 流程进行梳理，中联重科以 SAP - CRM 营销平台为核心，利用移动互联网技术搭建中联移动 CRM 平台，驻外营销人员、服务人员、客户、代理商可随时随地无缝接入该平台，实现 LTC 各业务信息系统间数据信息共享。中联移动 CRM 平台搭建了统一的财务业务一体化销售业务支持管理模式，实现了统一业务规则和管理模式、统一的业务评价方法与体系、统一授权与决策机制以及统一前端界面报表 IT 后台，满足了精细化管理需求，进一步塑造了中联重科在工程机械行业的可持续竞争优势。

二是延伸产业链，打通行业价值链，形成营销服务管理闭环。中联重科从以客户为中心出发，实现 CRM 平台与电子发票平台、客户侧中联 E 管家、CC 平台、金融 CSS 系统、二手设备 UEMS 系统、ECC 系统、短信平台、GPS 平台等多个信息系统的集成，打通内部 LTC 流程与客户、制造厂家、代理商、三方物流公司、银行、税务部门等行业价值链上各合作伙伴的数据流，为客户提供高度自动化的数据服务，提升客户体验，降低行业整体交易成本，提升行业服务水平与综合竞争力，带动行业在新机销售服务以及售后市场的可持续发展，促进湖南区域工程机械行业集群的共赢发展。

三是打造技术与产业生态圈，推进跨行业创新模式复制。中联重科通过智能产品、工业互联网平台和垂直领域物联互联应用，在工程机械板块试点打通整个价值链，消除信息的不对称，不断深挖行业智能化应用场景，完善互联网技术和产业智能服务两大生态圈，通过提升营销服务智能化水平，为客户提供全方位的设备运用、设备运营、设备维护维修、企业经营服务，提升工程机械行业下游租赁商、服务商乃至建筑承包商的精细化经营管理能力。纵向上延伸至湖南省工程机械产业集群，促进湖南省大中小企业融通发展；横向上复制到农机、环卫等业务领域，提升传统制造行业的智能化服务水平和全球化竞争力。

（2）实现行业产业链共赢服务模式。基于工业互联网的工程机械价值链端到端智慧营销服务平台建设项目针对工程机械行业营销服务业务流和生态圈，利用"互联网＋"思维和技术，统一规划、分步实施，以客户价值链的全生命周期服务为中心，提出"至诚服务、全程保证"的服务理念，在服务管理升级、服务承诺升级、服务体验升级三个方面开展服务升级工作，实现了行业产业链的共赢服务模式创新。

一是启动"产品 4.0"专项工程。为实现工程机械设备的"自诊断、自调整、自适应"，让设备能感知、有大脑、会思考，中联重科于 2014 年启动"产品 4.0"专项工程，深度融合传感、互联等现代技术，从质量、技术、服务、成本四个方面作出极致提升，研发整体性能卓越、作业安全可靠、使用绿色环保、管控智能高效的智能化关键零部件和智能化产品，以采集实时产品数据，为互联应用服务。

在智能化关键零部件上，中联重科研制出智能网关——中联盒子，不仅可以实现本地存储、数据预处理、数据延迟回传/断点续传、远程升级功能，同时搭载嵌入式优化模型，并进一步提高设备数据采集频率（从当前分钟级提升至毫秒级）、拓展采集维度，为数据精细分析提供有力的数据支撑。

在智能化产品上，中联重科进一步提升设备的智能化水平，丰富设备数据采集维度，支撑作业现场的产品工况数据实时动态采集、边缘计算和远程传输，将传统的工程机械"哑"设备升级为新一代的智能化设备，通过产品数据的实时共享最终实现制造商、客户、产品的互联物联。

目前，中联重科产品 4.0 已推出了 10 大系列 21 款 4.0 产品，涉及混凝土机械、工程起重机械、建筑起重机械、路面机械、基础施工机械、工业车辆共六大类。其中，混凝土泵车基于支腿压力等 13 个传感器自动计算重心，控制器根据安全系数分级主动调整执行机构，防止车辆倾翻；在浇灌混凝土时，通过 4 个压力传感器自动感知臂架振动状态，由控制器计算振动幅值，驱动臂架油缸，臂架振幅降低 70%。4.0 典型产品 3 200 吨核电吊装用履带式起重机具备 116 个嵌入式传感器，基于其感知的信息，产品自动调整作业参数、自动适应作业工况，在"华龙一号"福建福清核电、江苏连云港田湾核电等重大核电穹顶吊装中顺利施工，用智能化技术实现了重超 340 吨的吊装的"稳"和"准"，吊装位移一次性误差不超过 2 毫米。

二是建设工业互联网平台。中联重科于 2006 年开始物联网技术研发，2017 年开始自主知识产权的工业互联网平台重构。目前，已有 24 余万台套设备实现与中联重科工业互联网平台的连接，并实时采集设备位置、车速、工况、设备状态等信息，日采集实时数据超过 1TB，年数据处理量近 1PB。工业互联网平台通过实时产品动态数据的采集分析，提供了设备监控服务（位置监控、作业工况）、统计报表（故障报警、热度分布、油耗分析、工作时长分析、工作数据分析等）和指令服务（远程解锁车）等功能，为企业和客户提供了产品全生命周期管理的增值服务，其建筑机械开工热度及开工率数据上报至国务院作为宏观经济趋势分析参考数据来源。

中联重科打造的大数据平台——"中联大脑"，整合物联网数据和核心业务系统业务数据，已实现了覆盖设备、客户、营销服务、企业运营、风险管控等不同需求场景的多层次主题分析应用，为决策层提供了实时经营决策支持能力。其中，针对设备提供了基于设备回传工况数据的实时流式分析，可实时查看到区域开工热度、某类/某台设备工作状态、设备故障报警统计及信息实时推送，实现了设备的远程故障诊断，辅助服务向"主动、预测性服务"转型；针对远程运维服务，从质量、技术、服务、成本四方面实现运维服务的体系化分析；针对企业运营，提供了关键经营环节和关键经营指标的分析预警，实时监控企业运行状态；针对客户，基于内外部"全量数据"形成了业内首个基于客户特征标签的"客户画像"产品，全面支持企业客户精细化管理需求；针对工程机械信用销售占比大、应收账款数额高的特征，实现了对客户回款实时分析和异常提醒，提升了客户回款透明度和执行效率，降低了坏账风险。

三是构建具有高度自动化的营销管理基础平台。中联重科联合流程管理专家与业务核心骨干，本着精细化、自动化、持续改进的流程管理原则，对LTC流程进行问题诊断与流程设计，通过具有高度自动化的营销服务管理基础平台，打通中联重科内部和外部价值链生态圈的管理墙与业务流，实现LTC流程的高效运转，形成营销业务闭环管理，有效控制平衡交易风险。平台建设内容主要包括：

移动CRM平台升级服务管理。构建CRM系统后端平台，并基于移动化技术开发移动CRM应用，实现售前管理、售中执行、售后服务和售后正常回款业务处理与管控一体平台的形成；通过统一流程并结合SAP ECC系统，进一步延伸整合业务单元供应链，实现营销管理业务的一体化运作。

移动贷后催收平台升级对账管理。自主开发移动贷后催收平台，在现金流方向上将销售管理业务向后端售后催收回款业务延伸，实现催收方案制定、催收任务分派、催收计划执行、清欠诉讼管理的全面管控，通过智能报表、异常预警、回款任务实时监控等功能实现销售后回款业务的闭环管理。

大数据分析升级辅助服务承诺。融合大数据平台，利用大数据、人工智能、AR等新技术，深挖行业智能化应用场景，提供服务可预测性维护、配件预测模型、巡检服务质量点检等大数据分析服务，提升营销管理流程运行效率，实现精准营销服务。

四是开发垂直领域客户化智能服务应用。中联重科已在物联网、大数据分析平台的支撑下，通过中联e管家、智能商砼、塔式起重机全生命周期管理平台等制造业＋互联网平台垂直领域应用，帮助行业上下游企业提升管理精细化能力和盈利能力，实现服务体验升级。主要应用包括中联e管家、智慧商砼、建筑起重机全生命周期管理平台。

"中联e管家"被定位为面向行业和客户的轻量级智能应用，从设备监控、安全效率、运营管理、厂商服务四方面入手，为客户提供设备实时监控、故障保养提醒、服务过程跟踪、工程项目管理、运营分析、知识库、服务直通车等功能。通过一个App解决客户通用信息化管理需求，满足客户"车难管、人难找、贼难防"等核心需求，提升客户设备管理效率和生产建设效率，实现降本增效，促进大中小客户在经济新常态下的可持续发展。

中联重科自主开发的混凝土行业专业级管理应用"智能商砼"聚焦于商品混凝土企业车泵站一体化管控，以设备生命周期管理、企业资源计划管理、车辆智能调度为核心功能，覆盖设备采购、运营、维保等关键环节，打通企业研、产、供、销业务流程，依托车联网，实现运输车辆和泵送车辆的智能调度，同时逐步向行业上游原材料部分延伸，最终达到"打通行业区域包含生产、施工的中、下游业务链，实现全行业融通发展"的目标。其中，基于物联网的混凝土生产运营系统服务于混凝土原料提供商，不仅覆盖混凝土搅拌站单站客户原材料采购、生产计划/调度/执行、混凝土产品销售、物流运输/泵送作业、财务结算等业务全流程，同时还通过内嵌物联网GPS功能模块和大数据分析模块与公司的大数据PaaS平台集成，实现了生产任务和站、车、人等生产资料的优化配置，解决了集团型多站联合运营模式下的搅拌站协同生产、搅拌车集群调度的管理问题，降低管理成本；基于物联网的混凝土租赁业务系统则服务于混凝土行业中的车、泵租赁业务提供商，提供客户业务调度、施工现场管控、车辆资产管理等功能，通过打通客户承揽业务中搅拌站与租赁公司车辆之间的数据联系，在系统中自动完成任务推送、费用结算等业务，提升租赁提供商经营效率。

中联重科自主开发的建筑起重行业专业级管理应用"建筑起重机全生命周期管理平台"被定位为涵盖建筑施工机械设备从获取到进退场管理、运用、安全、人员、运营、维保等施工项目各环节的全生命周期智能管理平台，将建筑施工项目过程中各种离散的资源数据有机整合，实时、有效、准确地掌握设备资产的运营状况，变单一的人为控制为信息系统自动化、智能化控制，建立了精细化管理模式，将施工相关的设备生产厂商、设备租赁商、设备使用者共同引入一套互联网信息管理体系中，实现了业务一体化运营管理，最终形成规范化、智能化管理生态圈。

典型案例：六门冰箱型号经营体的构成。[①]

职能划分：根据战略定位，型号经营体的核心职能专注于企划和研发。六门冰箱型号经营体围绕核心职能进一步规范了业务流程，以核心业务流程对应的职责作为专有职责，纳入经营体；以非核心业务流程作为共享职责，纳入二级平台经营体。

定岗定编：经过划分核心流程的职责边界，依据幅度合理、权责兼顾、职责覆盖、管理闭环等岗位设计的原则，六门冰箱型号经营体的岗位可划分为九类。依据本年项目规划、项目运作模式，在经营体可用的资源包（人工成本）范围内，确定经营体总定编为19人，具体如下。

（1）经营体长：对六门产品规划销量、利润、份额以及经营体团队成员达标负责；（2）型号/市场企划经理：定编1人，对产品型号/市场的竞争力负责，承接A类产品收入占比、单型号销量、份额等指标；（3）外观企划：定编2人，对产品外观模块负责；（4）内饰企划：定编1人，对产品内饰模块负责；（5）功能性能企划：定编1人，对产品功能性能模块负责；（6）架构经理：定编1人，对六门产品平台负责，承接六门冰箱经营体利润率、项目的开发完成率、新品上市三个月不良率等指标；（7）项目经理：定编5人，对六门产品的竞争力负责，承接新品成本达标率、项目的开发完成率、新品上市三个月不良率等指标；（8）模块经理：细化为5个模块，共定编7人，分别对各自模块的竞争力负责，承接模块的立项成本达标率、项目的开发完成率、新品上市三个月不良率等指标；（9）开发模块：设为兼职，对前沿技术的开发、转化负责。

六门冰箱经营体体长和成员的竞聘：2011年3月，六门冰箱经营体开始公开竞聘，符合条件的员工通过竞聘进入经营体。参与竞聘的员工需要针对所竞聘的岗位，说清楚目标和保证目标完成的预算与预案。多人竞聘同一岗位的，择优录用。竞聘的过程实质上是方案竞争的过程。

首选是经过竞聘选出经营体长。参加竞聘的员工可以是来自原先的冰箱市场部，或者研发部、企划部等。通过第一轮竞聘初步选定两个候选人入围。再经过组织第二轮竞聘，综合对两人专业技能、管理与领导能力的评价，以及两人提出的目标完成的预算和预案对比，最终竞聘胜出一个。

---

① 海尔集团公司. 以自主经营体为基础的人单合一管理 ［J］. 企业管理，2012（6）：6－11.

第二批是经营体成员竞聘，共有 32 人参与抢单竞聘。按照员工进入的漏斗机制，结合行业专家评价、经营体长的意见，最终 13 人竞聘成功。

（1）计划流程。每年七八月，海尔三级经营体通过判断技术发展趋势，发现市场机会，确定业务总体（产品与区域）布局和发展重点，审核一二级经营体的预算预案预盈，敲定业务目标，与一二级经营体签订合同（一定 3 年）；二级经营体负责测算每一类业务市场容量、行业竞争格局和可以掌控的资源，提出第一竞争力指标，对一级经营体提出的资源要求权衡可能，确定自身的目标，反馈给三级经营体；一级经营体通过各种途径了解开发需求，会同战略、财务等部门对细分市场的业务制定预算、预案、预盈，参与对接竞标，并提出资源支持要求。例如，三开门经营体的目标包括零售额（行业领先）、成本、质量、人员竞争力、模块化、柔性响应等。向平台提出模具、人员、资金等资源支持要求。

计划的衔接平衡。一级经营体之间，型号经营体与线体经营体、市场经营体通过签订包销定制合同衔接。不同层次经营体之间，一级经营体提出资源支持和服务要求，与二级经营体（平台）相互"连线"，签订服务合同。

二级经营体通过两个方面创造价值：一是专业价值，通过自己的专业知识和技能，例如，财务部门通过外汇结构设计，通过对未来 PPI 的预测，提出采购（现货还是期货、合同期限、价格、付款方式）策略，为一级经营体增收节支、规避风险。二是协同价值，通过参与团队工作，直接融入自己的价值。例如，690 企划经营体是 118 个二级经营体之一，其主要任务就是负责三级经营体确定的战略落地，要求有措施、有进度，如产品生命周期管理、流程方法工具开发等，对一级经营体（三门、对开门等）提供支持，负责纵横打通，例如，为共同的模块负责制定标准。

计划的实施管理。自主经营体按照合同目标，通过三张表——战略损益表、日清表、人单酬表贯彻计划、考核绩效、指导行动、兑现利益。

第一张表是战略损益表。它不同于企业传统财务报表的损益表，传统损益表就是收入减成本、减费用，等于利润；海尔的战略损益表中的战略收入是指为用户创造价值而获得的收入；那些不能与用户需求挂钩、不能体现为用户创造价值的，因而是不可持续的收入项不能计算在内，反而是当前工作的差距。例如，海尔冰箱在农村主推用户需要的高效节能产品，而有些经营体为了完成目标，把库存里能耗高的旧型号（即所谓"CD 类"型号）通过降价促销形式卖给消费者，这样尽管收入有所增加，但并不是真正给用户提供满意的产品服务，不属于战略绩效，不能持续，因而收入不能算作收益。六门经营体战略损益表与传统损益表的对照见表 5-1。

表 5-1　六门经营体战略损益表与传统损益表的对照

传统损益表

项目	目标	实际
1. 销售收入	10.00	9.0
2. 销售成本	8.00	7.0
3. 销售毛利	2.00	2.00
4. 经营费用	1.00	1.50
5. 经营利润	1.00	0.50
经营利润率	10.00%	5.56%

战略损益表

项目	主张	说明	目标	实际	现状评级
1. 战略收入	包销售	用户资源与产品资源之间互换包销售实现的收入	从为客户创造价值的差距看经营人和机制 非包销定制合同	10.00	8.5	C
2. 成本	优化设计成本	以用户为中心的三六团队研发的领先型号发的成本之和	显示的是非领先型号投入资源的差	8.00	6.5	B
	零缺陷成本	零缺陷型号的成本之和	显示的是零缺陷型号投入资源的差			
	模块化成本	100%模块化型号的成本之和	显示的是非模块化型号投入资源的差			
3. 战略毛利	战略毛利	***	***	2.00	2.00	B
4. 经营费用	自挣自花额	能够到人的，投入产出达标的自挣自花费用	经营费用减去自挣自花费用的差，体现的是两点，自挣自花角度是零字的差，自花角度是低效或无效经营的差	1.00	1.20	B
5. 战略利润	AB类利润	AB类种类的利润（包括AB类型号、AB类客户、AB类用户、AB类的人）	经营利润减去AB类利润的差，显示的是自主经营体非AB类的差	1.00	0.80	B
战略利润率	AB类利润率			10%	9.40%	

第二张表是日清表（见表5-2）。其功能是执行预算和预案、衔接战略损益表和人单酬表，每天进行进度的检查，消除业务执行中的差距以实现"日清"。海尔通过建立信息化的日清平台，通过电脑终端、短信，帮助经营体和员工形成每天的预算，告知存在的差距和产生的收益，并进行总结提升、提供建议与服务支持来帮助经营体和员工消除每天的日清差距，以最终顺利完成目标。

第三张表是人单酬表。人单酬表是以经营体为单位，把经营体和员工的报酬与他为用户创造的价值紧密结合，是自主经营体和员工经营的最终结果，体现自负盈亏的原则。六门经营体人单酬表示例见图5-3。

每个经营体的总报酬是公开的，但每个成员的收益是不公开的。

（2）激励机制。自主经营体管理的激励机制包括薪酬激励、岗位激励、绩效激励等多种方式。

薪酬激励。海尔的薪酬体系按照人单酬激励机制设计，贯彻高效率、高增值、高薪酬原则。进入经营体的每一个员工承诺有竞争力的目标，薪酬水平根据竞争力目标确定。薪酬规则事前公开透明。对于能够竞聘进入经营体的员工，都是事先把"单"和"酬"锁定，签合同承诺，在目标达成时得到的薪酬会远远高于以前的固定职务工资薪酬。

自主经营体的提成比例可分为几个档次，"自主经营体的单（目标）是第一竞争力"，例如，全球卓越企业的运营利润率是10%左右。当目标是底线目标（行业平均值，数据由调研获得）时，对应的薪酬也位于最低级别，且这个目标必须限时升级到更高一层，否则为不合格；目标的竞争力高于行业平均水平时，对应的薪酬为行业领先（如行业薪酬排名的前25名之内）；目标的竞争力为行业最高时，对应的薪酬为行业最高水平，薪酬上不封顶。

（3）支持平台。第一，信息系统平台。海尔的信息化管理系统，不但关注系统功能，还必须考虑信息系统的建设及更新对人单合一管理的贡献以及所需的前提条件，例如，组织到位情况、衡量机制的制定、基础工作到位情况，这样能够保证信息系统最后成为企业竞争力的支撑。从2007年起，海尔进行了全流程系统创新，完成2 000～2 500个流程的构建。信息化应用重点是客户需求的获取，与重要的合作伙伴实现动态的预测、订单、库存的高效协同；以客户的需求来驱动三大应用领域即营销管理平台（GTM）、产品生命周期管理（PLM）、供应链管理（SCM）的整合，实现端到端可视化。信息化的成果将产生一条管理流水线，提高了工作的效率。例如，"人单酬"的系统，围绕销售代表如何满足用户需求，把销售

表 5 - 2　六门冰箱经营体日清表示例

关差措施日清

项目	周预算 1-第一竞争力目标	实际 2-实际完成	执行差 执行差=2-1	关差项	差额	（承接损益表）本周关差预算	*月*日（周一） 预算	*月*日（周一） 实际	*月*日（周二） 预算	*月*日（周二） 实际	*月*日（周三）	*月*日（周四）	*月*日（周五） 预算	*月*日（周五） 实际
六门经营体	10	8	2	非AB类型号	0	关六门样板经营体的差： 关领先产品的差： 关模块化的差：	**关团队的差：** 对六门整合一流的团队资源进行梳理，对专家团队的使用现状和流程进行摸底，并重点对团队的工作流程进行梳理 **关领先产品的差：** 从六门系统第二年的明星产品切入，重点从六门大冷藏产品的精细化、外观及流行趋势方面对11年的领先产品规划		**关领先产品的差：** 从第二年产品企划入手，梳理用户需求承接用户的做法，团队组织，辅导输出母本做法，获取用户需求的流程和机制 **关模块化的差：** 重点对六门模块化企划—六门卡萨帝产品企划及推广，推进模块搭建		***	***	**关领先产品的差：** 从第二年产品企划入手，从企划、市场销售规划，产品盈利角度，产品保障及质量售后保证等方面逐一论证，建立领先产品事前算赢的保障体系 **关模块化的差：** 以意义二代市场按模块化思路，审查MFD第一阶段的输出成果；同时对模块化体系统实施方案进度进行跟踪指导	
				非领先型号	0									
				非AB类客户	1									
				包销差额	1									
周评价：（接人单酬表）							日清评价：		日清评价：		日清评价：	日清 日清评价：	日清评价：	

· 178 ·

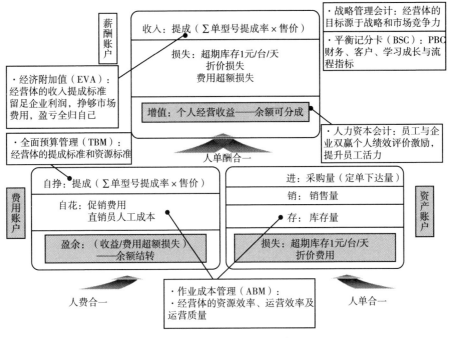

图 5 - 3   六门经营体人单酬表示例

目标、预测计划、订单、销售速度、产品赢利能力等都全部按战略目标来进行索引，销售代表可以看到自己每天的业绩。这个业绩不再是过去的一个简单的销量、销额的数字，员工通过这个系统可以了解到哪些产品组合能更有利润，可以看到客户的预测准确率是否提高，可以判断销售的速度是否符合周单周销。这个系统如同一个销售代表的平衡记分卡，能够提供客户、流程、财务指标、提高的价值以及个人最终获得的报酬等信息。

第二，人力资源平台。是否能够建设一流的人才队伍决定着自主经营体管理创新的成败。海尔通过选拔、培育、评估、任用、保留全流程的管理，为全集团的自主经营体提供人力资源保障：①选拔：通过选拔挑选与海尔价值观相适应的优秀人才进入自主经营体后备人才库；②培育：通过打造科学的培训管理体系，为后备人才量身定制匹配的学习发展计划，实行人才投资优先；③评估：根据战略损益表的绩效结果，定期跟踪人才培养进展情况，及时调整培养方向，对达到标准的后备人才，及时给予更高平台的发展机会；④任用：建立抢入和竞聘的机制，为每位员工提供一个公平竞争的机会；⑤保留：确立有效的绩效评估系统，打造公开、透明的企业文化，通过激励、沟通保留优秀人才，全力打造人才供给健康供应链。

第三，企业文化建设平台。自主经营体管理创新是一个全员参与的过程，这个过程中需要用强大的企业文化进行引导，通过宣传工作帮助全体海尔人正确认识集团的转型，主动承接集团战略。在企业文化诊断、塑造与提炼过程中分别采用树典型、讲故事、连续剧式跟踪、网络社区参与、《海尔人》报、现场文化看板以及海尔核心能力素质模型主题演讲等方式宣传和建设海尔的自主经营文化。

（4）实践效果及社会影响。海尔的人单合一自主经营管理模式为海尔带来组织、流程和文化上的重大变革。组织上"大企业做小，小企业做大"，整个集团形成了 2 000 个自主经营体，每一个经营体就像一个自主公司，自负盈亏，灵活反应，不断为用户创造价值；流程上建立了一套开放高效的信息化支持体系，保障自主经营体不断地优化升级，实现可持续发展；文化上培养了以自主经营体为根基的两创文化，即"创业"和"创新"文化，形成了"我的用户我创造，我的增值我分享，我的成功我做主"以及"人人都是自己的 CEO①"的浓厚文化氛围。

自主决策、自主分配的自主经营体制有效地调动了员工积极性。员工不再是被动地等待上级安排工作，而是主动来抢大目标，实现自身的价值。在企业快速发展的同时，员工自身收入也实现了快速增长。推行该体制以后，整个集团上半年员工总收入同比增长 17%，人均收入的增幅为 19%。其中一线经营体员工的薪酬增幅均大于二级、三级经营体。经过人单合一管理模式的实践与推广，促进了企业持续快速发展。2010 年海尔的销售收入达到 1 357 亿元，增长了 9.1%，利润总额达到 62 亿元，增长了 77.4%，净资产收益率达到 24.03%，比 2009 年增长了 5.88%，总资产报酬率达到 6.18%，同比增长了 1.38%，销售利润率达到 4.56%，同比增长了 1.96%。营运资金周转天数可以达到负的十天，这在中国制造业中也是不多见的。

海尔的探索引起了国内外学术界和企业界的很大兴趣，中国企业联合会、香港科技大学、台湾地区《天下》杂志以及美国管理会计师协会、哈佛商学院、沃顿商学院、瑞士洛桑国际管理发展学院（International Institute for Management Development，IMD）、西班牙耶萨（IESE）商学院、意大利博洛尼亚大学、《中欧商业评论》、《财富》杂志、《福布斯》杂志、被誉为日本"经营之圣"的稻盛和夫等纷纷前往调研、交流或报道。该管理创新成果荣获中国国家级管理现代化创新成果一等奖，"以开放式研发平台建设为核心的创新体系"项目荣获国家科技进步奖。张瑞敏本人荣获中国管理界最高奖——袁宝华管理金奖。

---

① CEO 即首席执行官。

第6章 智能互联时代的管理学

这里讨论的管理学是指管理学学科群中，专门研究管理原理的学科。它是揭示战略管理、运营管理、营销管理、人力资源管理、财务管理等各专业管理的相互联系以及共同规律的学科。对于学习工商管理、行政管理、管理工程等专业的人们来说，这是一门基础学科。对于非管理专业的学生，例如学习经济学、工程学的，这就是一门入门学科，可以了解什么是管理，以及管理的基本思路。①

6.1 管理及其发展阶段

6.1.1 管理概念的讨论

什么是管理？关于这个"古老"概念的讨论经历了一个世纪仍未能取得共识。如果你翻阅100本管理学教科书，也许能找到100个关于管理的定义。学者们经常从自身的学术背景或从事的专业出发，结果是见仁见智，形成所谓管理概念的"丛林"，令人十分茫然。

管理概念的"丛林"最先出现于现代管理的发源地美国。由于学术界往往呈现出学派林立、互相竞争的现象，管理同样如此，在20世纪五六十年代管理学科形成热潮，出现了学者们蜂拥而入的景象。② 由于人们的知识背景及实践经验不同，对什么是管理、如何管理及其客观依据等存在不同的理解，从而形成了林林总总的"管理学派"，出版了近百种不同的教科书。美国管理学会会长哈罗德·孔茨教授将当时的情景称为"管理理

---

① 黄津孚，韩福明，解进强，张小红，何辉. "管理原理金字塔"——重构"主流管理学"体系的尝试［C］. 中国管理现代化研究会，2015.

② ［美］彼得·F. 德鲁克. 管理——任务、责任、实践［M］. 孙耀君，等译. 北京：中国社会科学出版社，1987：23

论的丛林"①。经过 1/4 个世纪的竞争融合，孔茨发现这种丛林里的植物生态结构发生了一些变化，一些新的方法发展了，但管理科学和理论的发展，仍然具有丛林的特色。②

6.1.1.1 管理概念的丛林及局限

中国的管理也不可避免地出现了管理"丛林现象"，我们研究了 2000 年以来国内出版的 19 本管理学教科书有关概念的定义。这些定义大体上可分为以下五类。

（1）管理是一系列特殊职能。相关观点如下：管理是为了有效地实现某种预定目标而对有关过程进行计划、组织、指挥和控制的活动（聂正安 2001）；企业管理是由企业的领导者和全体员工按照客观规律的要求，对企业生产经营过程进行的计划、组织、指挥、监督、调节、激励和创新等工作的总称（吴爱、黄丽，2009）。

（2）管理是协调人的目标行动。相关观点如下：管理指的是协调和监管他人的工作活动，从而使他们有效率、有效果地完成工作（斯蒂芬·P. 罗宾斯，2012）；管理是社会组织中，为了实现预定的目标，以人为中心进行的协调活动（周三多 2003）；管理的实质是人们为了有效地实现目标而采用的一种手段（邢以群，2005）；管理是指一定组织中的管理者，通过实施计划、组织人员配备、指导与领导、控制等职能来协调他人的活动，使别人同自己一起实现既定目标的活动过程（李景平 2001）；所谓管理就是在特定环境中，通过计划、组织、领导和控制等职能活动，协调以人为中心的组织管理，以有效的方式实现组织目标的过程（冯国珍，2011）；管理通常被定义为在工作中以高效而有效的方式与一群人共同或通过这群人实现想要达到的目标的行为（兰杰·古拉蒂等，2013）。

（3）管理是对组织资源的有效配置和利用。管理是计划、组织、领导以及控制资源的使用，以实现组织目标的过程（小约翰·谢默霍恩，2005）；管理是对组织的有限资源进行有效配置，以达成组织既定目标与责任的动态创造性活动（芮明杰，2005）；管理是在不断变化的环境中与他人合作并通过他人实现组织目标的过程。这一过程的核心是有效和高效地利用有限的资源。［Management is the process of working with and through others to achieve organizational objectives in a changing environment. Central to this process is the effective and efficient use of limited resources，引自罗伯特·

①② ［美］哈罗德·孔茨/海因茨·韦里克. 管理学［M］. 7 版. 张晓君，等译. 北京：中国社会科学出版社，1980：80－94.

克瑞尼（Robert Kreiner, 2009）]。所谓管理，就是对组织所拥有的资源进行有效的计划、组织、领导和控制，以便达成既定的组织目标的过程（吴照云 2001）。管理就是通过计划、组织和控制这一系列的活动，合理配置组织内部的各种资源，以达到组织既定目标的过程（薄宏 2001）；管理是指组织中担任主管工作的人，为了更有效地实现既定目标，执行管理职能，协调组织各种资源要素的活动过程（刘松柏, 2001）；管理就是既有效率，又有效益地对实现组织目标所需的人力资源或其他资源进行计划、组织、领导和控制（加雷斯·琼斯、珍妮弗·乔治, 2004）；所谓管理，就是在特定的环境下，对组织所拥有的资源进行有效的计划、组织、领导和控制，以便完成既定的组织目标的过程（王凤彬, 2007）；管理是一定的组织通过计划、组织、领导、控制和协调的手段对所拥有的资源进行有效的整合，以实现组织目标的社会活动（赵蕾, 2009）；管理是指管理者在特定的环境和条件下，对组织拥有的资源进行计划、组织、领导和控制工作，以便有效达到组织既定目标的过程（冯光明、冯桂香, 2009）；管理是特定组织的管理者，通过计划、组织、领导和控制等环节，有效利用人力、物力和财力等组织资源，实现组织目标的活动过程（张卓等, 2010）；有关管理的一个广义的操作定义视其为一种活动，即执行某种特定功能，以获得对人和物质资源的有效采购、配置与利用，从而达到某个目标（雷恩, 2009）；管理是为了有效地实现组织目标，通过计划、组织、领导和控制职能的发挥来分配资源、协调关系的过程（杜玉梅、周颖, 2009）。

（4）管理是创造环境。管理就是设计并保持一种良好的环境，使人在群体里高效率地完成既定目标的过程（哈罗德·孔茨, 1993）。

要想走出概念丛林，必须明确科学界定概念的三个基本要求：第一，必须明确概念所对应的事物即对象；第二，定义必须表述清楚概念的内涵与外延；第三，定义对相应事物必须具有普适性。作为诸如管理、建筑、医疗、教学等指导实践的概念，还必须告诉人们实践的基本手段。用这几个基本要求进行衡量，不难发现上述定义不同程度地存在以下问题。

（1）未明确管理的对象，或者管理对象定位不准确。例如定义管理是为了有效地实现某种预定目标而对有关过程进行计划、组织、指挥和控制的活动（聂正安 2001），这就没有明确管理的对象，人们搞不清楚什么是"有关过程"，所谓管理，就是在特定的环境下，对组织所拥有的资源进行有效的计划、组织、领导和控制，以便完成既定的组织目标的过程。这个定义是把资源作为管理的对象，没有强调"包括人员在内"这个关键限定，那么作为资源之一的资金难道能加以领导吗？

（2）有外延无内涵。仅仅以管理职能定义管理的概念，未能揭示管理的内涵，也未能指出管理的实质。人们不禁要问：计划、组织、指挥、监督、调节、激励等工作有何内在联系呢？

（3）有内涵无外延。哈罗德·孔茨关于管理的定义，揭示了管理的实质是创造一种有利于实现目标的环境，但这个定义缺乏概念的外延，未能指出管理究竟如何创造环境，因而对实践缺乏指导性。

（4）存在不恰当的概念限制。例如认为"管理就是既有效率，又有效益地对实现组织目标所需的人力资源或其他资源进行计划、组织、领导和控制"（加雷斯·琼斯、珍妮弗·乔治，2004）。其实，管理是一个中性词，管理既可能是有效的，也可能是无效的。

（5）定义缺乏普适性。例如认为"管理是指组织中担任主管工作的人，为了更有效地实现既定目标，执行管理职能，协调组织各种资源要素的活动过程"（刘松柏，2001）。实际上，这个定义仅仅适用于独裁型的组织。现代管理的责任和权力并非由主管人员所独揽，所以这样的表述缺乏普适性。

针对以上问题，我们提出了这样的定义。管理是管理者通过计划、组织、激励、协调、控制等手段，为集体活动配置资源、建立秩序、营造氛围，以达成组织预定目标的过程。[①] 该定义包含了管理的对象、管理的性质、管理的目的、管理的机制和任务、管理的方法与手段等丰富内容，可以满足概念定义的基本要求。

管理者通过计划、组织等手段，完成配置资源、建立秩序、营造氛围，优化企业系统的结构，促进和改善企业内外的联系，适应乃至影响企业营商环境，最后达到企业经营的目标。

一些教科书虽然提到了配置资源的任务和管理的基本职能，但是未能揭示管理职能（管理手段）与管理任务之间的关系。其实所有的管理职能都是围绕配置资源、建立秩序和营造氛围的任务展开的。例如，通过计划职能的预算决定资金的配置，通过任务和时间进度安排决定建立秩序，通过目标、使命动员组织成员，通过政策决定资源的配置重点、引导组织行动、鼓励期望的行为，如此等等（见表6-1）。

---

① 黄津孚. 现代企业管理原理［M］. 北京：清华大学出版社，2017：4-6.

表6-1		管理职能与管理任务的关系	
管理职能	配置资源	建立秩序	营造氛围
计划	预算	作业计划	愿景
组织	部门设置、定员	业务流程、责任制	授权、参与
激励	财富分配	纪律奖惩	创新提成
协调	特别资助	运行调度	鼓励沟通协商
控制	定额	标准化	绩效考核

6.1.1.2 管理的对象与性质

管理是通过对人、财、物、信息及其他各种组织资源的运用来实现的，任何管理活动都离不开资源的消耗。资源总是有限的，管理活动无非就是以最低的资源消耗、最佳的活动方式去安排和协调组织行为，从而实现管理的目的。因此，管理的对象是组织（包括组织活动及其资源）。

所谓组织活动，当然是指由两个以上的人员参加的活动，小到一场乒乓球比赛，大到全球气候治理，都是管理的对象（见图6-1）。人类社会是由各种各样的组织、各种各样的集体活动组成和运转的。一切集体活动，从游戏到战争，从生产到科学研究，从政治生活到家庭生活要想达到较好的效果，都离不开管理。社会越发展，人们越依赖于组织的分工协作，也就越离不开管理。因而管理学大师彼得·德鲁克作出这样的论断："没有机构就没有管理，但是没有管理也就没有机构。管理是现代机构的特殊器官。正是这种器官的成就决定着机构的成就和生存。""使各种机构有所成就的是管理者和管理。"①

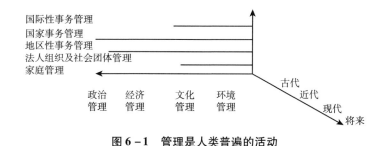

图6-1 管理是人类普遍的活动

美国著名学者、《组织与管理》作者弗里蒙特·E. 卡斯特、詹姆斯·E. 罗森茨威克认为："我们对现代科学技术的巨大成就无不大为惊讶，但

---

① ［美］彼得·杜拉克著. 管理——任务、责任、实践［M］. 孙耀君，译. 北京：中国社会科学出版社，1987.

是仔细想来，获得这些成就的主要因素却是我们为达到目的而发展建立各种社会组织的能力。这些组织及其有效的管理工作的发展才真正是我们的巨大的成就之一。"①

关于管理对象，在智能互联时代需要补充两点说明。第一，经典管理理论强调管理的基本对象是人，是由人构成的组织。实际上，绝大多数的管理对象是一个由人作为基本要素构成的系统，这个系统会包括人、财、物、信息等多种要素。第二，近年来，随着个人创业以及自动运行的人造系统如"无人商店"的不断出现，关于"自我管理"的讨论越来越多，因而应该将个人纳入管理的对象范畴，我们将在附录中予以简单说明。

管理具有以下三个性质。

（1）管理是区别于"作业"的一大类行为。在一切需要协作才能达成目标的场合，均存在两大类行为：一类是人们亲自动手施加作用于客体，产生直接效果的行为，例如耕作收获、驾驶汽车、教师授课、攻球入门、杀伤敌人等，通常被称为"作业"；另一类是人们通过对作业者施加影响，对改造客观世界产生间接效果的行为，例如制定班组作业计划、指导球队比赛、激励部队士气、控制预算成本等，这类行为就是管理。管理是生物界人类专有的行为。

（2）管理是管理者与管理对象的互动过程。管理对象是集体活动，为达成目标，管理者不仅会对组织内部人员、产品、设备、材料等施加影响，而且其管理活动还会对组织外部市场、顾客、合作伙伴、竞争对手、社区乃至政府产生影响，这些相关社会主体和物体不会完全被动地接受影响，而可能有反弹、修正乃至对抗，因而管理的结果不是由管理者主观意志单方面决定，而是管理者与管理对象、管理环境互动的结果。

（3）管理是智力密集型的生产性劳动。马克思曾在《资本论》中肯定了管理不可或缺的作用和特殊劳动的性质：指挥劳动和监督劳动。在经济系统中，由于管理因素的加入，可以改变其投入产出比，具有生产性，即价值增值功能。优秀的管理人才一直是社会最稀缺的资源之一。在多数情况下，管理者需要应对复杂情况，不确定因素比较多，需要通过与其他人合作或竞争实现既定的目标，需要处理与被管理者和竞争者的动态博弈问题，多数情况下找不到现成的答案，需要将知识、技能与直觉、智慧相结合，不断作出两难的决策，心理压力较大。

---

① ［美］弗里蒙特·E. 卡斯特，詹姆斯·E. 罗森茨威克. 组织与管理［M］. 李柱流，等译. 北京：中国社会科学出版社，1985.

6.1.1.3 管理的目的与任务

管理的根本目的就在于有效地达到组织目标，提高组织活动的成效。人类的需要有时通过个体自身努力可以予以满足，自然经济中自给自足的农民、渔夫、牧民类似于这种状态。在绝大多数情况下，人类需要通过个人努力是无法满足的。从原始社会氏族部落抵御洪水猛兽求生存，到工业社会大规模生产啤酒、钢铁、汽车以及建筑高楼大厦和高速公路，再到智能互联社会网络交易和开发大数据，人们都必须依赖集体协作才能满足自身需要。

虽然集体力量有助于人类满足需要，但是自由组合的集体活动通常会发生资源不足或配置不当、无序行动和机会主义等合作危机。[①] 管理是集体努力产生协作效果的必要条件。管理的价值就体现在有助于达成分散个体达不到的目标，发挥集体作用，满足个人努力无法满足的需要。

管理的任务是配置资源、建立秩序、营造氛围。要实现管理的目的，通过集体努力产生良好效果取决于三个基本条件：第一，资源配置必须是合理、优化的；第二，集体活动必须是有序的，做到分工合作、令行禁止；第三，集体活动的氛围应当是有利于促进合作奋斗和富有激励性的。上述三个条件不可能自发形成，需要通过管理者带领大家去解决资源的筹集和优化配置问题、建立和维持必要的秩序、营造合作奋斗的氛围。配置资源、建立秩序、营造氛围就是管理的主要作用和任务，也是体现管理者价值和贡献的主要方面。

6.1.1.4 管理的方法与手段

管理方法是指各种旨在保证实现组织目标和维护管理活动顺利进行的手段与方式的总和。管理活动常用的方法主要有行政方法、经济方法、法律方法和教育方法等。

（1）行政方法。行政方法就是依靠行政组织的权威，运用命令、规定、指标、条例等行政手段，以权威性和服从为前提来组织指挥管理活动的方法。它的实质是通过组织以及组织所赋予管理者的职位、职权来行使管理。这种管理方法具有以下特征：一是权威性。行政方法依托于行政组织和领导者的权威。领导者的权威越高，被领导者对信息的接受率就越高。二是强制性。行政方法通过发布命令、规定指标、下达指令等，以鲜明的服从为前提来实施强制性的管理。三是层次性。行政方法是通过行政层次自上而下、逐级指挥来实施管理活动的，具有鲜明的层次性。横向同

---

① 邹思聪.目睹大批志愿者赶到灾区不干事［N］，凤凰博报.2013 – 04 – 26.

行政级别的指令、指挥往往无效，多头指挥和越级指挥也违反管理原则。行政方法有它的优点，如有利于集中统一，便于职能的发挥，也是运用其他方法的重要手段；其缺点是横向联系难，不利于子系统发挥其积极性和创造性。因此，行政方法要与其他方法结合起来使用，取其优点，避其缺点，使它更好地发挥作用。

（2）经济方法。经济方法是指根据客观经济规律，运用各种经济手段，调节各种不同经济利益之间的关系，以获得较高的经济效益与社会效益的管理方法。这里所说的各种经济手段，主要包括税收、价格、信贷、利润、工资、奖励、罚款以及经济合同等。这种方法的实质就是运用经济规律和物质利益原则来引导人们的行为，正确地处理好国家、集体与劳动者个人三者之间的经济关系，最大限度地调动各方面的积极性、主动性、创造性和责任感，促进经济的发展与社会的进步，达到实现管理目标的目的。不同的经济手段在不同的领域中可发挥各自不同的作用。

人们除了物质需要以外，还有更多的精神和社会方面的需要。在现代生产力迅速发展的条件下，物质利益的刺激作用将逐步缩小，人们更需要接受教育，以提高知识水平和思想修养。再者，如果单纯运用经济方法，易导致讨价还价、一切向钱看的不良倾向，易助长本位主义、个人主义思想。因此，要注意将经济方法和教育等方法有机地结合起来。另外，既要发挥各种经济杠杆各自的作用，更要重视整体上的协调配合。如果忽视综合运用，孤立地运用单一杠杆，往往不能取得预期的效果。此外，随着改革开放的深入，要不断完善各种经济手段和杠杆，以适应经济发展的需要。它的主要特点是对管理对象的作用是间接的。

（3）法律方法。法律方法就是运用法律来实施管理的一种方法，是指国家根据广大人民群众的根本利益，通过各种法律、法令、条例以及司法、仲裁工作，调整社会经济的总体活动和各企业、单位在微观活动中所发生的各种关系，以保证和促进社会经济发展的管理方法。

法律方法的内容，不仅包括建立和健全各种法规，而且包括相应的司法工作和仲裁工作。这两个环节是相辅相成、缺一不可的。只有法规而缺乏司法和仲裁，就会使法规流于形式，无法发挥效力；法规不健全，司法和仲裁工作则无所依从，将造成混乱。法律方法的实质是实现全体人民的意志，并维护他们的根本利益，代表他们对社会经济、政治、文化活动实行强制性的、统一的管理。法律方法既要反映广大人民的利益，又要反映事物的客观规律，调动和促进各个企业、单位和群众的积极性、创造性。

这种方法具有鲜明的强制性、规范性、权威性和稳定性。使用法律方法对管理的规范化、制度化具有重要作用，首先，它能保证管理必要的秩序，使整个管理系统正常有效地运转；其次，它能保证管理系统的稳定性；最后，它能有效地调节管理系统之间各种因素的关系。

（4）教育方法。教育方法是指通过传授、宣传、启发、诱导等方式，提高人们的思想政治素质和业务水平，以发挥人的主观能动作用，是执行管理职能的一种方法。通过教育来提高人的素质，是充分发挥人的作用必不可少的途径之一。教育方法是其他方法的前提。不仅其他方法离不开宣传教育，而且它可以解决其他方法不能解决的问题，如思想认识、理想前途、业务水平的提高等。教育方法也是提高人的素质的重要手段。人的素质在管理中起着十分重要的作用。管理必须通过教育方法大力提高人的素质，使人在组织中发挥更大的作用。

除了以上方法外，还有其他的方法，例如数学方法就是运用数学来分析经济现象之间的关系，建立数学模型来揭示资源分配、利用效果及数量界限的一种定量管理方法。数学方法的优点是使管理定量化。但用数学方法必须具备一定的数学知识，如线性规划方法、生产函数法等。

管理是通过计划、组织、激励、协调、控制、领导等职能手段实施的。管理职能是管理主体对管理客体施加影响的主要方式和具体表现，是管理者的职责和功能，需要特殊的技能。

（1）计划。计划是为集体活动确定目的、任务、目标、政策及行动方案，并组织实施的管理行为。由于决策是计划中的核心环节，因此，不少著作把决策单独提出，以示强调。

（2）组织。组织是把各种生产要素，特别是人员结合成实现目标、完成任务的功能实体的行为，其结果是形成各种体制，如企业的经营体制、领导体制、生产体制等。组织的载体是人，因而用人是组织职能的重要内容。

（3）激励。激励是指运用各种手段调动组织内外相关人员的积极性，以形成实现目标的动力。现代管理激励并不限于组织内部，也包括对企业外部相关部门和人员如供应商的激励。

（4）协调。协调是理顺组织内外关系，消除不和谐、不平衡状态，加强各方合作，以便为实现组织目标创造良好环境的行为。例如理顺企业内党、政、工关系，改善干群关系，协调企业与客户、政府的关系等，其关键在沟通。

（5）控制。控制是按预定计划和标准对组织内各种活动进行监督、检查和调节，以纠正偏差，更好地达成目标的行为。

（6）领导。领导是运用某种影响力，发动或者引导其他人或群体为制定目标奋斗的行为。

计划、组织、激励、协调、控制具有相对独立的功能，属于管理的基本职能。在中国语境中，领导兼有计划中的重大决策、组织中的关键任免、激励中的群体发动、协调和控制中的危机处理等功能，属于管理的综合职能。

6.1.2　管理阶段的划分

管理理论与管理实践具有一种互动的关系。管理实践推动管理理论的发展，管理理论指导管理实践活动。分析管理理论的发展阶段，从而将管理理论与管理实践相结合，正确指导企业的管理实践，是推动我国企业"上台阶"的重要课题。

6.1.2.1　管理阶段的划分标准

管理是一个永无止境的变革与"现代化"进程，是不断从一个发展阶段进入新的更高发展阶段的演进过程。研究管理发展演进、过程，理论上可以通过揭示不同历史时期的管理特点及其原因，探求管理的发展规律；实践上便于企业找准自身管理的位置，发现差距，明确努力方向，因而历来是管理理论研究的重要领域。

国内外学术界研究管理的发展过程及其阶段的划分，采用了不同的思路和标准。有的从管理思想、管理理论视角观察管理的变化；有的从实践的视角研究管理的变革；还有的从理论与实践相结合的视角研究管理的发展阶段。

美国管理学家丹尼尔·A.雷恩在其著作《管理思想的演变》中，将管理思想的演变分为早期管理思想（他又进一步将其分为工业化前和工业革命两个阶段）、科学管理时代、社会人时代、当前时代。[①] 迈克尔·D.波顿的观点则是："随着对企业管理认识的不断加深，企业文化作为一种新的管理方式被人们认识并加以实践。企业管理随之也在经历过经验管理、科学管理阶段后进入文化管理阶段。"[②]

20世纪80年代流行于国内学术界的管理发展过程划分思路，主要依

---

① ［美］丹尼尔·雷恩. 管理思想的演变［M］. 孙耀君，等译. 北京：中国社会科学出版社，1986：1-6.

② 陶良虎. 家族企业创新研究［M］. 武汉：武汉理工大学出版社，2008.

据管理实践。当时出版的教科书，包括中国人民大学出版社出版的《工业企业管理原理和组织》①、中国财政经济出版社出版的《工业企业管理总论》② 都把西方管理划分为经验管理（传统管理）、科学管理、现代管理三个历史阶段。

20 世纪 90 年代后，特别是 2000 年以后，对管理发展阶段的划分出现了多元化的思潮。有的继续基于照管理实践的视角，如汪解主编的《管理学原理》将企业管理分为传统管理、科学管理和现代管理阶段③。多数教科书转向从管理思想和管理理论的视角。例如杨文士、张雁主编的《管理学原理》及南京大学周三多、陈传明、罗明泓教授从管理思想的发展视角，把西方管理分为早期管理思想、科学管理理论、现代管理思想三个阶段④；复旦大学的芮明杰教授从管理理论角度，分阶段论述了科学管理的产生、行为科学的兴起、管理科学的发展、现代管理理论的发展四个阶段⑤。

《哈佛商业评论》组织几十位专家学者对 1922～1997 年管理思想和管理实践进行了总结回顾，他们把管理的发展过程分为科学管理（scientific management）、政府管制（government regulation）、营销和多元化（marketing diversification）、战略和社会变革（strategy social change）、竞争挑战和重构（competitive challenge restructuring）、全球化和知识（globalization knowledge）六个阶段。该方案划分管理发展阶段的主要依据包括重要管理思想的提出和管理实践的标志性事件⑥。

从学术界对管理发展阶段的划分来看，主要存在两个问题：一是缺乏统一的标准；二是对科学命名不够重视。笔者认为企业管理发展阶段划分及其命名应当遵循以下两个原则。

（1）划分标准必须明确一致。历史阶段的划分需要明确一致的标准。例如，研究人类社会发展，要么将生产工具作为基本依据，将其分为石器时代、青铜器时代、铁器时代；要么按照人类主要依赖的能源，将其分为畜力时代、蒸汽时代、电气时代、核能时代；或者将反映生产关系的制度

① 杨先举. 工业企业管理原理和组织［M］. 北京：中国人民大学出版社，1984：16－17.
② 中国工业企业管理教育研究会. 工业企业管理总论［M］. 北京：中国财政经济出版社，1985.
③ 汪解. 管理学原理［M］. 上海：上海交通大学出版社，2000.
④ 杨文士，张雁. 管理学原理［M］. 北京：中国人民大学出版社，1999.
⑤ 芮明杰. 管理学教程［M］. 北京：首都经济贸易大学出版社，2004.
⑥ 黄津孚，张小红. 企业管理发展阶段研究——正从系统化时期进入智能化时期［J］. 首都经济贸易大学学报，2014，16（1）：97－103.

作为基本依据，将其分为原始公社、奴隶制、封建制、资本主义社会。经济学家们研究经济发展阶段，通常按照整个经济体系中占统治地位的生产品与生产方式，将其划分为农业经济、工业经济、知识经济时代等。我们肯定不能接受例如将人类社会划分为石器时代、蒸汽时代、知识经济时代这样的混杂依据。

企业管理阶段的划分，同样应该明确统一的划分依据、标准。要么是管理思想，要么是管理实践。有的教材将管理的发展过程归纳为经验管理、科学管理、行为科学、定量管理、权变管理思想，其中显然包含了不同的划分依据，不符合标准统一的原则。

（2）科学命名的原则。科学概念必须准确反映客观事物，必须揭示事物的本质，能够区分事物的内涵与外延，反映事物的基本特性。

有的学者在管理发展阶段使用了"现代管理""后现代管理"的概念①，显然是不够科学的。20 世纪中叶以来，企业管理发生了两次深刻的革命性的变化，第一次发生在 20 世纪中期，第二次发生在 20～21 世纪之交。国内外学术界都意识到了这两次变化，但是没有通过严谨的科学概括提出适当的概念表述，而是简单地套用社会学、经济学的"现代化"概念，提出所谓"现代管理阶段"和"后现代管理阶段"这样含糊的概念，既没有勾画出相应阶段的管理特点，也缺乏时代的坐标定位。第二次世界大战后企业管理发生了深刻变化，但是与科学管理阶段相比，究竟有什么重大区别呢？从"现代管理"四个字，我们得不到任何启示。站在 20 世纪 60 年代的时点上，我们可以把多元化战略、分权型组织、采用办公自动化（OA）系统等称为"现代管理"；如果我们站在 21 世纪 10 年代的时点上，新的管理方式出现了，原来被认为属于"现代管理"的内容甚至不那么"现代"了，例如更多的企业放弃非相关多元化，而采用"归核"战略；在信息化的基础上，许多企业在实施整合内部资源的组织变革，规划、财务、大宗采购、销售渠道的权力又开始集中到总部；ERP 系统的功能远远超过了 OA 系统。为了区别这两个不同的管理模式，有人不得不用"后现代"的概念（或者一个用"现代"，一个用"当代"）表述新的管理阶段。我们设想，如果再过 30 年，企业管理肯定又有新的重大变化，那么我们又如何命名新的阶段？难道是"后现代管理"吗？

---

① 张羿. 后现代企业与管理革命［M］. 昆明：云南人民出版社，2004. 书中提出了后现代管理的概念：所谓后现代管理，是指适应 21 世纪经济、社会环境巨大变化的企业管理。该观点得到了一些学者的赞同。

笔者主张，管理发展阶段以企业实践为主要依据，而非以流行的管理理论为主要依据，其主要依据如下。

（1）实践是现实的生产力、竞争力。按照管理学大师德鲁克的观点，管理的本质在于实践。思想和理论的作用毋庸置疑，但是管理思想只有转化为众多企业的行为，管理理论只有得到广泛的实践，才能显示其强大的物质力量。例如在泰勒发表《科学管理原理》之前，包括亚当·斯密在内的经济学家们就在著作中陆续提出了科学管理思想，然而正是泰勒在企业中进行了一系列科学管理的实践，取得了提高劳动生产率和缓和劳资矛盾的效果，特别是福特把科学管理思想全面应用于汽车的大规模生产，一度成为全球最具效率和竞争力的企业，展示了科学管理的威力，才推动了企业界群相仿效，实现了企业管理从经验管理阶段向科学管理阶段的跃升。

（2）实践更具有差异和变革的可观察性。历史阶段划分必须以可观察到的社会现象显著差异和重大变革事件为依据，以便人们能够识别大致的时间界限。

按照管理思想和管理理论划分时间段是比较困难的。一方面，管理思想形成体系一般具有较长的时间，不同管理思想发展过程互相交叉，很难确定分界线。另一方面，同一历史时期可能提出不同的管理思想和理论，有时难分主次。例如，学术界普遍认为 20 世纪 30 年代梅奥提出人际关系学说，开启了行为科学理论的时代。而同一时期，被学术界推崇为系统管理理论开创者的巴纳德发表其代表作《经理人员的职能》。这样，管理思想和理论的阶段划分，究竟是行为科学在前，还是系统理论在前呢？学术界恐怕难以得出一致的意见。20 世纪 60 年代美国管理理论研究十分活跃，出现了许多学派，曾被前美国管理学会（The Academy of Management）会长孔茨戏称为"管理学的丛林"，此时，对管理阶段又该如何命名呢？个别著作将此称为"理论丛林"阶段，凸显了作者的无奈。

以管理实践作为分界线则比较优越。例如科学管理与经验管理的分界线，可以通过企业管理的规范化程度予以考察；现代管理（一般是指 20 世纪中期以来的企业管理阶段，但笔者宁愿将其称为系统化管理阶段）与科学管理的分界线，在于目标管理、战略管理、全面质量管理等系统管理模式的广泛流行，这也是容易观察到的。

根据以上所述的阶段划分的原则和尺度，笔者认为，迄今为止的企业管理发展过程，可以描述为经验化管理、科学化管理、系统化管理、智能互联化管理四个阶段依次递进的过程。

笔者之所以用经验化管理、科学化……代替经验管理、科学管理的称谓，是因为"经验管理阶段""科学管理阶段"难以反映管理实践的动态化、结构化特点。由于企业管理发展存在不平衡性和渐进性，同一个时期不同企业的管理迥异，同一个企业在某个时期不同管理方式共存。19世纪末20世纪初，是企业从经验式管理向科学管理转变的转折点，但从全球范围而言，转变是一个渐进的过程，或者说是一个"化"的过程。

此外，这里所说的经验化管理，并非是说管理完全没有科学道理，并非完全没有规章制度，而是指个人经验、个人意志占主导地位的管理。

因而，笔者主张以经验化管理、科学化管理代替经验管理、科学管理的概念表述，以突出管理变革是一个过程。

6.1.2.2 从经验化管理到科学化管理

经验化管理又被称为"传统管理"。在经验化管理阶段，企业管理实践主要以个人经验为依据。"传统管理的突出特点是依靠个人的经验进行生产和管理。工人凭自己的经验操作，没有统一的操作规程。管理人员凭自己的经验来管理，没有统一的管理办法。工人和管理人员的培养，也只是依靠师傅传授自己的经验，没有统一的标准和要求。"[①]

西方企业流行经验化管理大致在19世纪直到20世纪初。一方面是由于当时工业化历史还比较短，人们还来不及通过积累和总结经验形成管理规范，因而商业和管理教育尚难形成体系；另一方面是由于当时企业规模相对较小，生产过程和组织相对简单，因而凭经验尚可应付管理之需[②]。

科学化管理阶段，是以实验科学、技术科学为基础的各种规范为主要依据的管理。

19世纪末20世纪初，随着西方大型企业的纷纷出现（1891年美国宾夕法尼亚铁路公司雇员已达到11万人[③]），经验式管理难以应对；由于劳动生产率低下，劳资矛盾日益加深，需要寻找出路，以美国为首的西方企业开始加快科学化管理的进程。

科学化管理的本质，是以实验科学、技术科学为基础的各种规范为主要管理依据。管理者通过试验和总结实践经验，寻找普遍适用、客观有效的管理规范和方法，包括组织框架、职责规定、技术标准、各种定额、会计体系、安全规程、生产工具、操作方法等并加以规定、培训和推广。科

---

① 中国人民大学工业经济系. 中国社会主义工业企业管理［M］. 北京：中国人民大学出版社，1980：34－35.

② 中国人民大学工业经济系. 工业企业管理纲要［M］. 北京：中国经济出版社，1985：17－18.

③ ［美］福山. 信任：社会美德与创造经济繁荣［M］. 彭志华，译. 海口：海南出版社，2001.

学化管理既为使用机器大规模、流水线生产创造了条件，也为大规模社会化协作创造了条件，从而大大提高了劳动生产率。

在科学化管理阶段，商业教育得到重视，各种专家进入管理层，发挥其专业特长。例如，工程师通过动作时间研究制定工艺规程和定额，优化生产管理；会计专家优化成本核算；心理学家帮助完善人事管理系统，如此等等。

6.1.2.3　从科学化管理到系统化管理

系统化管理阶段，许多教科书将其称为现代管理阶段。其特征是以系统科学、系统工程为基础的各种系统优化方法工具为主要手段的管理。

学术界普遍认为，20 世纪中叶，是从科学化管理转向系统化管理的转折点。系统化管理产生的背景包括以下方面。

（1）新一轮全球化浪潮的推动。第二次世界大战结束前，以美国为首的西方国家建立了国际货币基金组织、国际复兴开发银行，战后又建立了关贸总协定，从体制机制方面推动了经济全球化，大大促进了国际贸易和国际资本的流动。全球化导致了跨国公司的发展和企业间竞争的加剧，从而对企业经营管理提出了新的要求。

（2）新一轮科技革命的机遇和挑战。战争推动了新科技的应用，第二次世界大战期间发展起来的应用数学、电子技术、核能技术、计算机技术等迅速进入各领域，形成新一轮科技革命浪潮，为企业提供了新的发展机遇和挑战。

（3）经济危机和社会主义运动的压力。自由市场的无序竞争导致经济大起大落，经济危机此起彼伏，迫使人们反思资本主义制度的弊端。资本主义原始积累的残酷剥削，导致工人阶级有组织的斗争，马克思主义被越来越多的人所接受，包括中国、苏联在内的许多国家通过实行生产资料公有制和计划经济，在一个时期内创造了经济高速增长的奇迹，对西方原来实行的制度构成了强大的威胁，迫使这些国家改变管理策略。为了应对日益严重的经济危机，资本主义国家相继推行凯恩斯主义，刺激投资和消费。企业主从长远利益考虑，对工人阶级也作了让步，结果使消费需求迅速增加，西方各国陆续由卖方市场转向买方市场。

（4）科学哲学和教育的发展。20 世纪中叶，以系统论、信息论、控制论为代表的科学哲学思潮形成，不但推动了科学技术的相互交叉渗透，而且在社会科学、经营管理中的应用价值也越来越为人们所认识。数学、心理学、社会学、教育学、美学等学科与管理学相互结合，扩展了管理者的视野，极大地丰富了管理学的知识宝库。教育事业的发展为现代企业管理准备了大量人才。从国会议员到企业经理，具有高等教育背景的知识阶层占比越来越高，他们对管理政策的影响力越来越大。

系统化管理的主要特征有：

（1）重视经营战略。重视系统与环境的适应性互动是系统思维的核心内容之一。20 世纪中叶，环境的理念、战略的理念越来越深入人心，企业普遍制定了指导全局和长远发展的战略性规划，企业管理视野从企业内部扩展到企业外部。管理者更加关注消费者市场及环境的变化、关注行业发展和竞争态势，更加重视提升企业的适应性和竞争优势。

（2）采用系统管理模式，追求整体最优。起源于美国的目标管理和项目管理、兴起于日本的全面质量管理、英国企业界率先实施的设备综合工程等各种系统管理模式在企业得到试验和推广应用。

（3）管理的重心由物转向人。"在决定企业效益的生产要素系统中，人是主导性、决定性的要素。"这一新理念被企业广泛接受，管理的重心开始从厂房、设备、资金等物质资本，转向人力资源和人力资本。企业掀起应用行为科学，调动员工积极性、改善组织和领导的热潮，例如员工参与管理、授权、自主管理、职业生涯管理、员工持股、企业文化建设等。

（4）在管理中综合应用多学科方法与计算机手段。在系统化管理阶段，管理层倾向于综合运用经济学、运筹学、数理统计、心理学、生理学、教育学、传播学等多学科方法，解决诸如工业工程、项目管理、品牌管理、质量管理、市场营销等管理问题。大量采用规划论、排队论、博弈论等数学方法建立数学模型，并开始应用电子计算机，解决预测、决策和控制等管理问题。

（5）管理人员职业化，公司治理规范化。以美国为代表的各国 MBA 教育发展迅速，职业经理人大量进入管理阶层，他们在企业中的权力越来越大，乃至有专家惊呼发生了"经理革命"。各国从法律层面到市场监管层面，推动企业建立规范的公司治理结构，形成出资人对经营者、各级经理的激励和约束机制。

6.1.2.4 从系统化管理到智能化管理

20～21 世纪之交，企业管理进入了又一个新阶段，这就是智能互联化阶段。这个阶段的管理特点是大量采用数字化、网络化、智能化技术，协同发挥人类智能与人工智能、个人智能与组织智能、企业智能与社会智能以应对可持续挑战的管理模式。

早在 2010 年，中国有 57% 的企业已建立网站进行市场宣传，有 39.4% 的企业已采用电子商务的模式进行在线销售处理，有 42.2% 的企业已采用电子商务的模式进行在线采购。①

工业和信息化部原部长苗圩在给全国人大的报告中指出，我国航天、航空、机械、船舶、汽车、轨道交通装备等行业数字化设计工具普及率超过85%，钢铁、石化、有色、煤炭、纺织、医药等行业关键工艺流程数控化率超过65%、企业资源计划（ERP）装备率超过70%，大幅提高了精准制造、极端制造、敏捷制造能力。华为、三一重工、潍柴、吉利等一批行业骨干企业建立了全球多地协同研发体系，有力支撑了企业的国际化转型。②

智能管理阶段革命性的变化是智能技术与网络在管理的大规模应用，是人机合作的管理模式。管理关注企业与自然、社会环境的互动和可持续发展。智能化管理阶段的特点有以下几点。③

（1）机器取代人类完成越来越多的管理工作。从简单重复的作业，到程序化的决策，再到半程序化的决策；物联网的管控功能，物流信息流合一，实时监控；资金流与信息流的合一。

（2）人机协同能力成为最重要的管理能力。线上线下协同，直觉与科学分析结合，完成非程序化管理：大数据的应用开发。

（3）广泛应用组织智能与社会智能系统。Web2.0～3.0、云技术大规模应用、行业专家系统得到广泛应用。

由于新的时代正处于逐步形成过程，完整的管理形态有待观察，从目前处于管理前沿的企业实践来看，显现以下特征。④

（1）集中人类智慧解决可持续发展难题。面对日益严重的生态危机，越来越多的企业加入以实现人类社会可持续发展为宗旨的，自觉履行社会责任的"全球契约"行动，制定可持续经营战略，倡导合作共赢，加大社会责任投入，开发节能、节材、低排放、安全环保的绿色产品和技术，落实管理责任，开展国际合作，建立评价标准，发布社会责任报告，力图以全人类的智慧解决可持续发展的各种难题。⑤

① 工信部电子一所、用友软件股份有限公司.2010年中国企业信息化指数调研报告［J］.中国制造业信息化：应用版，2011（2）：30－33.

② 环境保护部环境工程评估中心.钢铁行业环境保护政策法规2016增补本［M］.北京：中国环境出版社，2017.

③ 张小红，黄津孚，张金昌，王荣霞.智能化管理——管理理论发展的新阶段［J］.经济与管理研究，2015，36（8）：116－121.

④ 黄津孚，张小红.企业管理发展阶段研究——正从系统化时期进入智能化时期［J］.首都经济贸易大学学报，2014（1）：97－103.

⑤ 黄津孚，等.管理创新［M］.北京：企业管理出版社，2012：144－158.

（2）广泛开展基于开发人类智能的知识管理。知识是人类智能的基础。开发个人、组织和社会知识资产，是智能化管理的必然选择。20世纪90年代，包括IBM、GE、惠普、陶氏化学、德国汉高等在内的一批先进企业开始实践知识管理，它们成立专门机构、设立知识管理总监，通过总结最佳实践经验和标杆管理，将隐性知识转化为显性知识，将个人知识转化为组织知识。① 后来越来越多的企业组织力量开发专家系统，建立知识共享平台，实行开放式的研究开发政策，中国许多企业还积极践行学习型组织，大大提升了企业的智能水平。总体上大大增加了产品和服务的知识价值含量。据美国华盛顿大学经济学教授威廉·哈拉尔研究，1986～1995年10年中，经济合作发展组织成员国输出的以高科技为基础的知识类产品，占出口总额的10%左右增加到35%，其中美国已达24%，即使是传统的农产品出口，其中技术含量也大幅增加。②

（3）大量开发应用人工智能工具。企业各项业务和管理领域纷纷应用人工智能技术，取代人类完成越来越多的管理工作，从简单重复的作业，到程序化的决策，再到半程序化的决策。例如在技术开发与生产过程控制中，企业大量引入应用辅助设计系统、仿真试验系统、辅助制造系统、集成制造系统、远程监控系统、技术服务系统等提高技术开发与生产过程的效率；在营销业务中，企业日益广泛地采用数据挖掘技术、网上采购与销售、电子支付数据等；企业管理智能工具已涵盖计划与控制、办公自动化、财务会计、人力资源管理、供应商与分销商管理等职能。20世纪末期，世界500强企业中有近80%的企业采用了ERP管理软件。③

（4）构建和完善智能化管理环境。企业为实现智能化管理积极创造条件，包括增强信息化、知识化、智能化意识，积极开发建设物联网，为建立信息化平台统一通信标准，为加强沟通、促进创新而进行组织变革，为适应信息系统运行要求而进行流程再造，为激励知识分享完善奖励制度，充实专家队伍，加强人员培训等。

认识企业管理理论、技术发展演变规律的一个非常重要的手段就是对企业管理发展的阶段划分，以突出各个发展阶段的主要思想、主要技术。

① 张小红. 智力资本及其管理研究［M］. 北京：中国农业科学技术出版社，2008：155－161.

② 胡铁成. 知识经济全书（下）［M］. 北京：中国物资出版社，1998：1371－1372.

③ 程刚. 企业管理信息化模式及实施保障体系［M］. 合肥：中国科学技术大学出版社，2003.

笔者认为，企业管理已经进入新的历史阶段，这个阶段就是智能化管理阶段。①

6.2　智能互联浪潮冲击传统管理理论

6.2.1　对原有管理理论的质疑

20世纪末21世纪初，全球掀起网络热；世界进入21世纪10年代，全球加快了信息化、数字化、智能化的步伐。社会生活、生产方式、国家战略、企业经营都发生了巨大的变化，或正在发生急速的变化。全世界，特别是中国社会出现了愈演愈烈的互联网躁动。各种新概念喷涌而出，各种热销书铺天盖地，如互联网时代、互联网冲击、从0到1、大数据时代、平台战略、长尾理论、注意力经济、意愿经济、智能制造、重新定义公司、失控，如此等等。

企业界、学术界，乃至权威人士提出了各种各样的判断和预言，对原有管理理论提出的质疑此起彼伏，有的相当令人彷徨和惊恐。例如，《第三次工业革命》《零边际成本社会》的作者，美国经济趋势基金会主席杰里米·里夫金（Jeremy Rifkin）在描述"互联网信息社会"时预言："未来所有的物质生产会变成私人化，比如3D打印技术会使我们坐在家里完成自己的生产。试想一下，所有年轻人家里一台3D打印机，能源自给，材料免费，制造出所需的各色东西，包括复杂的iPhone。"② 国内著名专家预言：在互联网时代"消费者导向和消费者价值将完全占主导地位。现在的所谓B2C模式，将完全被C2B所取代；柔性的、定向的、单件的、优质的、小批量的，同时又是高度分散和高度协调的生产，成为生产方式的主流；全社会的众筹化资本将取代今天的私人垄断性资本而占据主导地位；互评化信用取代今天的企业和公司专断的自评式信用"③。有博士论文称："在互联网时代的背景下，传统经济已从原子逐步过渡到比特经济，

————————

　①　张小红，黄津孚，张金昌，王荣霞．智能化管理——管理理论发展的新阶段［J］．经济与管理研究，2015，36（8）：116－121.

　②　张小红，黄津孚．论智能互联时代管理学理论的进化性重构［J］．福建论坛，2019（10）：12－21.

　③　陈宇．中国就业：昨天、今天、明天［R］．中国就业促进会二届五次理事会的报告，2015－05－25.

从生产经济过渡到信息经济，从短缺经济过渡到丰饶经济""大批量生产标准化产品已转变为个性化定制化的非标产品"，组织虚拟化成为持续 10 多年的网络热词，自组织、自激励、自创新成为时代新概念。①

万科企业股份有限公司高级副总裁谭华杰认为：如果有一天，出现一个类似淘宝这样的消费者平台，形成一个供应者平台，此时会发现，企业真的需要存在吗？事实上，通过一个大平台，在社会上通过一种较为临时的合伙关系的建立，企业原来所有的职能部门、分支机构都可以被取代。当有一个业务的时候，通过这种方式来聚合；这个业务做完，可能大家又"各回各家，各找各妈"。这样的方式，有可能会取代原来固化的企业形态，成为未来整个经济当中最主流的一种组织方式，互联网时代的社会交易费用急剧下降，这意味着企业合理边界在迅速向内收缩。用一个比喻来说，就是由"庄园经济"再回归到"自耕农时代"。他认为在互联网时代，自耕农经济会卷土重来，成为未来整个经济结构一个非常重要的，甚至是最主要的组织形态。② 用友集团在《企业互联网化 2015 年发展报告》中指出：企业原有的生产方式、管理模式、商业规则逐步被颠覆，规模化大生产、科层制组织、自上而下的生产管控方式等工业时代的范式、规律和模式都将逐步被以"云 + 网 + 端"为特征的互联网新基础设施和网络化、智能化新模式所取代。《连线》杂志创始主编凯文·凯利在其著作《失控》中断言，"机器正在生物化；而生活正在工程化"，人类正进入"新生物文明"，"传统的组织结构将置企业于死地，未来的企业组织会更类似于一种混沌的生态系统"，《失控》的副标题是"全人类的最终命运和结局"。③

有学者认为："移动互联时代，企业所关注的不再是员工生产效率和创造价值，而是关注如何通过移动互联这个新的渠道获取更多的社会资源，从而创造更多的利润。"④ 还有人认为现在谁有本事整合谁就能得天下，核心技术已经不是成败的决定因素⑤。2017 年，软银集团 CEO 孙正义预言，在今后 30 年里，拥有超级智能的智能机器人将走进大众生活，

---

① ［美］杰里米·里夫金. 零边际成本社会［M］. 北京：中信出版社，2014：5 - 6.

② 张小红，黄津孚. 论智能互联时代管理学理论的进化性重构［J］. 福建论坛，2019（10）：12 - 21.

③ ［美］凯文·凯利. 失控［M］. 东西文库，译. 北京：新星出版社，2010：3 - 4.

④ 周晓波. 移动互联时代企业管理的挑战与变革［J］. 管理观察，2015（15）：95 - 97.

⑤ 郭重庆. 互联网正颠覆各行业命脉［J］. 中国人才，2015（19）：1 - 3.

并且在数量和脑力上超越人类。① 美国人力资源管理权威戴维·尤里奇在论述人才管理的新趋势时提出："人才管理不再只是以人为本，而是业务优先。"② 有人甚至提出疑问："在互联网时代，企业是否还需要讲核心价值观、强调管理和企业文化？"《意愿经济》一书的副标题是"大数据重构消费者主权"，有专家发现："移动互联时代，品牌不那么庄严了。"③ 也有权威人士断言："互联网将重新定义管理。"④

上述观点触及了管理学的许多基本问题：现代管理学的技术经济社会基础究竟发生了什么变化？作为现代管理学的发源地——企业正在发生什么样的变化？机器人时代管理学的对象还主要是人吗？在智能互联的背景下，管理理念、管理任务、管理方式、管理者的角色应该如何调整？甚至企业是否还有存在的必要呢？原有的管理学知识还有用吗？

这些问题不解决，我们的管理者可能会无所适从，我们的工商管理教学就可能无章可循。

6.2.2 面对变革的管理学思考

面对智能互联时代的管理变革，我们需要考虑以下几个问题。

6.2.2.1 人类社会为什么要管理

因为人类生活在有组织的社会中，人类生存发展需要依靠集体力量。组织是为满足人类需求，在一定的生存发展环境下产生的。在人类需求不高、自然环境和社会环境比较优越的情况下，组织化程度也会比较低；现代社会人类需求极其复杂，组织化程度非常高，管理不但必不可少，而且要求越来越高。

6.2.2.2 企业是否还有存在的价值

为什么有工商管理？因为有企业这样的组织存在。

为什么需要企业？因为人类需要商品经济。商品经济是分工协作经济，比自给自足的自然经济效率更高。如果人人都能自满足，例如家家都有万能的机器人、3D 打印等，智能化制造普及到每个家庭，还需要企业吗？似乎不需要企业了。其实这是伪命题。因为机器人、智能制造的原料

---

① 孙正义．日本首富孙正义看未来 30 年［EB/OL］．（2017 – 03 – 13）．http：//mt. sohu. com/20170313/n483234670. shtml.

② 戴维·尤里奇．人力资源转型 为组织创造价值和达成成果［M］．李祖滨，孙晓平，译．北京：电子工业出版社，2015.

③ 多克·希尔斯．意愿经济：大数据重构消费者主权［M］．李小玉，高美，译．北京：电子工业出版社，2016.

④ 郭重庆．互联网正颠覆各行业命脉［J］．中国人才，2015（19）：1 – 3.

不可能都由自己生产，即便能生产，其成本也难以承受，因而还是需要社会分工和协作。可见在可预见的将来，企业还是被需要的。企业的商品生产组织的本质没有变，自给自足的小农经济已成历史，已经一去不复返。

6.2.2.3 智能互联对管理提出了哪些新的要求？

作为管理对象的企业，以及经营环境发生了什么变化呢？对管理提出了哪些新的要求？管理者面临什么样的机遇和挑战？

在智能互联两大动力的作用下，涌现出新的需求、新的资源、新的能力、新的治理环境，例如喷涌而出的精神消费与信息消费需求、老龄化及全民社会保障的需求、个性化需求；丰富的信息资源、数字资源、网络资源可供利用；劳动者教育水平普遍提高；资本在全球寻找增值机会；新技术激起创业者无限想象。另外，由于智能互联，管理对象和环境更加复杂不确定，面临客户挑剔、商业伦理错乱、技术滥用、客户及员工忠诚度下降、生态环境恶化、安全风险丛生、治理漏洞等难题亟须通过管理解决。

6.2.2.4 智能互联时代，管理原理是否已经过时？

在这样一个智能互联的时代，作为管理者应该持何种态度？如何应对变化？哪些管理应该变、必须变？能不能依靠工业化时代习得的知识和技能应对变化？管理原理是否已经过时？管理学是否需要推倒重来？是否存在不能变，需要坚持的管理理念和原则？

办企业要面临的第一个问题是计划和战略。在新形势下，企业的目标如何确定？是否存在价值观取向问题？企业未来从事哪些商业业务？生产什么？生产多少？如何生产？如何实现价值？采用何种商业模式？如何应对不确定和竞争新态势？核心竞争力来源有无变化？

第二个问题是组织，为满足企业相关方的利益期望，通过什么实体和规制去达成计划目标和完成业务？企业应该吸纳哪些人？如何分工协作？采用何种流程和体制？

第三个问题是有了方向和目标，有了实体和规制，如何运作？在激励、协调、控制方面可采用哪些方法和手段？与工业化时代有何区别？标准化是否还要管理价值？

通过近年来的考察，企业战略及计划方法、组织架构及管理体制、商业模式及运营管理正在发生深刻的变化，有些具有颠覆性。但是大部分管理原理并没有过时，包括某些竞争战略，如成本领先与差异化战略、利基战略等仍然有效。近年来国内外成功崛起企业[①]的经验无不是遵循价值创

---

① 例如，美国的亚马逊、谷歌、脸书，中国的华为、联想、海尔、BAT、小米等。

造、科学经营、以人为本、权变创新、系统优化。

6.2.2.5　智能互联背景下的管理将进入什么阶段？

智能互联管理变革的目的是什么？是否存在统一模式？是否是决定所有行业和企业的一纸判决？从人类管理发展历史视角来看，我们将进入什么阶段？

可以肯定地说，智能互联背景下的管理变革，与工业化时代的系统化管理变革、科学化管理变革的目的是一样的，都是提升组织效能，更好地达成生存和发展的目标。从人类管理发展的历史视角来看，我们将进入智能互联化的阶段，这是大势所趋，但管理变革同样会是渐进的，是变和不变的结合，形式将会是多样化的，企业之间发展也将是不平衡的。

6.2.3　管理在变与不变中发展

应该坚信，管理大变革的时代已经到来，因为大变革的社会技术经济基础基本形成，管理变革不再是少数先锋企业和企业家的行为，已经成为各国发展战略所指和骨干企业的共识共为，我们正在进入一个全新的管理阶段，笔者将其称为智能互联化管理阶段。

然而，通过上述五个层次的深入思考，通过研究近百年，特别是近20年来国内外企业管理的经验教训，可以发现这样一个事实：企业管理有些方面正在大变，有些变革虽然"未成气候"但势在必行；有些管理方面没有变，甚至不能变；有些变化是不是规律、趋势暂时还不好下结论，例如机器人成为主要"劳动力"以后如何管理？

从历史角度考虑，管理变革是一个永恒的课题。从哲学角度考虑，变与不变是辩证的统一，变化的事物中存在不变的东西，不变的原理呈现变化的形式。

具体到智能互联背景下的管理，总体来说，变革的主要是管理之法，管理之道大体不变。

这里引用美国前总统托马斯·杰弗逊的名言："关乎风格的事情，可以追赶潮流；关乎原则的事情，必须坚如磐石。"[①]

正在变化的管理方面包括以下内容。

（1）有关管理的认知：关于企业的性质、企业的目标和任务的认知正在变。企业作为营利性机构的认知被企业是相关利益者的合作共赢平台认知所取代；企业的目标和任务由利润最大化、股东价值最大化转向整体价

---

① ［美］多克·希尔斯. 意愿经济［M］. 李小玉，高美，译. 北京：电子工业出版社，2016.

值最大化及利益均衡化。

（2）管理对象和管理者：组织的边界、组织与环境的关系、管理对象的复杂性和不确定性、管理者的认知和角色正在改变。必须重新认识管理对象，认识组织与环境的关系，认识管理者与被管理者的关系。

（3）管理的方法和手段：通过智能互联方法、手段的应用，管理活动包括计划、组织、运营的模式，例如预测和决策的方法与手段、管理组织模式、企业文化要求、控制方式、经营战略等正在改变。

不会变、不能变的东西包括以下内容。

（1）企业和管理的本质、管理的任务：企业作为商品生产和经营组织的本质没有变；为实现预定目标而设计构建组织、发挥系统效应的管理本质没有变；通过计划、组织、激励、协调、控制、领导等手段，配置资源、建立秩序、营造氛围以达成目标的管理任务没有变。

（2）管理的使命和准则：企业创造价值的使命不应该变，科学管理、以人为本、权变创新、系统优化的准则没有变，也不能变。

（3）管理的基本职能和机制：管理基本职能还是计划、组织、激励、协调、控制和领导六大职能。每项职能的基本任务，例如计划要完成预测、决策、规划与落实三项任务，明确目标、工作任务、政策、步骤、责任主体及预算六要素的要求没有变；企业组织建立产权、运营、作业体制的三个任务没有变；控制的立标、测评、修正三个基本任务没有变。每项职能的核心机制，例如，决策机制、组织机制、激励机制、协调机制、控制机制、领导机制似乎也没有变；决策的有效性主要是由决策对象、决策标准、决策者、决策信息、决策方法、可选方案六要素相互作用产生影响的机制没有根本改变（见表6-2），如此等等。

表6-2 管理变与不变的比较

研究内容		变化	不变	
管理要素	管理对象 管理活动 管理者	开放性、复杂性、快变性、不确定性 管理方式 地位界线、角色、素质	系统性、人为主体 管理本质、基本职能 企业家精神	机器人
管理职能	计划 组织 激励 协调 控制 领导	战略思路、预测方法 体制模式、程序 激励主体、方法 对象、方式 风险内容、控制深度和方式 方式	基本任务、决策机制 基本任务、组织机制 激励机制 协调机制 控制机制 领导机制	战略内容

研究内容		变化	不变	
管理 思想 和 准则	价值观 对待自然界 对待人 对待生态圈 对待治理	价值内容 认知和态度 认知和政策 关系和态度 态度、视野、方法	使命、经济基础 刚性约束 人需、人才、人文 生态关系 任务	

由于人类刚刚迈向智能互联时代①，许多变化难以预测，例如将来会出现无人企业，管理对象和管理职能一定会发生新的变化，商业模式和竞争战略也一定会出现新的内容。

我国的企业家和经理们，以及管理学理论者和教学工作者务必保持清醒的头脑，不要乱了方寸。我们唯有准确把握变与不变的辩证法，保持既积极又冷静的心态，才有可能顺应智能互联大势，引导企业达到更高的境界。

6.3　主流管理学理论体系亟须突破

管理学的学科性质是应用学科。判断应用学科的状况，最重要的依据是能否解释和指导实践。目前无论是企业界还是学术界对于管理学的现状存在较大疑虑。长期以来，人们倾向于将管理仅仅视为一种职业，最为关心的是如何制定战略，如何设计流程，如何创新模式；感兴趣的是激励技巧、领导艺术和控制方法，而忽视管理思想、商业伦理、从政道德的教育和修炼，许多人实际把管理看成一种谋生的技能、一门赚钱的学问。② 近年来，国内外企业出现那么多问题，智能互联时代的管理变革如此深刻，管理学界的主流学者们却沉溺于合法性、科学性的争论和采用第二手、第n手资料做实证研究，并没有对现实紧迫的课题作出应有的理论诠释和思

---

① 根据中国两化融合服务联盟、用友网络科技股份有限公司、工业和信息化部电子科学技术情报研究所共同研究和发布的《中国企业互联网化指数（2015）》，从基础准备、互联网化应用、模式创新三个方面分析和判断企业互联网化水平，2015 年中国企业互联网化指数为30.8，总体上处于转型起步期。

② 黄津孚，韩福明，解进强，等．"管理原理金字塔"——重构"主流管理学"体系的尝试［C］．中国管理现代化研究会，2015.

想引导①。管理学的理论体系确实面临创新重建的需要。

6.3.1　主流管理学理论体系的形成及其贡献

管理活动伴随人类社会而产生，出现明晰的管理思想至少也可追溯到数千年前，但作为一门独立的学科，管理学形成的历史则不算长。管理学界一般认为可以把19世纪末20世纪初发生的科学管理运动作为现代管理学科萌芽的里程碑。

马洪在20世纪80年代组织出版《国外经济管理名著丛书》的前言中，将西方经济管理理论的发展分为三个阶段，第一个阶段是形成于19世纪末20世纪初的"古典管理学派"，代表人物是美国工程师泰罗、法国工业家法约尔、德国学者韦伯、美国学者古利克、英国学者厄威克；第二个阶段是20世纪20年代开始的人际关系—行为科学，代表人物包括美国心理学家马斯洛、弗鲁姆、斯金纳以及美国教授赫茨伯格、麦格雷格等；第三个阶段是第二次世界大战后出现的以巴纳德为代表的社会系统学派、以西蒙为代表的决策学派、以卡斯特为代表的系统管理学派、以德鲁克为代表的经验主义学派、以伯法为代表的管理科学学派以及权变管理学派等②。

现代管理学经过20世纪上半叶的积累，在20世纪50~60年代进入一个十分活跃的时期。围绕企业管理的基本命题，人们从不同的视角开展了大量深入的研究，提出了种种理论。由于人们的知识背景及实践经验不同，对企业管理的分析采用了不同的角度和方法，对什么是管理、如何管理及其客观依据等进行了不同的解释，产生了基于不同科学范式的诸多学派，包括技术学派、过程学派（又称职能学派、古典管理学派）、行为科学学派、系统学派、决策学派、经验学派等。各学派著书立说，互相竞争，被前美国管理学会会长哈罗德·孔茨形象地比喻为"管理理论的丛林"。范德文描述当时关于组织与管理的理论是一个"喧闹、繁荣昌盛和令人混淆的世界"。唐纳森则讥讽这种理论丛林为"支离破碎的一种对管理有害的特征（而且）长于断言而缺乏经验证据"。③

---

①　贾良定，尤树洋，刘德鹏，等. 构建中国管理学理论自信之路——从个体、团队到学术社区的跨层次对话过程理论［J］. 管理世界，2015（1）：99－117.

②　［美］彼得·杜拉克. 管理——任务、责任、实践［M］. 孙耀君，译. 北京：中国社会科学出版社，1987.

③　［美］丹尼尔·雷恩. 管理思想史［M］. 贝德安，译. 北京：中国人民大学，2012：536－537.

在管理学派林立、经理们感到无所适从的情况下，前美国管理学会会长哈罗德·孔茨主张将管理设想为一个相对独立、彼此衔接的一系列过程，采用管理职能方法综合当时的各种管理理论。尽管半个世纪以来学术界一直存在不同观点和知识构架，但以管理职能为基本框架的管理学体系还是成了管理学的主流。①

从 2014 年开始，笔者比较系统地研究了管理学理论体系的状况，在浏览图书市场的基础上，选择了 19 本自 2009 年以来出版的（当时以 2009 ~ 2014 年以内的管理学教材为标准），有一定代表性的国内外管理学教材（参见附录），对其内容进行了研究，其中包括：据称"全美有 1000 多所大学和学院选作教材"，"该书在全世界名列基础管理学教材的榜首"，由美国学者斯蒂芬·P. 罗宾斯和玛丽·库尔特著，由中国人民大学出版社2012 年出版的《管理学（第 11 版）》；由罗伯特·克赖特纳（Rebert Kreitner）著，清华大学出版社与据称在美国教材市场占有率位居第二的圣智学习出版公司（CENGAGE Learning）合作出版的《管理学原理（第 11 版）》（*Eleventh Edition Principles of Management*）；在国内管理学教材中发行量高居第一（1993 ~ 2020 年达 300 万册），由南京大学周三多教授等编著的，由复旦大学出版社 2009 年出版的《管理学——原理与方法（第五版）》；以及由黄津孚编著，首都经济贸易大学出版社 2011 年出版的，国内同类教材中版次最高（第六版）的《现代企业管理原理》（1991 ~ 2020 年已发行达 32 万册）。笔者发现 70% 以上的教材（7 部美国教材中的 5 部，12 部中国教材中的 7 ~ 8 部），仍然以计划、组织、领导、控制等管理职能为基本框架，它们大体上反映了国内外管理学教学体系的主流，因而不妨称之为"主流管理学"。

笔者认为，以管理过程或基本职能为基本框架的管理学体系之所以成为主流，首先，是因为该学派早期的代表人物法约尔定义的"管理就是计划、组织、指挥、协调、控制"，言简义赅，明确区分了管理活动与企业其他经营活动，特别是与技术活动、商业活动的关系，提出了管理人员的主要职责和功能，可操作性比较强、比较实用。其次，对 20 世纪管理的各学派比较而言，以管理职能和过程为框架，比技术学派、行为学派、决策学派视野宽、包容性强，比系统学派更具体，能更好地满足理论指导实践的需要。最后，20 世纪 70 年代流行的德鲁克关于"管理是一种实践，

---

① ［美］孔茨，韦里克. 管理学 ［M］. 张晓君，等译. 北京：经济科学出版社，1998：81 – 94.

其本质不在于知，而在于行；其验证不在于逻辑，而在于成果"的观点①，对管理学的走向也有一定影响。

最近几十年来，中外管理实践和理论研究都非常活跃，获得了很大发展，在管理学理论体系也有所反映。例如在美国具有代表性的管理学教材，由美国学者斯蒂芬·P. 罗宾斯和玛丽·库尔特所著《管理学（第 11 版）》的第 2 篇"综合的管理问题"中，提到了 20 世纪末 ~ 21 世纪初的热门话题，包括对社会责任和道德规范的管理、对变革和创新的管理等。周三多教授等主编的《管理学——原理和方法（第四版）》在第四篇"管理前提与本质"中，加入了管理伦理、组织文化各一章，专门用一篇讨论创新问题。但是，主流管理学以管理职能为基本框架的格局还是保持到现在。

主流管理学对于我国管理理论和实践的发展功不可没，特别是对改革开放初期推动我国企业管理从经验管理走向科学管理，发挥了巨大的作用。改革开放前，受政治、经济和意识形态大环境的影响，我国管理学的教学和实践相当落后。我国经济从宏观管理到微观管理，主要强调要满足人民群众的物质和文化需要的目标，要依靠工人阶级的宗旨，但是长期在科学管理和经验管理之间摇摆，长官意志下的经验管理占主流，不重视科学管理方法和工具的研究与应用，结果物资严重短缺，产品落后低劣，经济效率和效益低下，无法达成预定目标。改革开放以来，我国引进的西方管理学，其科学的计划、组织、领导、控制方法正好弥补了我国管理学的短板，犹如"雪中送炭"而大受欢迎，而且也确实显示了力量。我国企业借鉴西方管理学理论，一方面进行科学管理的补课，如全面、扎实地建立计划、标准化、各项管理制度、成本控制、绩效考核等专业职能管理体系，同时积极追随发达国家现代化的管理步伐，推行全面质量管理、组织变革、战略管理、行为科学与企业文化、社会责任管理等②，取得了显著成效。

6.3.2　主流管理学存在重"法"轻"道"的倾向

管理学涉及的内容应该包括三个层次：第一个层次是有关管理的范畴，包括什么是管理？谁是管理者？如何认识管理对象——组织和人？如

---

① ［美］彼得·德鲁克. 管理的实践［M］. 北京：机械工业出版社，2006：8.

② 黄津孚. 企业管理现代化 – 理论·轨迹·经验［M］. 北京：经济管理出版社，2008：17 – 27.

何看待管理者与管理对象的关系等，属于世界观的内容；第二个层次是有关管理目的、信念和原则，包括为什么要管理？如何认识组织的使命？如何实现组织可持续及健康发展？这些属于终极价值观与工具价值观的内容；第三个层次是有关管理策略、方法和手段，包括如何确定组织的目标？如何设计竞争战略和组织体制？如何协调各种关系？如何激励组织成员？如何控制组织行为以保持预定方向等，这些属于方法论的内容。世界观、价值观相当于中国传统管理范畴中的"道"，方法论则相当于中国传统管理范畴中的"法"和"术"。

管理的核心是决策。决策要解决两个基本问题，第一个问题是我们要做什么事？什么是正确的事？如何保证我们做的事情是正确的？这就是中国哲学中"道"的要求。道决定组织发展的方向和前途，决定管理行为的最终结果，因而是最为重要的问题。第二个问题是我们如何做事，如何正确地做事，以便更好地达成目标。这就是中国哲学中被称为法和术的东西。它相当于管理职能所要解决的管理的流程、模式、方法与手段。管理的方法手段也很重要，正如毛泽东同志说过："我们的任务是过河，但是没有桥或没有船就不能过。不解决桥或船的问题，过河就是一句空话。"①习近平总书记强调："政策不能只是挂在墙上，要切实抓好落实。"②

通过对现行中美管理学教材的内容进行统计可以发现：主流管理学的重点显然在管理的流程、模式、方法与工具方面，重"法"轻"道"的倾向相当明显。在笔者统计的 19 本管理学教材中，篇章目录中只有 9 本提到了企业伦理和社会责任，而且全部处于篇目录以下的章目录；把创新作为专门篇章的有 10 本，但只有 4 本教材将创新管理与基本管理职能并列为篇章目录；19 本教材中专门讨论以人为本、科学管理、系统优化的都在 5 本以下，而且这些涉及管理之道的内容，很少处于管理职能的同一层次。

发端于西方的现代管理学，受工业革命的科学——基础牛顿物理学，以及资本主义的信条理性人假设的影响，主要研究实现目标的方法和手段，忽略了对于管理相关的世界观和价值观的研究。管理学大师德鲁克曾对此早有批评："大量有关管理的书是以管理技巧为中心、以条规为中心或者以职能为中心的。""管理是一种社会职能并植根于一种文化（一个社会）、一种价值传统、习惯和信念之中，植根于政府制度和政治制度之

---

① 毛泽东. 毛泽东选集（第二卷）[M]. 北京：人民出版社，1991：139.
② 习近平. 全党必须完整、准确、全面贯彻新发展理念强 [J]. 求是，2022（8）.

中。管理受到而且应该受到文化的影响；管理人员的理想、献身精神和人格决定着管理是否成功。"① 德鲁克所说的价值观、企业文化、企业家精神正是本书强调的管理之道。

我国学者吕力也指出，管理的元问题包括管理的本质、管理学的理论性质、管理学的研究方法论。而管理学的主流范式不讨论抽象的管理本质问题，着重讨论作为工具和手段的管理；重视管理的科学性，不重视管理的艺术性；通常采用实证方法。因而无法解决管理的元问题。因为实证管理本质牵涉到管理的价值理性，只能检验某种价值观下的管理行为，很难理解和评价这种价值观本身的历史与变化。管理与人类存在方式是统一的，管理本身就渗透了人类对自身如何存在的理念，必然包含它的价值维度。管理的效果既然对于人是有用的方面，那么对于什么人有用？对于人类的生存与发展和最终幸福有何影响？应该是管理学研究中的应有之题。管理学主流研究持有工具论的立场，他们（包括泰罗、法约尔、孔茨、德鲁克、罗宾斯）很少研究效果或者简化为经济绩效。②

罗家德认为，自法约尔开始，主流管理一直秉持工具价值至上的立场，最重要的问题是找到解决问题的办法，最大的兴趣在于寻找最优方案和技术上的可操作性，很少关心目的的合理性。必须从工具价值和本体价值融合的角度考察中国管理的实践。③

计划、组织、领导、控制确实是能够显示管理存在及其力量的因素，但这仅仅是管理的具体行为。人人几乎都在做计划，几乎每个家长、酋长、队长都在搞组织；经理、司机甚至赶驴人都在控制，为什么结果大不相同呢？因为真正体现管理价值的是计划、组织、控制深处所运用的思想和智慧。管理理应是具有鲜明的目的性，管理是确定和实现组织目的、目标的理性行为，需要有对社会责任的承诺。然而一个时期内许多机构的管理层把增加 GDP、提高销售收入和利润当作唯一的，至少是首要的目标，他们很少思考组织的使命是什么、企业向何处去、国家向何处去、走什么道路、采取什么方针，诸如此类事关组织长远发展和命运的问题。④

正如项兵所言：不得不承认，传统商学院的课程设计过于关注经商之

① ［美］德鲁克. 管理：任务、责任和实践［M］. 北京：华夏出版社，2008：5－6.

② 吕力. 管理科学化的争论、困境与出路——基于钱学森"技术科学观"的思考［J］. 科学学与科学技术管理，2011，32（2）：20－28.

③ 吕力. 管理学的元问题与管理哲学——也谈《出路与展望：直面中国管理实践》的逻辑瑕疵［J］. 管理学报，2011，8（4）：517.

④ 黄津孚，韩福明，解进强，张小红，何辉. "管理原理金字塔"——重构"主流管理学"体系的尝试［C］. 中国管理现代化研究会，2015.

术，而未能与学生探讨"为何经商"这一首要问题，以及如何使用和处置财富。手握先进技术的巨大杠杆却缺少长线思考的人类，自掘坟墓的系统风险与日俱增。①

重法轻道的管理学造成的消极后果是严重的。计划、组织、领导、控制原理只告诉人们如何去管理，没有提供管理行为是非曲直的有效性要求。其结果是许多管理专业的大学毕业生回答不了办企业的基本思路，回答不了企业成败的关键是什么等管理的核心问题，更无法应对智能互联时代各种挑战主流管理学的声音。

6.3.3 主流管理学对管理对象的研究不够充分

管理对象是管理学的基本范畴。主流管理学在对象研究方面值得注意的三个问题是：重视管理者而轻视管理对象的研究，特别是对管理对象与管理者的互动性关注不足；将管理对象局限于组织内部而将环境严格加以区隔；以工商企业代替一般管理对象，忽视了不同性质组织的巨大差异。

6.3.3.1 重视管理者而轻视管理对象的研究

现行主流管理学体系中，一般都有关于管理主体即管理者的论述，而关于管理客体，对于被管理的组织，不管是企业、学校、医院或者政府并无系统深入的分析。给人的印象好像是，管理者可以不管组织是何种性质，属于什么行业，处于何种发展阶段，只要掌握工商企业管理的一般原理，就可以得心应手、随心所欲地达成预期目标。

实际上，管理的对象通常是一个兼具社会、技术、经济、生态系统特性的复杂组织，它有自身的运行规律。因而要搞好管理，除了要了解宏观环境，必须对管理对象有一个比较透彻的了解。在这一方面，管理大师德鲁克为我们做了示范，他在其代表作《管理的实践》（1954）一书中，总共29章的篇幅有6章（第4、5、6、7、8、9章）是关于管理对象企业的分析，与论述管理者的管理篇幅相当（第10、11、12、13、14、15章）。

众所周知，管理是管理者与管理对象互动的过程，管理者在影响管理对象，管理对象也在影响管理者。德鲁克的观点"管理虽然是一门学科———一种系统化的并到处适用的知识，但同时也是一种文化，它不是一种超乎价值的科学。管理是一种社会职能并植根于一种文化（一个社会）、一种价值系统、习惯和信念之中，植根于政府制度和政治制度之中。管理

① ［美］乌麦尔·哈克. 新商业文明：从利润到价值［M］. 北京：中国人民大学出版社，2016.

受到……而且应该受到……文化的影响；但是另一方面，管理和管理人员又影响文化和社会的形成。"①

我们既要肯定管理过程中人的主观能动性，又要承认管理对象对管理要求的客观规定性。《孙子·谋攻篇》指出："知彼知己，百战不殆；不知彼而知己，一胜一负；不知彼，不知己，每战必殆。"② 如果我们把管理者当作己，那么被管理的对象例如企业就是彼。即便管理者有自知之明，对管理对象不熟悉，成功概率也仅仅有一半而已。

一些管理者过去有过成功管理经验，以为自己无所不能，以为事物的发展优劣完全取决于人们是否有勇气、是否努力，甚至"人有多大胆，地有多大产"。有些管理者知道问题所在和一般处理原则，但由于实际情况非常复杂，很难把握。例如明明知道宏观经济存在周期特性，有景气和衰退的规律，但是不知道拐点何处出现，如同炒股票，结果在高点买进，低点卖出，导致严重亏损。在计划经济时期，政府官员常常从行政管理得到的经验，向企业发号施令，岂不知经济和技术活动有自身规律，结果常常导致投资失误。大量文献提到了跨国投资办企业由于对管理对象缺乏了解而受挫或失败的案例。这其中既有到海外投资并购的中国企业，也有实施跨国扩张的美国企业。

不同于管理者的主观能动性，管理对象也具有能动性，姑且称之为"客观能动性"。自然界的积累与反弹，经济与社会的互相博弈都是能动性的具体体现，作为管理对象的人更具有能动性。

6.3.3.2　将管理对象局限于组织内部而将环境严格加以区隔

对管理者而言，环境、情景分析无疑是重要的，但不能代替面向对象的系统分析。因为环境一般被认为至少是难以管理的因素，管理对象才是应该全面加以管理的，这是唯物辩证法的基本观点。你必须搞清楚企业的业务性质、技术基础、人员构成、财务状况、公司文化，才能按照管理对象系统的运行规律，开始下一步计划、组织、激励、协调和控制的管理活动，以实现主观意图与目标。所以，管理学体系应该包括对管理对象分析的内容。

6.3.3.3　以工商企业代替一般管理对象

主流管理学从教材到管理学和管理思想史的研究，其理论和案例基本上都是以工商企业管理为背景研究的。例如斯蒂芬·P. 罗宾斯和玛丽·库尔特所著的《管理学（第11版）》所选用的案例基本上都是工商企业

---

① ［美］德鲁克. 管理：任务、责任和实践［M］. 北京：华夏出版社，2008：5－6.
② 王建民. 孙子兵法谋攻篇［M］. 北京：中国文史出版社，2005.

的案例；周三多等主编的《管理学——原理和方法（第四版）》所选用案例，几乎都是有关工商企业的，只有一篇例外：关于同仁医院的管理。

对于美国管理学家丹尼尔·A. 雷恩在学术界有较大影响的论著——《管理思想史》，其中 80% 的内容在讨论工商企业管理思想的发展。阿尔弗莱德·D. 钱德勒等所著的《管理学历史与现状》在其前言中指出："本书及该课程（指美国哈佛商学院开设的课程'管理资本主义的到来'）来源于以下三个问题，这三个问题也正是它们所要讲述的：第一个问题是企业管理是如何成为专业职业的？一些大企业的管理是如何与其所有权相分离的？第二个问题是随着企业规模的扩张，企业经历了由所有者管理到专职经理人管理的变革，这些企业的职员作何反应？第三个问题是政府，特别是联邦政府，对这些专职经理人管理的大公司的规模作何感想？"① 可见，钱德勒关注的不但主要是工商企业，而且限于大企业。我国学者张小宁在《关于管理学研究对象的思考》一文中继续把企业作为管理学的基本研究对象。②

德鲁克是这样解释这一现象的③：第一，从历史角度来看，在创建现代管理学的年代，工商管理确实是最为活跃的领域。"工商企业是首先出现的现代机构。不像政府、大学、医院和军队那样是从旧机构演变来的，这些机构虽然也涉及管理问题，但只是偶尔涉及而且往往是在发生尖锐问题时才受到重视，而工商企业中的管理从一开始就带有普遍性和连续性"。第二，只有工商管理才能够对管理决策及其效果之间的因果关系进行测量，其他管理则不能。第三，工商管理具有超民族性。"在一个政治上日益分崩离析并纠缠于民族主义的世界中，工商管理是能超越国界的很少的机构之一"。第四，也是最重要的理由，是工商管理在 20 世纪的成功史实，它改变了人类世界。

工商企业的现代性、共同性，工商管理的可测量性及成功性，导致这样一种假设：工商企业管理的原理可以代表一般管理原理。以此推论，掌握了工商企业的管理规律，也就能够顺畅地管理一所大学、一所医院、一支军队、一个地方政府乃至一个国家，更不用说管理一支球队、一个家庭了。事实显然不是如此。这也许是至今未能形成一般管理学的重要原因。

从系统论的视角来看，一个国家、一支军队、一个行业协会、一个大

① ［美］钱德勒. 管理学：历史与现状版社［M］. 大连：东北财经大学出版社，1998：前言.
② 中国企业管理研究会等编. 管理学发及其方法论研究［M］. 北京：中国财政经济出版社，2005：65 – 80.
③ ［美］德鲁克. 管理任务责任和实践［M］. 余向华，等译. 北京：华夏出版社，2008：20 – 22.

学的系统结构和内外联系、系统的运行规律、系统成员的诉求与工商企业并不那么相似。

不同的管理对象，特别是宏观管理对象与微观管理对象——工商企业之间的差别非常巨大，例如国家管理面临旷日持久的民族矛盾、面临各种政治派别的斗争、面临不同区域的发展不平衡、面临居民从出生到死亡的照料……这些都是工商企业管理不会遇到的挑战。

即便是微观组织，军队管理、球队管理与工商企业管理所面对的管理对象也差异显著。再进一步分析，同样是工商企业，不同行业、不同规模企业的差异性也非常明显。

6.3.4　主流管理学的包容性不足

管理学应该是全人类管理智慧的结晶。尽管西方智慧对现代管理学的知识架构的形成发挥了重大作用，但中国几千年的管理实践积累的管理智慧也不容忽视。以管理过程、管理职能为知识框架的主流管理学源自西方，更多体现了西方管理科学技术的优势，而中国管理智慧则更多体现在管理思想、管理艺术方面，主流管理学的理论较少吸收其中的精华。

中国改革开放以来经济的持续高速发展，引起了全世界的关注。人们开始思考这样的问题：人类四大文明包括古埃及、古巴比伦、古印度、中国，为什么只有中华文明才能绵延至今；为什么亚述王国、波斯帝国、马其顿王国、罗马帝国、拜占庭帝国、阿拉伯帝国、奥斯曼帝国、蒙古帝国等先后至多数百年就极盛而衰，而只有中国存续发展2000多年呢？这可能与中国独特的传统文化和系统思维密切相关。美国《哈佛商业评论》于1997年组织了一批专家对1922～1997年75年间管理思想和管理实践进行了总结回顾，专家们评选出的在"全球化和知识经济时期"产生重大影响的两本书，一本是彼德·圣吉所著的《第五项修炼》，另一本是科林斯和波勒斯合著的《基业长青》。彼德·圣吉在其著作的中文版序言中说："你们的传统文化中，仍然保留了那些以生命一体的观点来了解的、万事万物运行的法则，以及对于奥妙的宇宙万物本源所体悟出极高明、精微而深广的古老智慧结晶。"柯林斯和波勒斯在其著作中则主张运用中国的太极图来突破西方"非此即彼"的机械思维方式，以兼容并蓄的中国式智慧解决管理中一系列的两难问题。①

系统思维也是久经考验的中国管理智慧的核心。以《黄帝内经》《易

---

① 黄津孚. 太极思维在企业管理中的复苏和兴起［N］. 中国企业报（理论版），2005 - 02 - 18.

经》《道德经》《孙子兵法》以及五行学说等学说为代表，中国先哲们提出了一系列认识和处理复杂系统的理论及方法，包括天人合一的整体观、对立统一的结构观、相互转化的发展观、系统运筹的全局观等。在自然条件并不优越的中华大地，人们在医学、工程、治国、军事等方面广泛应用系统思想，促进民族统一、繁衍和融合。

依靠中国管理智慧，据美国学者肯尼迪在《大国的兴衰》披露："十八世纪中国的工业产量，占世界的百分之三十二，全欧洲也才百分之二十三。"① 例如我国闻名中外的古代军事经典《孙子兵法》关于管理有这样的论述：

兵者，国之大事，死生之地，存亡之道，不可不察也。故经之以五事，校之以计而索其情：一曰道，二曰天，三曰地，四曰将，五曰法。道者，令民与上同意也，故可以与之死，可以与之生，而不畏危。天者，阴阳、寒暑、时制也。地者，远近、险易、广狭、死生也。将者，智、信、仁、勇、严也。法者，曲制、官道、主用也。凡此五者，将莫不闻，知之者胜，不知者不胜。②

《孙子兵法》中所说的天、地可以理解为管理情景，就是对管理者的要求；法可以理解为管理职能；而居制胜因素首位的是道，就是思想、文化、愿景、理念。在这里体现了我国传统文化重视管理情景分析、重视思想教育和沟通作用的管理智慧。再例如，孔子特别强调思想品德在管理中的核心作用："为政以德，譬如北辰，居其所而众星共之。"③ 关于管理行为，子贡问曰："有一言而可以终身行之者乎?"子曰："其恕乎! 己所不欲，勿施于人。"④ 这些宝贵的管理思想越来越引起人们的注意，理应纳入管理学的理论体系。

6.4 管理学体系的新架构

6.4.1 遵循系统科学的管理思维

为了认识管理原理，必须运用先进的科学研究方法，这就是系统

① 保罗·肯尼迪. 大国的兴衰［M］. 北京：国际文化出版公司，2006.
② 孙武，等著，富强，改编. 孙子兵法·三十六计［M］. 杭州：浙江工商大学出版社，2017.
③ 钟茂森. 细讲论语：学而·为政篇［M］. 北京：长江文艺出版社，2011.
④ 纪连海. 纪连海谈论语：子路·宪问·卫灵公·季氏篇［M］. 北京：石油工业出版社，2019.

科学。

现代管理学从 19 世纪末起步，经过 20 世纪上半叶的积累，在 20 世纪 50~60 年代进入一个十分活跃的时期，出现了基于不同科学范式的诸多学派。围绕"什么是管理?"这个基本命题，人们基于不同的视角开展了大量深入的研究，提出了种种理论假设。前美国管理学会会长哈罗德·孔茨曾将其形象地称为"管理理论的丛林"①。其中有代表性的学派包括:

（1）科学技术学派。该学派把管理看成一个类似于工程技术，可以也应该予以精确计划和严格控制的过程。一些擅长运筹学的专家们认为，管理就是制定和运用数学模型与程序的系统。寻找恰当的模拟计划、组织、控制过程的数学模型及求出最优解。

（2）过程学派。该学派认为管理工作是一种经营过程，这个过程可以通过管理职能的分析而对它进行最好的剖析，管理的关键是搞好企业的计划、组织、领导和控制。

（3）系统学派。该学派把管理看成一种系统的设计和调控，管理企业，就是谋求在变动的环境中企业内物质的、生物的、社会因素的协调平衡，并与外界适应，从而提高企业的效率，更好地实现企业总目标。

（4）行为学派。该学派认为管理就是由一个或更多的人来协调他人活动，以便收到个人单独活动所不能收到的效果而进行的各类活动。因而抓好人的管理是企业成功的关键。

（5）决策学派。该学派把管理看成一种决策行为，决策贯穿管理全过程。

（6）经验学派。该学派把管理看作是经验性很强的实务，管理的本质不在于知，而在于行;其验证不在于逻辑，而在于成果。

（7）权变学派。该学派把管理看成一个根据企业内外环境选择和实施不同管理策略的过程，强调管理必须权宜应变。

除了上述七个主要学派，同期在苏联、中国等的学术界，学者们主要是从政治经济学角度理解管理，他们依据马克思在《资本论》中提出的"管理二重性理论"，认为管理是具有指挥劳动与监督劳动二重属性的社会职能，管理既是社会化大生产的需要，又是一定生产关系的反映。从这个理论出发，企业管理的中心是生产管理（社会化大生产的协调）及经济核算（体现监督）。

---

① ［美］孔茨，韦里克，张晓君等译．管理学［M］．10 版．北京:经济科学出版社，1998:81-94.

"管理学丛林"反映了科学化管理的思维模式，从不同学科角度研究管理。

现代系统理论形成于20世纪中叶，从20世纪40年代贝塔朗菲提出一般系统论、美国贝尔电话公司首创系统工程学、申农和维纳奠定信息论及控制论的理论基础开始，经过几十年的积累，已经形成包括现代世界观与方法论的具有普适价值的科学体系。正如系统学派代表人物弗里蒙特·E. 卡斯特和詹姆斯·E. 罗森茨威克所说："系统的哲理是研究复杂的人类活动的一种方法，它有助于认识各种组织进行活动的范围，而且着重于了解为达到目标而进行的活动之间相互关系的情况。"① 即便是主流管理学代表人物哈罗德·孔茨，也早就注意到，"管理工作需要一个系统方法""不论哪一本管理著作，也不论哪一个从事实务的主管人员，都不应忽视系统方法"。他在领衔出版的《管理学》教材中，始终把系统理论和方法安排在第一章。

近几十年来人们逐渐取得共识，只有复杂系统理论，才能够解释智能互联的历史趋势；只有用复杂系统哲学指导管理变革，才能够推动智能互联的健康发展。

用系统哲学作指导，将有关管理的世界观、价值观和方法论整合在一起，既有决定视野、价值观、方向和目标的管理之道，又有决定管理实践的原则、体制、政策、程序、方法、手段之术，从而构成一个相对完整的管理原理体系。

系统科学中的突变论、混沌理论、神经网络理论、自组织理论等对解释智能互联时代的变革、指导智能互联健康发展具有重要意义。

智能互联使组织系统结构更加合理，系统内外联系更加紧密，系统内部跃迁更加明显，从而引起组织系统效应大释放、系统功能高倍增，社会生产力大发展。

6.4.2 寻找跨越时代的管理之道

管理学是有关管理原理的学问。管理学的学术使命是为人们提供具有普适性的管理知识。当管理正在进入新的历史阶段之际，坚持管理学的原理使命，寻找跨越时代的管理之道成为当前管理学的紧迫命题。

6.4.2.1 管理学是有关管理原理的学问

哈罗德·孔茨在《管理学（第7版）》这样强调，"本书过去总是，

---

① ［美］切斯特·巴纳德. 组织与管理［M］. 北京：中国人民大学出版社，2009：2 - 3.

现在仍然是被更多地看作为从异常复杂的知识堆集中提炼出一些真理来的书。这里所说的基本原理意指对实现预期的效果有用的，适用于各种特定环境的各个基本原理"①。德鲁克认为，"管理是一门学科——一种系统化的并到处适用的知识"②。两位管理学大师都把注意力集中到管理原理的提炼方面。

管理是一项十分复杂的实践，管理经验纷繁无限，管理学从来不缺观点。曾任《哈佛商业评论》高级战略编辑的琼·玛格丽塔回忆：在日常工作中，我亲眼目睹并参与了当时很多所谓最前沿的管理思想的争论，几乎每个月都有作者、出版商和评论家宣称发现了具有"重大突破"意义的新管理思想。毫无疑问，这是一个众声喧哗的年代，一个人人追求标新立异的时代。"在管理思想的市场上同样也存在泡沫。大量的资料堆砌让管理者只看到'树木'而看不见'森林'"。应对各种变化是管理最为困难的职责之一，充分有效地应对各种变化，就需要准确把握没有发生变化的东西。③ 本书要讨论的就是那些恒定不变，经历了时间检验的基本管理法则和思想。变化越多，基本原理就越重要。

6.4.2.2 管理学界一直在寻找"管理之道"

计划、组织、领导、控制等管理职能无可置疑是管理原理的一部分，但在管理职能原理之外，或者更确切地说，是在管理职能原理之上，似乎还存在不同层面的管理规律和原理，这就是管理学界必须重视的"管理之道"。

法约尔在1916年出版的《工业管理与一般管理》中，提出管理的计划、组织、指挥、协调、控制职能理论的同时，归纳出14条管理原则。虽然这些原则现在看起来大部分从属于某个管理职能，例如分工、职权、纪律、等级链等从属于组织的职能，但也有某些原则，如个人利益服从整体利益、公平原则等超越了对单个管理职能的要求，有了管理之道的意思。

继法约尔之后，美国管理学家厄威克提出了适用于所有组织的10项原则：明确目标、权责相符对等、上级绝对责任、一贯到底的权利路线、控制跨度、专业化、协调、明确岗位职责、平衡、持续。

———————————

① ［美］哈罗德·孔兹，西里尔·奥唐奈，海因茨·韦里克. 管理学［M］. 黄砥石，陶文达，译. 北京：中国社会科学出版社，1987：5-6.

② ［美］德鲁克. 管理任务责任和实践［M］. 余向华，等译. 北京：华夏出版社，2008：5-6.

③ ［美］琼·玛格丽塔南·斯通. 什么是管理［M］. 李钊平，译. 北京：电子工业出版社，2003：序.

英国学者奥利弗·谢尔登于 1923 年出版的《管理哲学》一书中首次提出要发展明确的管理哲学："我们应该形成一种管理哲学，即一套被科学地制定出来并被普遍接受的原则。它建立在终极目标的基础上，可以为日常的管理活动提供一种指南。"他提出了管理者必须采用的三条原则：企业的政策、条件和方法应该有利于社会整体的福利；通过将社会正义应用于工业实践，管理者应该努力从整体上诠释社区的最高道德约束；管理层应该采取措施以提高整体的道德标准和社会正义概念。

管理学家巴纳德认为，在所有组织中，有创造性的力量是道德领导。它"受到什么是对的错的信念或感受的支配，不管个人的利益如何，也不管在特定条件下做或不做某些具体事情将导致的直接后果"。巴纳德观察到组织的持久性依赖于领导的质量。这种质量来自它所依赖的道德的程度，道德较差则领导不会维持太久，其影响力将很快消失。①

即便是主张按管理过程整合管理原理的哈罗德·孔茨及其合作者，在他们于 20 世纪 90 年代出版的《管理学》教材中，特别提到了具有普遍价值的系统分析方法。可见学者们早已经注意到更高层次的管理原理的存在。

20 世纪末 21 世纪初，管理学界普遍察觉到管理伦理（商业道德）、创新管理的重要性，只是受限于管理职能的框架限制，这些重要的管理原理未能提高到应有的地位。

近年来信息化、网络化、智能化对管理学提出许多新问题，需要探讨和回答。例如有的学者提出网络化正在颠覆工业化时代的思维模式、消费模式、生产模式、商业模式，因而要重塑管理学。那么要如何重塑管理学呢？是整个推倒重来，还是在继承中发展？哪些管理认知应该改变，哪些管理认知应该坚持？主流管理学原先关于管理职能——战略与计划、组织架构、领导和控制的许多认知正在发生很大变化，需要重新梳理，那么还有哪些管理认知仍然有效呢？这些时代呼唤的理论要求主流管理学难以予以满足。

在管理发生巨大变革的时代，人们更希望有"主见"和"定力"，经得起时代考验的管理之道就是顺应巨变的"主见"和"定力"。

6.4.2.3 究竟什么是具有普适价值的管理之道？

20 世纪 80 年代以来，国内外一些学者力图通过研究企业管理标杆经验，总结提炼企业管理的普适原理。

---

① ［美］切斯特·巴纳德. 组织与管理［M］. 北京：中国人民大学出版社，2009.

20 世纪 80 年代初，美国斯坦福大学两位教授兼著名管理咨询专家汤姆·彼得斯和小罗伯特·沃特曼经过长期的研究，在其出版的《成功之路》总结归纳出美国成功企业的八个品质：贵在行动、紧靠顾客、自主创业、以人促产、培育价值观、不离本行、精兵简政、松紧结合。此外，还提出 7S 管理模型（见图 6 − 2）。

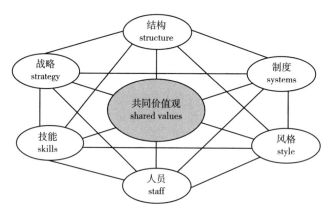

图 6 − 2　7S 管理模型

资料来源：［美］托马斯·J. 彼得斯，小罗伯特·H. 沃特曼. 成功之路［M］. 余凯成，钱冬生，张湛，译. 北京：中国对外翻译出版公司，1985.

1990 年，美国马萨诸塞州研究人员詹姆斯·沃麦克通过对汽车行业长达 5 年时间、涉及 14 个国家的全面系统研究①，出版了《丰田精益生产方式》②，该书解答了丰田公司保持长盛不衰的根基，详尽描述了产品设计、供应链协调、用户关系、订单发货管理、企业的精益管理这精益生产方式的五大要素，并将其推广到生产之外从卫生保健到零售业等所有价值创造活动之中，在社会上产生很大影响。

1994 年，美国斯坦福大学的詹姆斯·C. 柯林斯、杰里·I. 波拉斯在其研究成果——《基业长青——企业永续经营的准则》③ 中提出，能够实现基业长青的企业具有以下共同特点：造钟（建立制度和机制）而不是报时；利润之上的追求；保存核心（理念），刺激进步；胆大包天的目标；教派般的文化；择强汰弱的进化；自家成长的经理人；永远不够好（永不

① ［美］詹姆斯·P. 沃麦克，丹尼尔·T. 琼斯，丹尼尔·鲁斯. 改变世界的机器［M］. 北京：商务印书馆，1990.

② ［美］詹姆斯·P. 沃麦克. 丰田精益生产方式［M］. 北京：商务印书馆，2008.

③ ［美］吉姆·柯林斯，杰里·波拉斯. 基业长青—企业永续经营的准则［M］. 北京：中信出版社，1994.

满足）；起点的终点（一贯到底）。

2001 年，詹姆斯·C. 柯林斯又通过长达 5 年的研究，在进入财富 500 强的企业中搜索 1965～1995 年间实现跨越式发展的 11 个案例，与各自行业、资源、集会相似的企业（共 17 家）进行对比，总结和挖掘它们与众不同的经验，在其发表的《从优秀到卓越》① 中，提出了包括"第 5 级经理人"、先人后事、直面残酷的现实、"刺猬理念"、训练有素的文化和"技术加速器"六个要素在内的"飞轮模型"。

2004 年中国学者陈春花、赵曙明、赵海然等通过对改革开放以来的五家"行业先锋"（宝钢、海尔、联想、TCL、华为）的深入研究，在其合著的《领先之道》② 中提出了促使企业持续飞速成长的因素，包括英雄领袖、中国理念西方标准、渠道驱动、利益共同体等导入因素和企业文化、核心竞争力、快速反应、远景使命等导出因素。

为了探究中国的管理智慧，中国国务院发展研究中心、中国企业联合会、清华大学经济管理学院于 2005 年联合发起组织开展"中国式企业管理科学基础研究项目"，国内上百位管理学教授、博士历时 5 年，通过实地调查和同业对比的方法，研究了国内 30 余家成功企业的共同经验，概括为：（1）中的精神：实用理性的辩证智慧；（2）变的战略：高度权变的调适思维；（3）强的领袖：企业家的德、魅与愿；（4）家的组织：中国色彩的组织控制；（5）融的文化：个人价值与时代共鸣；（6）和的环境：政治分寸与关系和谐；（7）集的创新：标杆管理与整合再造；（8）搏的营销：从草根到极致的战争；（9）敏的运营：恰当高效的基础管理。这些研究成果充实了管理学的知识宝库。

一些管理学学者不满足"主流管理学"限于管理职能原理的理论架构，深入探索指导整个管理活动的理念与法则，如系统原理、人本原理、权变观念、科学管理原理、创新观念、责任原理、效益原理等（黄津孚，1991；周三多，2009；冯光明，2009；李兴山，2010）。

管理学界通过对企业管理近一个多世纪的实践，包括近年来智能互联管理的实践经验的研究证明，尽管企业可以有不同的发展思路和战略，有不同的管理体制，有不同的企业文化，但有五个管理的基本规律，即价值创造的规律、科学管理的规律、以人为本的规律、权变创新的规律、系统优化的规律是不能违背的。

---

① ［美］吉姆·柯林斯. 从优秀到卓越［M］. 北京：中信出版社，2001.

② 陈春花，赵曙明，赵海然. 领先之道［M］. 北京：中信出版社，2004.

（1）价值创造的规律。作为商品生产者，在市场经济体制下从长期来看，企业唯有为客户创造价值，唯有产出大于投入，唯有承担相应的社会责任，整体上提升社会福利，才有存在的理由和发展的可能。

（2）科学管理的规律。自泰罗倡导科学管理以来，无数经验和教训证明，企业生产经营活动不得违背自然规律。管理者应通过调查研究和不断学习，掌握管理对象的经济、技术、社会、生态等属性及运行规律，努力采用科学方法，提高生产经营效率和效益。

（3）以人为本的规律。这是中国管理哲学的核心理念，也是国际社会共识。管理的最终目的是更好地满足人的需要，即便是机器人越来越能干的未来，有效的管理仍然必须以人才为本、人心为本、文化为本。

（4）权变创新的规律。权变是中国管理智慧的精华，半个世纪以前成为西方管理潮流，也是智能互联时代对管理的必然要求。人们的共识是不存在放之四海而皆准的管理模式，管理应因时因地因人制宜。创新是社会进步、市场竞争、人类理想的需要，创新决定企业的命运。

（5）系统优化的规律。某一方面的优势企业可能让企业短期内胜出，但是从长期绩效来看，企业之间的竞争依然是经济、技术、社会、生态、管理整体优势的竞争。为此，企业长期战略必然是从某点突破，然后不断加强薄弱环节，成为业界强者。

这个结论可以得到上述研究成果的支持，得到中国管理经验共识和最新论著①的支持（见表6-3）。

表6-3　　　　　　　　　　五大理念与准则得到的支持

研究成果	成功之路	基业长青	领先之道	中国成功企业管理特色	中国管理经验共识	最新论著
创造价值	紧靠顾客、不离本行	利润之上的追求、择强汰弱的进化	核心竞争力		企业任务为满足社会需要	《长尾理论》
科学管理				基础管理	20世纪中期管理重大教训	《失控》《第二次机器革命》《互联网时代》《大数据时代》

---

① 最新论著包括：《浪潮之巅》《互联网时代》《免费》《平台战略》《长尾理论》《失控》《大数据时代》《第二次机器革命》等。

研究成果	成功之路	基业长青	领先之道	中国成功企业管理特色	中国管理经验共识	最新论著
以人为本	以人促产、培育价值观	教派般的文化、保存核心（理念）、自家成长的经理人	利益共同体、企业文化、远景使命、英雄领袖	家的组织、融的文化、中的精神、强的领袖	鞍钢、大庆华为、联想小米等的成功经验	《社群经济》
权变创新	贵在行动、自主创业	择强汰弱的进化、刺激进步、永不满足	中国理念西方标准、快速反应	变的战略、集的创新、敏的运营	鞍钢、大庆华为、联想小米等的成功经验	《重新定义公司》《免费模式》
系统优化	7S管理		渠道驱动	和的环境、整合再造	"四全"管理	《平台战略》
管理职能	精兵简政、松紧结合	胆大包天的目标、造钟（建立制度和机制）不是报时、起点的终点（一贯到底）				

6.4.3 多层的管理原理"金字塔"

在借鉴前人研究成果的基础上，笔者以系统哲学为指导，努力吸收中国管理智慧，经过长达20多年的思考和与同行的讨论，建立了管理学体系的新架构，笔者把它形象地称为"管理原理金字塔"（见图6-3）。这个管理学原理体系包括四个层次。

第一个层次，是管理要素的层次。作为人类活动的特殊范畴，管理包括四要素：管理者、管理环境、管理对象、管理活动（或行为）。管理是人类主动行为，其行为主体就是管理者，行为客体就是管理对象。管理者如何作用于管理对象，这就是管理活动或行为问题。这个层次研究什么样的行为是管理、管理行为是如何发生的、管理的功能和作用是什么、谁是管理者、对管理者有何要求、如何认识管理对象、管理者与管理对象的互动如何影响管理效果等理论问题。

第二个层次，是经营理念和准则的层次，主要解决管理的世界观、价值观和基本方法论（不同于管理职能方法）问题，研究以什么思想观念和行为准则指导企业及其他组织在健康的道路上前进，包括组织的使命、管理的宗旨、方针、信念、原则等。

管理是要做事的。管理理念和准则要指导人们"做正确的事"。你要

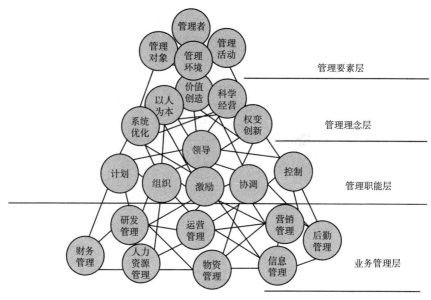

图 6-3 管理原理金字塔

决策，要确定组织活动的目标并编制计划，你要设计组织体制，你要用人，你要控制成本，问题是你根据什么决策？当各种目标发生矛盾的时候如何决定取舍？你根据什么设计管理体制？如何面对不确定性？如此等等。这是现代管理的灵魂，也是现代管理理论的核心。

在逻辑推演和实证成果验证的基础上，笔者提出价值创造、科学经营、以人为本、权变创新、系统优化五大理念和准则，作为指导组织管理的基本思路。创造价值理念和准则是回答企业（以及其他组织）的使命和目的问题；科学经营、权变创新、以人为本、系统管理是基于复杂系统性质，回答如何实现企业使命的问题，是实现企业目的的四个关键。

这五个理念和准则是由企业的系统属性决定的。创造价值的使命是由企业的经济系统属性决定的；以人为本理念和准则是社会系统的要求；权变创新准则主要是由企业的生态系统属性决定的；科学经营理念和准则既是技术系统的要求，又是经济系统、社会系统、生态系统的要求；系统优化是由企业复杂系统性质决定的。

第三个层次，是管理职能原理的层次。这部分主要研究管理者可以为组织贡献什么？应该承担哪些责任？具体怎么操作？包括每一项职责的任务、内容（要素和体系）、要求、机制、流程、方法、手段和经验法则。笔者认为管理包含计划、组织、激励、协调、控制五个基本职能以及一个领导综合职能。

关于管理的基本职能，职能学派的鼻祖法约尔将其归纳为计划、组织、指挥、协调和控制。主流管理学的代表人物孔茨对此作了较大修改。首先，他将协调职能抹掉了，理由是与其认为协调是一种职能，不如认为协调是管理的一项普遍原则。① 笔者通过多年研究和管理实践，坚信协调是各层次主管耗费精力最大的一项工作，是与计划、组织、控制并行的管理的基本业务。其次，孔茨将激励、沟通合并称为领导，取代指挥职能。笔者认为在中国文化语境中，领导不是与计划、组织、控制并列的基本职能，而是包括重大决策、关键组织、非常形势下的动员和指挥在内的综合职能，美国著名领导学学者约翰·科特专门论述了领导与管理的关系。领导和管理存在互相交叉的关系，你中有我，我中有你。因而领导还是包含在管理职能的层次中。

第四个层次，是业务管理的层次。这是回答不同类别的组织活动应该遵循的管理法则。其内容会因对象属性不同而有所区别，制造业企业的业务管理包括：价值创造过程的研究开发管理、生产运营管理、市场营销管理，作为价值创造要素的人力资源管理、财务管理、物流管理、信息管理，以及行政服务后勤保障的管理。每项业务管理都有相应的规律，例如，研究开发管理有产品生命周期理论，市场营销管理有"4P"（产品、价格、渠道、促销）策略，人力资源管理有胜任力模型等。

从理论上来讲，管理职能是为企业经营九项业务管理，包括研究开发、生产运营、市场营销、资金、人员、物资、信息以及安全、环保、物业等后勤保障管理提供的共同规律，无论哪一个业务，都需要制定计划、建立体制、增强动力、协调关系、控制质量和成本。

在管理要素、管理理念与准则、管理职能之间存在相互呼应的关系（见图6-4、表6-4）。

彼得·F. 德鲁克认为："没有机构就没有管理，但是没有管理也就没有机构。管理是现代机构的特殊器官。正是这种器官的成就决定着机构的成就和生存。""使各种机构有所成就的是管理者和管理。"管理者、机构、管理（活动）构成管理范畴的三要素。

"管理的每一个成就都是一个管理人员的成就，每一个失败都是一个管理人员的失败。进行管理的是人，管理人员的理想、献身精神和人格决定着管理是否成功。"②

① ［美］孔茨，韦里克. 管理学［M］. 10版. 张晓君，等译. 北京：经济科学出版社，1998.
② ［美］德鲁克. 管理任务责任和实践［M］. 余向华，等译. 北京：华夏出版社，2008：6.

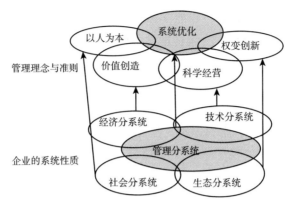

图 6 – 4　管理准则与管理理念的逻辑依据

表 6 – 4　　　　　管理理念准则与管理职能之间的相互呼应关系

	管理者 + 管理对象	管理对象 要求管理者	管理者对 被管理者	管理者的	管理行为
职能	价值创造	科学经营	以人为本	系统优化	权变创新
计划	目标	科学评价	目标管理	收益与风险权衡	跨文化管理
组织	战略导向	流程设计、责权对称	全员经营	责权利顶层设计	生命周期
激励	目标导向	行为规律	公平	综合运用手段	因人而异
协调	坚持底线	寻找平衡点	沟通为先	统筹兼顾	学会让步
控制	保持方向	研究制定标准	自我控制	全面控制	及时适度控制
领导	指明方向	洞察趋势	文化统领	运筹帷幄	集放权艺术

6.4.4　未来管理学的发展方向

近 50 年来信息技术发展给人类生产、生活方式带来了重大变化（王天恩，2018），人工智能技术经过三次跌宕起伏的发展后获得了重大突破（李平、杨政银，2018），可能在信息革命之后掀起一场新的智能革命。

回顾企业管理理论发展的历史可以清晰地看出，新的管理理论来源于管理实践，新的管理理论广泛传播，又对管理实践具有巨大的推动作用，并在一定程度上决定着一个国家的兴衰。第一次工业革命实践，轻工业从手工业中分离出来之后，英国经济学家、管理学家亚当·斯密通过别针的生产实践，总结出通过分工和专业化协助，生产别针的效率获得 10 倍速提高。其将这一实践成果在其作品《国富论》中做了详细记载（Adam Smith，1776），大量专业化生产工具的出现使英国逐渐成为"大英帝国"。美国两辆列车相撞事件掀起了一场声势浩大的追究事故责任人的讨论

（Alfred Chandler，1841），人们发现依靠人的经验管理（当时依靠太阳升起的高度决定发车时间）必然会出现失误，在事件讨论过程中，美国企业悄悄地掀起了"建章立制、按工序执行"的内部运动。泰勒经过实践发现，只要工人能"像机器一样按规定动作持续工作"就能达到最高效率（Taylor，1881），这种"非人性化的"工作制度在美国国会引起了一场持续十多年的大辩论，这一辩论过程反而使泰勒的动作研究和按规定动作操作的管理方法传遍美国，并使泰勒的科学管理理论和方法在美国被普遍接受。与此同时，吉尔布雷斯夫妇数十年进行的动作研究（Frank and Lillian Gilbreth，1911）为美国各行业率先建立起先进的生产工序流程图和动作分类体系作出了巨大贡献，并促成了专门从事管理工作研究的职业经理阶层的产生。福特公司的流水生产线（1913 年）让机器代替人按照泰勒要求的动作操作，又使生产效率获得了 10 倍速以上的提高①。通用汽车公司在与福特公司的竞争中发明了事业部管理制度，集中优势资源于一个事业部使其获得突破性发展，之后再集聚力量发展另外一个事业部，从而实现了产品多样化，这种以事业部为基本经营管理单位的管理制度，有效地解决了企业发展壮大之后集权与分权、集中与分散之间的矛盾，促成了富可敌国的大企业大量诞生。

英国和美国的实践表明，从实践中提炼出来的企业管理思想、管理理念被广泛推广传播、应用之后，为这两个国家的快速崛起作出了巨大贡献。日本在第二次世界大战之后的迅速崛起，也与采用先进管理理念和管理技术相关（李新春、胡晓红，2012）。日本产品在 20 世纪 50 年代在欧美国家是便宜货、质量差的代名词。为了改变这种局面，丰田汽车公司（1953 年）便开始了看板管理实践，经过 10 多年的探索，在 20 世纪 60 年代形成了"准时制生产技术（JIT）"，在 70 年代广泛传播并升华为全面质量管理（TQM）体系（翁君奕等，2011）。日本企业通过这两项管理技术的创新和推广应用，改变了日本企业产品质次价廉的形象，并在 80 年代树立起了性价比高、质量可靠的生产世界一流产品的企业形象。在日本企业发展这两项技术期间，美国企业开始探索基于计算机的管理方法。这种探索在阿波罗登月计划（1967 年）实现之后达到了高潮，当时有句流行语"只要敲击键盘，就能控制一切"代表了人们对基于计算机管理的人类未来的美好期盼（Sarin and Shikhar，2018）。美国企业尽管先后创造并提出了物料需求计划（MRP）、制造资源计划（MRPⅡ）、计算机辅助设计系统（CAD）、计算机集成制造系统（CIMS）、企业资源计划（ERP）等基于计算机应用的管理技术（陈小

---

① 方二，齐卿，左莉．智情企业［M］．北京：机械工业出版社，2021．

红，2016）。但受当时计算机运算速度、信息传输技术的限制，这些管理技术的应用并没有带来管理效率成倍的提高，甚至还出现了在一些行业实施"信息化项目"之后导致企业经营失败的案例（马庆国，2002）。

近 30 年来，随着计算机软硬件、互联网、电子商务的发展，特别是近 10 年来智能手机、大数据、云计算、物联网、人工智能技术的发展，使得计算机信息技术的应用非常普遍和成熟，重新思考和寻找新的基于信息化、网络化、智能化的管理技术已是必然趋势（徐宗本、冯芷艳、郭迅华等，2014；Carlos and Ruth C.，2018）。在新的时代背景下，能否出现和过去分工理论、科学管理、事业部制、全面质量管理等一样的有可能带来企业管理实践效率 10 倍速提高的管理理论方法需要深入总结研究。

回顾人类历史，中华民族是唯一一个将自己的文明传承下来的民族，在过去很长一段时期中国的物质文明和精神文明处于世界领先地位，只是自西方国家开始工业革命以来中国落后了。落后的代价除了被动挨打之外还有中华民族优秀文化和管理思想在西方流行文化思想侵蚀、渗透下的边缘化。新中国成立以来，中国用计划手段进行了深入、广泛探索，形成了大量基于计划管理的宏观、行业、企业管理理论和实践，不但使新中国建立起了世界上最全面的工业体系，而且在计划、规划理念的指导下使中国在改革开放、建立市场经济体制的过程中取得了辉煌成就。中国宏观经济调控用国家计划、规划手段，微观经济发展用市场竞争手段，加之中国传统文化的影响，形成了自己独特的管理理念和管理方法（苏东水，2014；贾利军、王方华等，2018），使中国学者在国际学术领域的话语权逐渐提升（任兵，2014）。但从总体上来看，中国学者在国外学术期刊上发表的论文仍然以对西方管理理论的解释、验证和本土化应用情况的实证研究为主（张维、李帅等，2006），旨在解决中国企业面临的问题和针对中国管理现象提出有意义解释的探索性研究理论却迟滞不前（贾旭东等，2010；贾良定等，2015）。工业化时代形成的专业职能管理理论在信息化时代面临严重挑战已是不争事实，国内外学者对此均提出了质疑（德鲁克，1970；玛格丽塔，2003；黄如金，2009；高良谋、高静美，2011；黄光国、罗家德，2014；徐淑英、任兵、吕力，2016；陈春华，2017）。

最近十多年来管理实践对传统管理理论的挑战更加明显（席酉民、张晓军，2017；苏勇、赵海龙，2018）。特别是实践中出现的新做法需要尽快总结并将其上升到理论高度。例如，苹果公司不断推出新产品来创造和引领需求并不按照成本或市场竞争原则定价，对传统的市场供求决定价格的理论提出了挑战；谷歌公司让用户免费使用其手机操作系统、免费使用其人工智能平台 Tensorflow 来获得用户、用户创新之后的产品，对传统的技术创新理论提出了挑战；中国的华为、格力等企业对资本市场信号误导、干扰实体企业长期规划和发展提出了批判的挑战；阿里巴巴基于淘宝商户大数据形成的商业决策建议是否预示着计划的作用会更加重要的挑战；腾讯、百度的用户免费使用其主打产品依靠广告等辅助服务来获取利润的收入模式对传统的销售和品牌模式提出了挑战；等等。总结计算机信息技术和人工智能技术给企业管理带来的新变化，构建管理新理论，尽管做起来比较困难，但它对我国乃至世界企业的发展均具有重要意义。

主流的管理学原理仍然是建立在分工、专业化、专业职能管理理论基础之上的，显然不能反映新时代共享、协同、实时互动、敏捷响应等企业管理新实践，需要在新的企业管理实践基础之上重新塑造管理学基本原理。在管理新理念、管理新循环、管理新职能三个方面获得创新。过去的企业管理循环是设计、计划、组织、协调、指挥、控制，新的企业管理循环可能是需求、创新、生产、体验、消费、核算、反馈。为了与新循环相适应，企业管理专业职能活动也应该重新划分，过去是战略、组织、营销、运营、供应链、资金链，新的企业管理专业职能有可能是服务、创新、迭代、体验、革新，而供应链和资金链有可能变成企业管理新循环的副产品。为了与新循环、新职能相适应，企业管理理念、文化、制度、组织形式也自然要发生较大变化。是否能够在这些方面形成独立的新体系，并可将其命名为智能管理原理、智能管理循环、智能管理职能、智能管理理念等，形成智能管理理论体系（见图 6-5），有待在未来研究中进一步厘清。

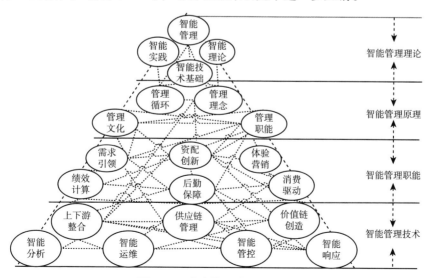

图 6-5　未来管理学的新框架

管理学教材样本

作者/译者	书名	出版社（出版年份）	内容体系
黄津孚	现代企业管理原理	清华大学出版社（2017.09）	第一篇：管理要素（管理活动及管理原理、管理对象——企业、管理者）； 第二篇：管理理念（价值创造、科学经营、以人为本、权变创新、系统优化）； 第三篇：管理职能（计划原理、组织原理、激励原理、协调原理、控制原理、领导原理）
焦叔斌、杨文士	管理学（第四版）	中国人民大学出版社（2014.04）	第 I 篇绪论（管理、管理者与组织；管理思想的演进）； 第 II 篇计划职能（计划职能概述；战略管理；决策）； 第 III 篇组织职能（组织职能概述；组织的职位设计与结构设计；人力资源管理；组织变革）； 第 IV 篇领导职能（领导职能概述；激励）； 第 V 篇控制职能（控制职能概述；组织绩效的控制与改进）

作者/译者	书名	出版社（出版年份）	内容体系
[美]兰杰·古拉蒂/安东尼·J.梅奥/尼汀·诺里亚著，杨斌等译	管理学	机械工业出版社（2014.04）	导论（管理学概论）；战略视角（商业环境、战略概述、业务层战略、公司层战略、动态竞争、全球化）；组织视角（组织环境，组织结构，组织文化，绩效管理，组织变革，如何领导团队，冲突与谈判，权力与影响力，成为领导者，伦理与企业社会责任）
[美]斯蒂芬·P.罗宾斯，玛丽·库尔特/李原，孙健敏黄小勇译	管理学（第11版）	中国人民大学出版社（2013.08）	管理导论（管理与组织导论，管理史以及理解管理的情景：约束和挑战）；综合的管理问题（全球环境中的管理，对多样性的管理，对社会责任和道德规范的管理，计划的创新和创业型企业）；计划（作为决策者的管理者，计划的基础，战略管理，计划工具和技术）；组织（基本的组织设计，适应能力强的组织设计，人力资源管理，团队管理，理解个体行为，管理者与沟通，激励员工，作为领导者的管理者）；控制（控制的基础，运营管理，管理创业型企业）
刘亚臣	管理学	哈尔滨工业大学出版社（2012.05）	第一篇总论（管理学概述；管理者；管理环境；管理者必备的知识）；第二篇计划（计划的基础；计划管理过程及技术方法；战略性计划；预测；决策；组织的整合与层级化）；第三篇组织（组织体系）；人力资源管理；第四篇领导；组织文化和组织变革的发展；第五篇控制
邢以群	管理学（第3版）	浙江大学出版社（2012.03）	第一篇基础篇（管理与管理学；管理者；管理思想的演变；管理与环境）；第二篇计划篇（目标及其确定；计划及其制订；决策及其过程）；第三篇组织篇（组织结构的设计；人员的配备（控制）原理）；第四篇领导篇（领导理论；沟通；激励；权力的分配，作为领导者的管理者）；第五篇控制篇；第六篇创新篇（管理创新）；结束语：管理生涯成功要领制方式与方法）；
力振邦	管理学基础（第2版）	中国人民大学出版社（2011.10）	第1篇绪论（管理与管理学；管理理论的发展与演变）；第2篇计划（计划与决策；战略管理）；第3篇组织（组织结构与组织设计；组织文化；组织变革与创新；人力资源管理）；第4篇领导（个体行为的基础；激励理论及其应用；领导；沟通及冲突管理；群体和团队的建设）；第5篇控制（控制的方法与技术）

作者/译者	书名	出版社（出版年份）	内容体系
黄津孚	现代企业管理原理（第六版）	首都经济贸易大学出版社（2011.09）	第一篇导论（企业管理学导论）；第二篇系统管理原理（企业的系统分析评估；企业的系统优化）；第三篇职能管理原理（计划原理；组织原理；协调原理；控制原理）；第四篇科学管理原理（调查研究与基础管理；科学管理常用方法与系统平台）；第五篇人本管理原理（人本管理与人才战略；企业文化建设；激励原理；领导原理）；第六篇权变管理原理（权变与创新管理；企业管理的演进与变革）
[美] 海因茨·韦里克，马克·V. 坎尼斯，哈罗德·孔茨 马春光	管理学：全球化与创业视角（第13版，中文版）Management: a global and entrepreneurial perspective	经济科学出版社（2011.01）	第1篇全球化管理的理论和实践基础（管理学：科学、理论和实践。管理与社会：外部环境、社会责任和伦理道德；全球化管理，比较管理与质量管理。结束语：全球化管理的基础）；第2篇计划（计划精要和目标管理；战略、政策和计划的前提条件；决策；结束语：全球化与创业计划）；第3篇组织（组织的性质、创业精神和组织文化；结束语全球化与创业组织）；第4篇人员（人力资源管理和选拔；绩效考评和职业生涯战略；通过管理人员的发展来管理变革；结束语：全球化与创业人员管理）；第5篇领导（人的因素和激励；领导；委员会、团队和集体决策；沟通；结束语：全球化与创业领导）；第6篇控制（控制系统和控制过程；全球化控制与挑战 a 指导方针概述；生产、经营管理和全面质量管理；结束语：全球化控制和控制职能的主要原则或指导方针概述；附录 a 计划、组织、人员、领导和控制）
王凤彬，李东	管理学（第4版）	中国人民大学出版社（2011.01）	第1篇概述（管理者与管理工作；管理决策）；第2篇管理的基本职能（计划；组织；领导；控制）；第3篇综合应用（管理思想的演变；事务型管理与变革型管理；人力资源管理过程；管理工作过程；理财工作过程；自我测试）
[美] Robert Kreitner	Eleventh Edition PRINCIPLES OF MANAGEMENT《管理学原理（第11版）》	清华大学出版社/CENGAGE Learning 合作（2010.10）	PART ONE The Management Challenge; (The Evolution of Management Thought; The Changing Environment of Management; Diversity, Global Economy, and Technology; International Management and Cross-Cultural Competence; Management's Social and Ethical Responsibilities; PART TWO Planning and Decision Making (The Basics of Planning and Project Management; Stratigic Management: Planning for Long-term Succes; Decision Making and Creative Problem Solving)

作者/译者	书名	出版社（出版年份）	内容体系
[美] Robert Kreitner	*Elenenth Edition PRINCIPLES OF MANAGEMENT*《管理学原理（第11版）》	清华大学出版社/CENGAGE Learning合作（2010.10）	PART THREE Organizing, Managing Human Resources and Communicating（Organizations; Effectiveness, Design, and Cultures; Human Resources Management; Communicating in the Internet Age）PART FOUR Motivating and Leading（Motivating Job Performance; Group Dynamics and teamwork; Influence, Power, and Leadership; Change, Conflict, and Negotiation）PARTFIVE Organizational Control Processes（Organizational Control and Quarity Inprovement）
陈劲	管理学	中国人民大学出版社（2010.09）	第一篇管理的环境与范式（管理学的新范式；管理学的环境；决策；领导）；第三篇组织运营与创新（组织的概述；组织运营；创业管理；组织创新与变革）；第四篇资源与能力（资源的整合；能力的构建；资源与能力的管理）；第五篇治理与控制（组织的治理与控制）
李兴山	现代管理学（第三版）	中央党校出版社（2010.06）	导言现代管理学的研究对象；第一篇现代管理要素（管理主体；管理客体；管理目标；管理信息）；第二篇现代管理观念（管理的系统观念；管理的战略观念；管理的人本观念）；第三篇现代管理过程（决策；计划；实施；监督；评价；第四篇现代管理方法与艺术（现代管理方法综述；现代管理技术；管理艺术）
[美] 彼得·德鲁克/齐若兰	管理的实践	机械工业出版社（2009.09）	概论：管理的本质；第一部分管理管理者；第二部分管理企业；第三部分管理的结构；第四部分管理员工和工作；第五部分当一名管理者意味着什么；结语管理层的责任
林志扬	管理学原理（第4版）	厦门大学出版社（2009.08）	第一章管理与管理学；第二章管理道德；第三章组织与组织的目标；第四章利益相关者，社会责任与管理实践；第五章早期的管理思想和古典管理理论；第六章现代管理理论；第七章人际关系学说；第八章现代管理观念；第九章管理的计划职能；第十章管理的组织职能；第十一章管理的领导职能；第十二章管理的控制职能

作者/译者	书名	出版社（出版年份）	内容体系
芮明杰	管理学（第三版）	高等教育出版社（2009.06）	第一篇管理的内涵（管理的概念；管理体系；组织结构；组织运行；非正式组织；激励；以人为本流程；决策；计划；控制；绩效评价；激励；以人际沟通；创新工作流程）；第二篇管理的架构（组织结构；组织运行；非正式组织；激励；以人为本流程）；第三篇管理的过程（决策；计划；控制；绩效评价；激励；以人际沟通；塑造共同愿景；改进人际沟通；创新工作流程）；管理理论的发展；管理主体；管理发展；管理风格；第二篇管理的方式（实施共同愿景；第四篇管理）；第三篇管理的过程；改进人际沟通
周三多、陈传明、鲁明泓	管理学——原理与方法（第五版）	复旦大学出版社（2009.06）	第一篇总论（管理与管理学；管理思想的发展；管理的基本原理；管理道德与社会责任）；第二篇决策（决策；计划与计划工作；计划的实施）；第三篇组织（组织设计；人员配备；组织力量的整合；组织文化；案例）；第四篇领导（领导；激励；沟通；案例）；第五篇控制（管理信息；控制与控制过程；案例）；第六篇创新（管理的创新职能；企业组织创新；企业技术创新；案例）
冯光明、冯桂香	管理学原理	北京交通大学出版社（2009.09）	第一章管理与管理者；第二章管理理论的产生与发展；第三章管理基本原理（系统原理，人本原理，效益原理）；第四章决策；第五章计划；第六章战略管理；第七章组织设计；第八章组织整合与变革；第九章人力资源管理；第十章领导；第十一章激励；第十二章信息沟通；第十三章控制；第十四章创新；第十五章企业文化
[美]理查德·L.达夫特（Richard L.Daft）/高增安、马永红、李维余	管理学原理（原书第5版）	机械工业出版社（2009.01）	第一部分绪论（管理范式的变化与学习型组织的基础）；全球化环境中的管理；管理伦理与企业的社会责任）；第二部分管理环境（管理环境与企业文化；全球化与国际管理）；第三部分计划（组织目标与资源计划；管理决策与信息技术；创新与变革；人力资源管理与多样性）；第四部分组织（组织结构与组织基础；组织变革与创新；人力资源管理与多样性）；通过管理和质量控制体系提高生产力；第五部分领导（组织行为的基础；组织中的领导；组织中的激励；组织中的沟通；组织中的团队）；第六部分控制（组织中的团队）
[美]小约翰·谢默霍恩/甘亚平	管理学原理	人民邮电出版社（2005.01）	背景（当代管理；环境；多样性和竞争优势；全球化与国际管理；计划与控制（计划—设置方向；战略管理与企业家精神；控制—确保成果）；组织（组织—创建结构；组织文化与设计；人力资源系统；激励—鼓舞士气；变革领导与压力）；领导（领导—设想未来）；领导（领导—愿景技能；变革领导与压力）；沟通与人际技能；附录（管理的历史基础）；合作；团队和团队

注：样本教材按国内出版时间由近到近排列，内容仅到篇、章标题，资料主要来源于京东商城图书信息。

参 考 文 献

［1］［美］阿尔佛雷德·D. 小钱德勒，等. 管理学历史与现状［M］.
郭文武，等译. 大连：东北财经大学出版社，2000：3.

［2］［美］埃里克·霍弗. 狂热分子：码头工人哲学家的沉思录
［M］. 梁永安，译. 桂林：广西师范大学出版社，2008：12－13.

［3］［美］埃里克·施密. 重新定义公司［M］. 靳婷婷，陈序，何
晔，译. 北京：中信出版社，2015：126－128.

［4］［美］埃里克·施密特，乔纳森·罗森伯格，艾伦·伊戈尔. 重新
定义公司——谷歌是如何运营的［M］. 靳婷婷，译. 北京：中信出版集团，
2015：Ⅳ.

［5］艾德·克鲁克斯，柯特妮·韦弗. 埃克森美孚敦促特朗普遵守巴
黎协定［N］. 金融时报，2017－03－29.

［6］安迪·沙曼. 德国电信联手中国移动投资车联网英国［N］. 金
融时报，2014－10－11.

［7］［美］比尔·盖茨. 未来时速——数字神经系统与商务新思维
［M］. 蒋显景，姜明，译. 北京：北京大学出版社，1999：序言.

［8］本刊特约评论员. 再问管理学——"管理学在中国"质疑［J］.
管理学报，2013，10（4）：469.

［9］曹方平. 互联网时代的领导模式探究［J］. 知识经济，2017，
（1）：20－21.

［10］曹祖毅，伊真真，谭力文. 回顾与展望：直面中国管理实践——
基于"中国·实践·管理"论坛的探讨［J］. 管理学报，2015，12（3）.

［11］查尔斯·克洛弗. 阿里巴巴：中国电商拓荒者［N］. 金融时
报，2014－03－26.

［12］常波. 现代企业管理者素质及其开发研究［D］. 上海：华东师
范大学，2001.

［13］陈春花. 互联网时代管理者面临新挑战［N］. 联合时报，2016－

11 - 11（004）.

[14] 陈佳贵. 智能化：企业管理技术的发展方向 [J]. 科技信息，2004（8）：32 - 33

[15] 陈建林. 家族企业管理者角色选择的理论分析——代理理论与管家理论的争论与整合 [J]. 外国经济与管理，2008（4）：47 - 51.

[16] 陈威，王丽娜. 新常态下互联网时代的企业管理创新研究 [J]. 才智，2016（3）：227 - 228.

[17] 陈威如，余卓轩著. 平台战略——正在席卷全球的商业模式革命 [M]. 北京：中信出版社，2013：7.

[18] 陈有勇. 互联网时代的企业组织转型研究 [D]. 北京：中共中央党校，2016.

[19] 陈兆丰. 中国企业需警惕"跨界"太大的转型 [N]. FT 中文网，2017 - 03 - 20.

[20] 储利民，徐艳梅，陈昭力. 组织生态视角下的产业变迁与企业成长 [J]. 产业观察，2006.

[21] [美] 丹尼尔·A. 雷恩. 管理思想的演变 [M]. 孙耀君，等译. 北京：中国社会科学出版社，1986：529 - 530.

[22] [美] 丹尼尔·A. 雷恩. 管理思想的演变 [M]. 孙耀君，等译. 北京：中国社会科学出版社，2000：1 - 6.

[23] [美] 德鲁克. 管理任务责任和实践 [M]. 余向华，等译. 北京：华夏出版社，2008：20 - 22.

[24] [美] 多克·希尔斯. 意愿经济 [M]. 李小玉，高美，译. 北京：中国工信出版集团/电子工业出版社，2016：前言.

[25] 丁东平. 浅谈互联网时代的企业管理创新 [J]. 财经界（学术版），2015（3）：108 - 109.

[26] [美] F. W. 泰勒. 科学管理原理 [M]. 胡隆昶，等译. 北京：中国社会科学出版社，1984：241.

[27] [美] 佛雷德里克·米什金. 下一轮伟大的全球化 [M]. 姜世明，译. 北京：中信出版社，2007：4.

[28] [美] 弗里蒙特·E. 卡斯特，詹姆斯·E. 罗森茨威克. 组织与管理 [M]. 李柱流，等译. 北京：中国社会科学出版社，1985：21.

[29] 方兴东，王俊秀. IT 史记 [M]. 北京：中信出版社，2004：14 - 22.

[30] 郭宝林. 领导理论研究综述 [J]. 山西经济管理干部学院学报，

2002（1）：31 –33.

[31] 郭毅. 共议管理学（四）——对《再问管理学》的回应 [J]. 管理学报，2013，10（12）：1745.

[32][法] H. 法约尔. 工业管理与一般管理 [M]. 周安华，等译. 北京：中国社会科学出版社，1982：9 –13.

[33][美] 哈罗德·孔茨，西里尔·奥唐奈，海因茨·韦里克. 管理学（第十版）[M]. 黄砥石，陶文达，译. 北京：经济科学出版社，1987：29.

[34][美] 亨利·埃伯斯. 现代管理原理 [M]. 杨文士，译. 北京：商务印书馆，1980：12 –18.

[35] 韩碧如. 中国"五分之一耕地被污染"[N]. 金融时报，2014 –04 –18.

[36] 韩鹏，梁彬. 对理性人假设的思考——基于短期和长期视角的分析 [J]. 财经理论研究，2015（4）：14 –20.

[37] 汉娜·库赫勒，安吉利·拉瓦尔. 网络攻击导致零售商业绩下滑 [N]. 金融时报，2014 –01 –28.

[38] 洪玲. 基于经济理论的理性人假设和利益场 [J]. 同济大学学报（自然科学版），2008，36（11）.

[39] 胡铁成. 知识经济全书（下）[M]. 北京：中国物资出版社，1998：1371 –1372.

[40] 胡泳，范海燕著. 网络为王 [M]. 海口：海南出版社，1997：1 –15.

[41] 黄津孚，张小红，何辉. 信息化数字化智能化——管理的视角 [M]. 北京：经济科学出版社，2014：81 –96.

[42] 黄津孚，张小红. 企业管理发展阶段研究——正从系统化时期进入智能化时期 [J]. 首都经济贸易大学学报，2014（1）：97 –103.

[43] 黄津孚. 企业管理现代化 –理论·轨迹·经验 [M]. 北京：经济管理出版社，2008：17 –27.

[44] 黄津孚. 太极思维在企业管理中的复苏和兴起 [N]. 中国企业报（理论版），2005 –02 –18.

[45] 黄津孚. 现代企业管理原理 [M]. 6 版. 北京：首都经济贸易大学出版社，2011：4，23 –24.

[46] 黄津孚，等. 管理创新 [M]. 北京：企业管理出版社，2012：144 –158.

［47］黄娟，白云．浅析企业再造中领导者角色的转换［J］．科技创业月刊，2004（12）：87－88.

［48］黄晓云．就业政策4.0释放新活力——访中国就业促进会副会长陈宇［N］．中国劳动保障报，2015－06－01.

［49］黄允健．大数据背景下的企业管理创新［J］．商场现代化，2016（29）：101－102.

［50］姜作培，管怀鎏．论企业经营机制的改革和完善［J］．财经问题研究，1987（8）：22－24.

［51］［美］杰里米·里夫金．第三次工业革命［M］．张体伟，孙豫宁，译．北京：中信出版社，2012：34－36.

［52］杰里米·里夫金．零边际成本社会［J］．房地产导刊，2014（12）：96－96.

［53］［美］凯文·凯利．失控［M］．东西文库，译．北京：新星出版社，2010：3.

［54］雷军．这一篇把小米讲透了［EB/OL］．（2014－12－09）．http：//www.meihua.info/a/40165.

［55］李宝元．回归人本管理——百年管理史从"科学"到"人文"的发展趋势［J］．郑州航空工业管理学院学报，2006，24（5）：90－94.

［56］李华．该恐惧吗？零售技术变革的"摩尔定律"到来！［N］．商业观察家，2017－03－18.

［57］李黄珍，樊明茹．"互联网+时代"的人才管理与创新［J］．职业，2015（16）：22－24.

［58］李建设，李玉君．西方领导理论演变综述［J］．领导科学，2005（2）：40－41.

［59］李鹏飞，王磊．新常态下的管理新挑战——"管理学在中国"2015年会（第8届）述评［J］．管理学报，2016，13（1）：33.

［60］李淑萍．现代企业管理中管理者角色探讨［J］．陕西水利，2008（S3）：56－58.

［61］李志军，冯宗智，高翔．社会化企业［M］．北京：机械工业出版社，2013：96－98.

［62］李佐军．创新型产业集群事关经济后续动力［J］．中国制造业信息化，2009（1）：53－56.

［63］刘大椿．科学技术哲学导论［M］．北京：中国人民大学出版社，2005：332－342.

［64］刘勇.古典领导理论文献综述［J］.中外企业家，2013（10）：267.

［65］柳传志.30年沉淀的管理三要素［N］.经理人，2015 – 05 – 13.

［66］吕力.管理学的元问题与管理哲学——也谈《出路与展望：直面中国管理实践》的逻辑瑕疵［J］.管理学报，2011，8（4）：517.

［67］罗宾·哈丁.美国办公室职员岗位大减［N］.金融时报，2013 – 04 – 02.

［68］［美］迈克尔·D·波顿.大话管理100年［M］.文岗，译.北京：中国纺织出版社，2003：269.

［69］［美］迈克尔·塞勒.移动浪潮：移动智能如何改变世界［M］.邹韬，译.北京：中信出版社，2013（8）：56 – 57.

［70］马辉.大数据助力制造业转型升级［J］.中国统计，2018，444（12）：13 – 15.

［71］［英］马克·布劳格.经济学方法论［M］.北京：北京大学出版社，1990.

［72］［美］迈克尔·波特.陈小悦译.竞争优势［M］.北京：华夏出版社，1997：3 – 4.

［73］彭越.小米的崛起如何改变全球智能手机市场规则？［N］.澎湃新闻网，2014 – 11 – 03.

［74］［美］琼·玛格丽塔南·斯通.什么是管理［M］.李钊平，译.北京：电子工业出版社，2003.

［75］秦朔.社会价值驱动的企业才有未来仅有商业思维已不够［N］.新浪财经，2017 – 03 – 27.

［76］芮明杰.管理学教程［M］.北京：首都经济贸易大学出版社，2004：23 – 43.

［77］［美］斯蒂芬·P·罗宾斯/玛丽·库尔特.管理学［M］.11版.李原，孙健敏，黄小勇，译.北京：中国人民大学出版社，2012.

［78］佘振苏.复杂系统学新框架——融合量子与道的知识体系［M］.北京：科学出版社，2012：13 – 16.

［79］沈建缘.英特尔：以芯片的力量定义智能互联新时代［N］.经济观察报，2017 – 02 – 05.

［80］宋国学.管理者角色的确立和扮演是企业生存与发展的关键［J］.内蒙古财经学院学报，2005，（2）：75 – 78.

［81］孙耀君.西方管理思想史［M］.太原：山西人民出版社，1987：40 – 54.

［82］谭华杰．企业边界消失了，企业"溶解"于社会，人"溶解"与组织［N］．华夏基石 e 洞察，2016 – 12 – 04.

［83］［美］W. H. 纽曼，小 C. E. 萨默．管理过程 – 概念、行为与实践［M］．李柱流，等译．北京：中国社会科学出版社，1995：9.

［84］［英］维克托·迈尔 – 舍恩伯格，肯尼思·库克耶．大数据时代［M］．盛杨燕，周涛，译．杭州：浙江人民出版社，2013：219 – 220.

［85］万斌，王学川．社会调节机制论［M］．北京：社会科学文献出版社，2011.

［86］汪解．管理学原理［M］．上海：上海交通大学出版社，2000.

［87］王德禄，苏东．管理理论与管理实践的互动发展［J］．天津商学院学报，2001（1）：31 – 33，39.

［88］王洪涛．试论企业管理者的素质要求［J］．内蒙古煤炭经济，2011（6）：4 – 6.

［89］王连娟．隐性知识管理文献综述［J］．情报科学，2006，24（4）：636 – 640.

［90］王林．未来企业的关键成功要素［J］．中外管理，2007（6）：30 – 31.

［91］王甜．互联网下的企业管理创新途径研究［J］．赤峰学院学报（自然科学版），2015（23）：131 – 132.

［92］王晓林．社会发展机制优化论［M］．北京：中央民族大学出版社，2007.

［93］王印红，吴金鹏．对理性人假设批判的批判［J］．重庆大学学报（社会科学版），2015，21（6）．

［94］王媛媛．智能制造领域研究现状及未来趋势分析［J］．工业经济论坛，2016（5）．

［95］王遵贵．关于提升管理者软实力的思考［J］．现代企业，2016（6）：8 – 9.

［96］蔚盼盼．领导理论发展的研究综述［J］．商业经济，2014（6）：24 – 26.

［97］乌麦尔·哈克．新商业文明：从利润到价值［M］．北京：中国人民大学出版社，2016：2 – 6.

［98］吴澄．信息化与工业化融合战略研究——中国工业信息化的回顾、现状及发展预见［M］．北京：科学出版社，2013：2 – 3.

［99］邢以群．管理学［M］．北京：高等教育出版社，2007：432 – 446.

[100] 熊元. 未来所有的物质生产会变成私人化 [J]. 二十一世纪商业评论, 2014 (11): 80.

[101] 徐德平. 公共管理者的角色与素质研究 [D]. 武汉: 华中师范大学, 2003.

[102] 徐剑. 执行力与管理者角色定位 [J]. 人才瞭望, 2004 (3): 42.

[103] 徐卫华. 浅谈现代国企管理者的创造性思维能力 [J]. 经营管理者, 2015 (19): 408.

[104] [英] 亚当·斯密. 国民财富的性质和原因的研究 (下卷) [M]. 北京: 商务印书馆, 1981.

[105] 闫海峰, 郭毅. 组织行为学 [M]. 2版. 北京: 高等教育出版社, 2005: 25 – 26.

[106] 闫振伟, 逯培兵, 李硕. 企业人才管理创新问题研究 [J]. 现代商业, 2013 (15): 106.

[107] 颜祺祥, 王娟虹. 互联网时代企业管理创新探索 [J]. 合作经济与科技, 2015 (23): 84 – 85.

[108] 杨廷钫, 凌文辁. 服务型领导理论综述 [J]. 科技管理研究, 2008 (3): 204 – 207.

[109] 杨文士, 张雁主编. 管理学原理 [M]. 北京: 中国人民大学出版社, 1999.

[110] 杨先举主编. 工业企业管理原理和组织 [M]. 北京: 中国人民大学出版社, 1984.

[111] 银锋, 黄加文. 变革型领导理论研究综述 [J]. 管理观察, 2014 (1): 135 – 137, 140.

[112] 尤树洋, 贾良定, 刘德鹏, 等. 构建中国管理学理论自信之路——从个体、团队到学术社区的跨层次对话过程理论 [J]. 管理世界, 2015 (1): 17 – 32.

[113] 友创, 吴炜. 中国首个《企业互联网化指数》白皮书发布 [J]. 中关村, 2016 (2): 43 – 43.

[114] 于光远. 政治经济学社会主义部分探索 [M]. 北京: 人民出版社, 1981: 298 – 301.

[115] 于晓振. 互联网思维与企业管理创新的一些探讨 [J]. 价值工程, 2016 (28): 5 – 6.

[116] 余醒. 智能化管理浮出水面 [J]. 中国电子商务, 2004 (2):

69 – 72.

［117］［美］约翰·桑希尔. 用大数据技术挖掘投资信息［N］. 金融时报，2017 – 03 – 27.

［118］张桂英. 管理者角色新探［J］. 商业研究，2005（19）：94 – 96.

［119］张慧. "互联网＋"背景下企业人力资源管理的新挑战［J］. 中国商论，2017（3）：101 – 102.

［120］张佳良，刘军. 法约尔与一般管理理论——写在《工业管理与一般管理》百年（1916～2016）诞辰［J］. 管理学报，2016（12）.

［121］张磊，左登基. 迎接智能互联时代：英国报业的新革命［J］. 青年记者，2012（10）：15 – 16.

［122］张庆文，傅俊清. "互联网＋"时代管理者的领导力发展探索［J］. 华北电力大学学报（社会科学版），2016（2）：78 – 81.

［123］张小红，白瑷峥，黄津孚，温瑶. 管理学［M］. 北京：清华大学出版社，2014：4.

［124］张小红，黄津孚，王荣霞. "三化"全面挑战企业管理的原有模式［J］. 企业管理，2013（10）：30 – 32.

［125］张小红，黄津孚，张金昌，王荣霞. 智能化管理——管理理论发展的新阶段［J］. 经济与管理研究，2015，36（8）：116 – 121.

［126］张小红，张金昌. 智能时代的流行术语与发展趋势［J］. 甘肃社会科学，2014（6）：203 – 206.

［127］张小红. 智力资本及其管理研究［M］. 北京：中国农业科学技术出版社，2008：155 – 161.

［128］张应杭. 中国传统文化概论［M］. 杭州：浙江大学出版社，2005：87 – 91.

［129］张运来. 国有企业高层管理者伦理素质探析［D］. 长沙：湖南大学，2001.

［130］张宗群. 管理者必备优异素养探究［J］. 中国市场，2016（48）：85 – 86.

［131］赵建凯. 宝洁：数字化重塑［J］. 中国品牌，2013（11）：74 – 77.

［132］赵相忠，王云峰. 我国民企家长型领导理论研究综述［J］. 广西师范大学学报（哲学社会科学版），2012（6）：183 – 187.

［133］郑海航，等. 企业改革论［M］. 北京：经济管理出版社，2014：43 – 48.

［134］中共中央马克思恩格斯列宁斯大林著作编译局. 马克思恩格斯

全集 ［M］. 北京：人民出版社，1998：204.

［135］周丹丹. 打造管理者的全球领导力 ［J］. 商，2016（16）：32 – 33.

［136］周三多，陈传明，鲁明泓. 管理学：原理与方法 ［M］. 3 版. 上海：复旦大学出版社，1999：10 – 11.

［137］周三多，陈传明，鲁明泓. 管理学：原理与方法 ［M］. 4 版. 上海：复旦大学出版社，2009：250 – 253.

［138］周叔莲，陈佳贵. 再造企业机制深化企业改革 ［J］. 中国工业经济，1988（4）：13 – 20.

［139］周晓波. 移动互联时代企业管理的挑战与变革 ［J］. 管理观察，2015（15）：95 – 97.

［140］朱迪思·埃文斯，邢嵬，译. 互联网巨头改变中国基金业 ［N］. 青年参考，2014 – 07 – 09.

［141］Airoldi R，Campi F，Cucchi M，et al. Design and Implementation of a Power-aware FFT Core for OFDM – based DSA – enabled Cognitive Radios ［J］. Journal of Signal Processing Systems，2015，78（3）：257 – 265.

［142］Alena Puchkova，Julien Le Romancer，Duncan Mcfarlane. Balancing Push and Pull Strategies within the Production System ［C］// Management and Control of Production and Logistics. 2016.

［143］Alvarez O，Ghanbari A，Markendahl J. Smart Energy Competitive landscape and collaborative business models ［C］// International Icin Conference. 2015：114 – 120.

［144］Alvinius A. Leaders as emotional managers：Emotion management in response organisations during a hostage taking in a Swedish prison ［J］. Leadership & Organization Development Journal，2015，36（6）.

［145］Amann N，Bastide V，Chen Y，et al. Recent Advances and Perspectives on Content Delivery Networks ［J］. Handbook of Research on Redesigning the Future of Internet Architectures，2015.

［146］Anonymous. Managing the Uncertainty of Change ［J］. Emergency Medicine Australasia Ema，2015，27（1）：2 – 4.

［147］Antonietta Di Giulio，Daniel Fischer，Martina Sch&，Fer & B B，ttelMink. Conceptualizing sustainable consumption：Toward an integrative framework ［J］. Sustainability Science Practice & Policy，2014，10（1）：45 – 61.

［148］Arifin S N，Zhou Y，Davis G J，et al. An agent – based model of the population dynamics of Anopheles gambiae ［J］. Malaria Journal，2014，

13 (1): 1 –20.

[149] Battaglia M, Passetti E, Bianchi L, et al. Managing for integration: A longitudinal analysis of management control for sustainability [J]. Journal of Cleaner Production, 2016.

[150] Bereznoy A. Changing Competitive Landscape Through Business Model Innovation: the New Imperative for Corporate Market Strategy [J]. Journal of the Knowledge Economy, 2015: 1 –22.

[151] Brownlee A E I, Wright J A. Constrained, mixed-integer and multi-objective optimisation of building designs by NSGA – II with fitness approximation [J]. Applied Soft Computing, 2015, 33 (C): 114 –126.

[152] By R T, Armenakis A A, Burnes B. Organizational Change: A Focus on Ethical Cultures and Mindfulness [J]. Journal of Change Management, 2015, 15 (1): 1 –7.

[153] Cankar S S, Seljak J, Petkovšek V. Factors that influence cross – border cooperation between businesses in the Alps – Adriatic region [J]. Ekonomska Istraživanja, 2014, 27 (1): 304 –319.

[154] Carayannis E G, Grigoroudis E, Sindakis S, et al. Business Model Innovation as Antecedent of Sustainable Enterprise Excellence and Resilience [J]. Journal of the Knowledge Economy, 2014, 5 (3): 440 –463.

[155] Cautela C, Pisano P, Pironti M. The emergence of new networked business models from technology innovation: an analysis of 3 – D printing design enterprises [J]. International Entrepreneurship & Management Journal, 2014, 10 (3): 487 –501.

[156] Choi S. Developing relationship – specific memory and absorptive capacity in interorganizational relationships [J]. Information Technology & Management, 2014, 15 (4): 223 –238.

[157] Ciampitti I A, Vyn T J. Nutrient Sufficiency Concepts for Modern Corn Hybrids: Impacts of Management Practices and Yield Levels [J]. Crop Management, 2014, 13 (1) .

[158] Cleary R L O, Lopez R A. Supermarket responses to Wal – Mart Supercenter expansion: a structural approach [J]. Empirical Economics, 2014, 47 (3): 905 –925.

[159] David Sibbet, "75 years of management ideas &practice", Harvard Business Review September – October 1997.

[160] detail/201409/41356_ 10. html, 2014 – 09 – 24.

[161] Doghramji P P. Integrating modern concepts of insomnia and its contemporary treatment into primary care. [J]. Postgraduate Medicine, 2014, 126 (5): 82 – 101.

[162] Domingo L, Buckingham M, Dekoninck E, et al. The importance of understanding the business context when planning eco – design activities [J]. Journal of Industrial & Production Engineering, 2015, 32 (1): 3 – 11.

[163] Dutta S K, Lawson R A, Marcinko D J. A management control system to support corporate sustainability strategies [J]. Advances in Accounting Incorporating Advances in International Accounting, 2016.

[164] Elmualim A, Gilder J. BIM: innovation in design management, influence and challenges of implementation [J]. Architectural Engineering & Design Management, 2014, 10 (3): 183 – 199.

[165] Felício J A, Freire C R. From customer motivation to corporate performance. The role of strategic factors and distribution channels of financial service firms [J]. Service Business, 2014, 10 (1): 135 – 157.

[166] Francesconi A, Dossena C. A Strategic and Organizational Perspective for Understanding the Evolution of Online Reputation Management Systems [J]. Journal of Materials Science, 2015, 51 (4): 1 – 10.

[167] Fukuhara Y. A critical interpretation of bottom – up management and leadership styles within Japanese companies: a focus on empowerment and trust [J]. Ai & Society, 2015, 31 (1): 1 – 9.

[168] Garcia R, Lessard D, Singh A. Strategic partnering in oil and gas: A capabilities perspective [J]. Energy Strategy Reviews, 2014, 3: 21 – 29.

[169] Gierczak B. Management methods and concepts for building competitive advantage in hospitality companies. [J]. Polish Journal of Sport & Tourism, 2014, 21 (3): 178 – 183.

[170] Gilly. Learning Innovation: A Framework for Transformation [J]. European Journal of Open, Distance and E – Learning, 2014, 17 (2): 220 – 236.

[171] Griffioen J, Wensem J V, Oomes J L M, et al. A technical investigation on tools and concepts for sustainable management of the subsurface in The Netherlands [J]. Science of the Total Environment, 2014, 485 – 486 (3): 810 – 819.

[172] Gruber D A, Smerek R E, Thomas – Hunt M C, et al. The real –

time power of Twitter: Crisis management and leadership in an age of social media [J]. Business Horizons, 2015, 58 (2): 163 – 172.

[173] Guenther E, Endrikat J, Guenther T. Environmental Management Control Systems: A Conceptualization and a Review of the Empirical Evidence [J]. Journal of Cleaner Production, 2016.

[174] Hahn T, Pinkse J, Preuss L, et al. Tensions in Corporate Sustainability: Towards an Integrative Framework [J]. Journal of Business Ethics, 2015, 127 (2): 1 – 20.

[175] Hawker N W, Edmonds T N. Strategic Management Concepts for Antitrust: Cooperation, Stakeholders and Sustainability [J]. Antitrust Bulletin, 2014, 59 (4): 769 – 788.

[176] Hogeforster M A, Priedulena E. The Significance and Impact of Innovation Networks of Academia and Business with a Special Emphasis on Work – Based Learning [J]. Baltic Journal of European Studies, 2014, 4 (2): 69 – 82.

[177] Hong J, Lee W, Kim J H, et al. Smart water grid: desalination water management platform [J]. Desalination & Water Treatment, 2016.

[178] Ivanov D, Mason S J, Hartl R. Supply chain dynamics, control and disruption management [J]. International Journal of Production Research, 2016, 54 (1): 1 – 7.

[179] Jelen J. From Creative Destruction to Intelligent Design: Antecedents and Normative Elements of an Agnostic Framework for Aspiring Transformational Firms [J]. International Journal of Productivity Management & Assessment Technologies, 2014, 2 (1): 20 – 30.

[180] Jia J F. Relationship Between Techniques and Skills in Modern Vocational Education System [J]. Journal of Guangdong Polytechnic Normal University, 2015.

[181] Jiajia Gao, Gongsheng Huang, Xinhua Xu. An optimization strategy for the control of small capacity heat pump integrated air – conditioning system [J]. Energy Conversion and Management, 2016, 119: 1 – 13.

[182] Jo H, Kim H, Park K. Corporate Environmental Responsibility and Firm Performance in the Financial Services Sector [J]. Journal of Business Ethics, 2014, 131 (2): 257 – 284.

[183] Joan Luft. Cooperation and competition among employees: Experimental evidence on the role of management control systems [J]. Management

Accounting Research, 2016.

[184] Johannessen J A. The development of innovations in organizations: the role of creative energy fields [J]. Kybernetes, 2015, 44 (1): 89 – 106.

[185] J. Zhang, H. Wu, Y. Xing, et al. Power management of a modular three – port converter – based spacecraft power system [J]. IEEE Transactions on Aerospace and Electronic Systems, 2016, 52.

[186] Kalkan A, Özlem Çetinkaya Bozkurt, Arman M. The Impacts of Intellectual Capital, Innovation and Organizational Strategy on Firm Performance ☆ [J]. Procedia – Social and Behavioral Sciences, 2014, 150 (7): 700 – 707.

[187] Kolk B V D, Schokker T. Strategy implementation through hierarchical couplings in a management control package: an explorative case study [J]. Journal of Management Control, 2016: 1 – 26.

[188] Kopaneli A. Finance, Marketing, Management and Strategy Planning. A Qualitative Research Method Analysis of Case Studies in Business Hotels in Patras and in Athens ☆ [J]. Procedia Economics & Finance, 2014, 9 (1): 472 – 487.

[189] Kortelainen H, Kunttu S, Valkokari P, et al. Asset Management Decisions—Based on System Thinking and Data Analysis [J]. Problemy gematologii i perelivaniia krovi, 2015, 21 (1): 151 – 166.

[190] Leydesdorff L, Alkemade F, Heimeriks G, et al. Patents as Instruments for Exploring Innovation Dynamics: Geographic and Technological Perspectives on "Photovoltaic Cells" [J]. Scientometrics, 2014, 102 (1): 629 – 651.

[191] Lonsdale C, Sanderson J, Watson G, et al. Beyond intentional trust: supplier opportunism and management control mechanisms in public sector procurement and contracting [J]. Policy & Politics, 2016.

[192] Mahdi O R, Almsafir M K. The Role of Strategic Leadership in Building Sustainable Competitive Advantage in the Academic Environment ☆ [J]. Procedia – Social and Behavioral Sciences, 2014, 129: 289 – 296.

[193] Maiga A S, Nilsson A, Jacobs F A. Assessing the impact of budgetary participation on budgetary outcomes: the role of information technology for enhanced communication and activity – based costing [J]. Journal of Bone & Joint Surgery American Volume, 2014, 25 (1): 5 – 32.

[194] Mcdonald R. Leadership and leadership development in healthcare settings – a simplistic solution to complex problems? [J]. International Journal

of Health Policy & Management, 2014, 3 (5): 227 –9.

[195] Mendoza M A, Fajardo J J, Curiel G, et al. Harvest Regulation for Multi – Resource Management, Old and New Approaches (Old and New) [J]. Forests, 2015, 6 (3): 670 –691.

[196] Morteza Mohaqeqi, Mehdi Kargahi, Kazim Fouladi. Stochastic Thermal Control of a Multicore Real – Time System [C] // Euromicro International Conference on Parallel, Distributed, and Network – Based Processing. IEEE Computer Society, 2016: 208 –215.

[197] Nasır S. Customer Relationship Management as a Customer-Centric Business Strategy [J]. Customer Relationship Management Strategies in the Digital Era, 2015.

[198] Nikolov D, Borisov P, Radev T. Integrated landscape analysis: consumers' preferences approach for defining the competitive landscape composition. A case of wine tourism in Pazardjik district, Bulgaria. [J]. Bulgarian Journal of Agricultural Science 2014 Vol. 20 No. 4 pp. 761 –766, 2014.

[199] Nummi P, Holopainen S, Rintala J, et al. Mechanisms of density dependence in ducks: importance of space and per capita food. [J]. Oecologia, 2014, 177 (3): 679 –688.

[200] O'Grady W, Morlidge S, Rouse P. Evaluating the Completeness and Effectiveness of Management Control Systems with Cybernetic Tools [J]. Social Science Electronic Publishing, 2016.

[201] Othman N, Mohamed N, Ariffin M H, et al. Landscape Visual Studies in Urban Setting and its Relationship in Motivational Theory☆ [J]. Procedia – Social and Behavioral Sciences, 2015, 170: 442 –451.

[202] Panjehfouladgaran H, Yusuff R, Shirouyehzad H. Classification of Critical Success Factors for Reverse Logistics Implementation based on Importance – Performance Analysis [C] // International Federation of Automatic Cotrol on Manufacturing Modelling, Management and Control. 2016: 491 –3.

[203] Pessoa A. Agglomeration and regional growth policy: externalities versus comparative advantages [J]. Annals of Regional Science, 2014, 53 (1): 1 –27.

[204] Peter Manfredsson. Textile management enabled by lean thinking: a case study of textile SMEs [J]. Production Planning & Control: The Management of Operations, 2016.

[205] Rainer Lueg, Magdalena Knapik. Risk management with management control systems: a pragmatic constructivist perspective [J]. Corporate Ownership and Control, 2016, 13 (3): 72 –81.

[206] Rainey D L. A Holistic Model for Linking Sustainability, Sustainable Development, and Strategic Innovation in the Context of Globalization [J]. Handbook of Research on Sustainable Development & Economics, 2015.

[207] Ravindran S, Iyer G S. Organizational and knowledge management related antecedents of knowledge use: the moderating effect of ambiguity tolerance [J]. Information Technology & Management, 2014, 15 (4): 271 –290.

[208] Ruggero Golini, Federico Caniato, Matteo Kalchschmidt. Linking global value chains and supply chain management: evidence from the electric motors industry [J]. Production Planning & Control: The Management of Operations, 2016.

[209] Saavedra – Díaz L M, Rosenberg A A, Martín – López B. Social perceptions of Colombian small – scale marine fisheries conflicts: Insights for management [J]. Marine Policy, 2015, 56: 61 –70.

[210] Sabatini R. Sustainable Aviation Technologies with a focus on Next Generation ATM and Avionics Systems for Green Operations [C] // Asia – Pacific Aviation/aerospace Leaders Summit, 2015.

[211] Samat N, Ishak N A, Nasurdin A M. Linking Superior Influence, Peer Influence, and Locus of Control to Ethical Behavior: A Conceptual Model [C] // AAGBS International Conference on Business Management. 2016: 379 –391.

[212] Sannö A, Fundin A, Stålberg L. Managing environmentally driven change in manufacturing organisations : Moving from reactive to proactive behaviour [J]. School of Innovation Design & Engineering, 2015.

[213] Sarfaraz A. A view of development in management for increasing profitability in the corporate landscape [J]. Benchmarking An International Journal, 2015, 22 (1): 120 –134.

[214] Shaw T M. The BRICS and Beyond: Insights into Human Development/Security from "Global Governance"? [J]. Fudan Journal of the Humanities & Social Sciences, 2014, 7 (3): 381 –394.

[215] Sheykhlar M, Keshvari R S. The Impact of CRM and Social Media Technologies on Customer – Orientation Process and Sales Performance [J]. Strategic Customer Relationship Management in the Age of Social Media, 2015.

[216] Sibbet D. Visual Leaders: New Tools for Visioning, Management, and Organization Change [J]. Contemporary Accounting Research, 2015, 77 (10): 29 – 39.

[217] Skurski T C, Rew L J, Maxwell B D. Mechanisms Underlying Nonindigenous Plant Impacts: A Review of Recent Experimental Research [J]. Invasive Plant Science & Management, 2014, 7.

[218] Stoller E. Growing Social Media Requires a Community – Driven Effort [J]. Strategic Enrollment Management Quarterly, 2014, 1 (1): 263 –269.

[219] Strand R, Freeman R E. Scandinavian Cooperative Advantage: The Theory and Practice of Stakeholder Engagement in Scandinavia [J]. Journal of Business Ethics, 2015, 127 (1): 65 –85.

[220] Suárez – Vega R, Santos – Peñate D R, Dorta – González P. Location and quality selection for new facilities on a network market [J]. Annals of Regional Science, 2014, 15 (52): 537 –560.

[221] Tyler J. Hengen, Heidi L. Sieverding, James J. Stone. Lifecycle Assessment Analysis of Engineered Stormwater Control Methods Common to Urban Watersheds [J]. Journal of Water Resources Planning and Management, 2016.

[222] Türel A, Koç H. Housing production under less – regulated market conditions in Turkey [J]. Journal of Housing & the Built Environment, 2014, 30 (1): 1 –16.

[223] Tüselmann H, Sinkovics R R, Pishchulov G. Revisiting the standing of International Business journals in the competitive landscape [J]. Journal of World Business, 2016.

[224] Vatamanescu E M, Andrei A, Leovaridis C, et al. Networking Intellectual Capital towards Competitiveness: An Insight into the European Higher Education Institutions [J]. Electronic Journal of Knowledge Management, 2015.

[225] Villiers C D, Rouse P, Kerr J. A new conceptual model of influences driving sustainability based on case evidence of the integration of corporate sustainability management control and reporting [J]. Journal of Cleaner Production, 2016.

[226] Wang Y, Pi Y. Basic Conditions of Chinese Modern Management Theory [J]. Journal of Hebei University of Economics & Business, 2015.

[227] Welbourne T M. Two numbers for growth, innovation and high performance: Working and optimal employee energy [J]. Organizational Dynam-

ics, 2014, 43 (3): 180 –188.

[228] Wood A. Competing for Knowledge: Leaders and Laggards of Bus Rapid Transit in South Africa [J]. Urban Forum, 2015, 26 (2): 203 –221.

[229] YeungTsz Kwok, Ricky K. C. Au, Cecilia W. P. LiTsang. The Effect of a Self – management Programme on the Quality – of – life of Community – dwelling Older Adults with Chronic Musculoskeletal Knee Pain: a Pilot Randomized Controlled Trial [J]. Clinical Gerontologist, 2016.

[230] Yong Sauk Hau, Minhyung Kang. Extending lead user theory to users' innovation – related knowledge sharing in the online user community: The mediating roles of social capital and perceived behavioral control [J]. International Journal of Information Management, 2016, 36 (4): 520 –530.

[231] Zhang L, Lin W, Li K, et al. Three – dimensional water quality model based on FVCOM for total load control management in Guan River Estuary, Northern Jiangsu Province [J]. Journal of Ocean University of China, 2016, 15 (2): 261 –270.

[232] Zhang P, He C, Sun Y. Agglomeration economies and firm R&D efforts: an analysis of China's electronics and telecommunications industries [J]. Annals of Regional Science, 2014, 53 (3): 671 –701.

[233] Žabkar, Vesna, Arslanagić – Kalajdžić M. The Impact of Corporate Reputation and Information Sharing on Value Creation for Organizational Customers [J]. South East European Journal of Economics & Business, 2014, 8 (8): 42 –52.

后　记

　　本书提出了"智能互联时代"的概念，在全面、深刻地梳理智能互联时代产生的基础、特征和带来变化的基础上，分析了管理的四要素——管理者、管理环境、管理对象和管理活动发生的主要变革，并从变革的视角分析了传统管理理论面临的冲击、未来管理学发展的趋势，提出了管理发展阶段从经验化到科学化、从科学化到系统化、从系统化到智能化管理的四个阶段，构建管理原理金字塔体系框架，为后续管理（学）研究奠定了基础。

　　在智能互联时代，智能与互联结合推动着新一轮"能力"和"资源"革命，将推动人类社会发生超过 18 世纪工业革命那种深刻程度的社会变革。工业化时代所形成的知识垄断、技术垄断、市场垄断正在被处于云端的信息共享、实时传递、协同创新所打破，过去依靠某种类型的垄断如发明创造核心技术、封锁供求信息和商业秘密、不开放生产技术平台的企业正在被那些实现知识技术资源共享、生产劳动平台开放、供求信息直接沟通与互动交流的企业所打败。借助于手机等移动终端的定位、搜索、连接、信息交换功能，实时、动态、随时随地的"端对端"信息沟通，生产与生活指令的实时传递都能够非常容易地实现。

　　在智能互联时代，万物互联、终端设备永续在线服务已是大势所趋。人们在衣食住行方方面面所使用的终端设备都会联网，每个设备通过家中、办公室、汽车、商场、餐馆等场所无处不在的传感器、摄像头、卫星定位系统永续连接并在线服务。这些分散在不同领域、不同角落的终端设备随时随地采集大量信息，并将其通过网络平台整合起来、连接起来，形成可以使用的宝贵数据资源，可以帮助人们更好地开展生产、生活、交往等各种社会活动。

　　在智能互联时代，碎片化消费、个性化服务会获得快速发展。在网络平台和移动终端设备的帮助下，人们可以利用碎片化的时间，进行产品和服务采购、消费与体验，并可发表自己的看法，提出产品或服务的个性化购买需求或改进建议，这种零星的、分散的、非标准化的产品或服务的评价和需求，要求厂商迅速适应并加以实现。由于网络的便利性和信息沟通与交流的充分性，碎片化、个性化需求的生产和消费会越来越普及，这种发展趋势正好和工业化时期的标准化、大批量生产和销售、规模化经营的诉求相反。

在智能互联时代，智能产品会层出不穷。智能产品在制造过程中被赋予身份标签，具有感知周围环境的能力，在消费过程中可以实现人机交互，消费者可以在人机互动过程中享受产品给其带来的价值与感受。这种产品以消费者为中心，由用户的体验和评价决定产品的生产与销售，产品的消费也不是模式化的、固定的某种商品，而是充满个性化、定制化的产品和服务的有机整体。这种智能产品不是先由商家生产出产品供应市场由消费者选择购买，而是由消费者通过网络渠道表达对产品的要求和个性化要素，商家才开始设计和生产供应。

在智能互联时代，智能制造也会获得快速发展。智能制造的最大特点是将专家的知识和经验融入感知、决策、执行等制造活动中，赋予产品制造在线学习和知识进化的能力，并将人类解决生产制造问题的智慧固化到计算机软件系统或网络系统之中，使人类的智能化活动与机器智能有机融合，以实现整个生产制造过程的柔性化、自动化和智能化。由于是智能制造，即使出现大量碎片化的需求和个性化的生产要求，也能够比较容易地实现。智能制造的发展推动了智能机器人、智慧工厂的发展，使智能服务成为可能。

在智能互联时代，智能化管理与服务已是大势所趋。丰富多彩的线上线下服务系统在智能产品、智能终端设备出厂时就已嵌入其中，形成无数个微服务入口，能够使用户和网上服务平台实现实时连接，从而使产品的消费和服务密不可分、成为有机整体，并使越来越多的"人工手动服务"转变为个性化的"智能自动服务"。这些服务平台如网上文库、网上商店、网上支付、网上教育、网上办公、网上政务等可以全天候24小时自动工作。借助于服务平台所采集的数据，智能服务平台还可以进行各种目的的分析、分享、筛选、排序、搜索、匹配等行为，以实现过去在小数据、分散数据、非网络环境下无法实现的信息集聚、精确计算、精准定位、机会发现、风险预警等活动。智能服务的终极目标就是让机器设备或网络"帮用户搞定一切"。

在智能互联时代，人们将生活在智慧城市之中。借助于互联网、云计算、传感设备、智能手机、卫星定位等技术手段，城市中的水、电、油、气、交通等公共服务资源都可以相互连接起来，实现智能识别、智能定位、智能跟踪、监控和维护，政府对交通、环境、经济、文化、公共资源等的管理，人们的生产、生活、工作、消费、学习、医疗、娱乐等需求，均将被智慧城市之中所建立的智慧交通、智能电网、智慧物流、智慧医疗、智慧环保、智慧水资源管理、智慧气象、智慧政府、智慧社区、智慧学校、智慧建筑、智能楼宇等更好地实现。

在智能互联时代，智能管理系统将必不可少。智能化是让产品、服务、物品、技术平台等包含更多的知识、经验、智慧的一个过程，是不断提高产品和服务的自动化、科学化、精准化的一个过程。凡是需要人们重复进行脑力劳动，需要凭知识、凭经验决策的地方均可以开发和使用智能管理软件。智能管理软件可以在不同情景、不同环境和状态下实现精准营销、精准制造、精准物流配送、精准财务核算、精准客户服务。智能管理系统通过网上和网下的协调、指挥与调度，可以实现更广范围、更快速度、更大市场、更多用户的线上与线下相互结合的经营、服务和管理。智能管理软件一经产生，就像汽车的发动机、计算机的中央处理器（CPU）一样，能够不断提速、不断升级。只要能够不断吸纳各种管理智慧和经验并将其固化到系统之中，智能管理软件的管理能力和水平将会超过任何一个管理专家。①

在智能互联时代，普通大众、广大非精英阶层第一次广泛、深入地参与到了知识、智慧、经验、技术等交流与共享的历史潮流之中，第一次成为推动人类社会科技进步、社会文明发展的主要力量，成为知识、智慧传播和创造的主要力量。

这是一个由普通大众创造历史的时代！

这是一个人类繁重的、重复性的脑力劳动被机器设备代替的时代！

这是一个非常美好的时代！

笔者
2024 年 5 月

---

① 余醒．张金昌博士首次公开智能化管理软件核心技术［J］．中国电子商务，2004（7）：1．

图书在版编目（CIP）数据

智能互联时代的管理变革研究／张小红等著.

北京：经济科学出版社，2024.7. -- ISBN 978 - 7 - 5218 - 6154 - 9

Ⅰ. C93

中国国家版本馆 CIP 数据核字第 2024TZ7258 号

责任编辑：杜　鹏　郭　威
责任校对：杨　海
责任印制：邱　天

智能互联时代的管理变革研究

ZHINENG HULIAN SHIDAI DE GUANLI BIANGE YANJIU

张小红　等　著

经济科学出版社出版、发行　新华书店经销

社址：北京市海淀区阜成路甲 28 号　邮编：100142

编辑部电话：010 - 88191441　发行部电话：010 - 88191522

网址：www. esp. com. cn

电子邮箱：esp_bj@ 163. com

天猫网店：经济科学出版社旗舰店

网址：http：//jjkxcbs. tmall. com

固安华明印业有限公司印装

710 × 1000　16 开　16.5 印张　290000 字

2024 年 7 月第 1 版　2024 年 7 月第 1 次印刷

ISBN 978 - 7 - 5218 - 6154 - 9　定价：99.00 元